这世界上本没有路……

屋脊与根

足迹　张安蒙 编著

中国古村落保护与发展纪实

东南大学出版社 · 南京

于大者远者之中，求其小者近者，
于小者近者之外，求其大者远者，
则势与形胥得之矣……

張安蒙秘书长並转呈
江泽慧主席：
欣悉中国景观村落授牌颁证大会将在北京召开，不胜之喜。感谢盛情邀请参加大会。十分抱歉的是在此期间我在柬埔寨吴哥考察不能参加盛会。特此专函致谢与致歉。
中国景观村落与经典村落景观是文化

遗产保护事业发展过程中的一个拓展，显示了我们对遗产保护认识在深度、广度上有了进一步的提高、具有创新的意义。我们已经把单纯保护文物、古建筑、历史街区拓展到那些在历史发展进程中人与自然共同构筑的景观空间。这对于历史文化（包括物质与非物质文化）的传承与弘扬、对于保护生态环境都具有重要的意义。

村落是国家与社会的最基层单位，做村落的保护工作比单纯的文物古建筑保护工作困难较多，不仅要考虑文物古建本身的保护，还要考虑村落中居民的工作和生活条件的改善，追求现代化生活的要求。因此，工作的重点首先是提高居民对保护意义的认识，以他们为主共同来进行保护与发展工作。所以多年来我一直支持古村落保护与发展委员会的工作。

听说这次参加会议的代表有来自县一级的领导，还有村一级的干部，他们都是最基本的村落保护与发展的重要领导与执行者，十分可贵。这是我们国家遗产（包括文化与自然遗产）事业得到社会高度重视，也是国家经济社会大发展的重要标志。最近胡锦涛主席提出建设有中国特色社会主义的伟大目标，景观村落的保护与发展，正是最基层的组成部分。

我衷心希望景观村落与经典村落景观的评审活动能一届一届的持续办下去，希望有更多的村落参选，希望有更广大的社会群众的参与，希望有关主管部门的支持，希望有关新闻媒体的大力宣传。为建设社会主义新农村贡献一分力量。

祝此次大会圆满成功。

二〇〇七年十二月十八日

罗哲文

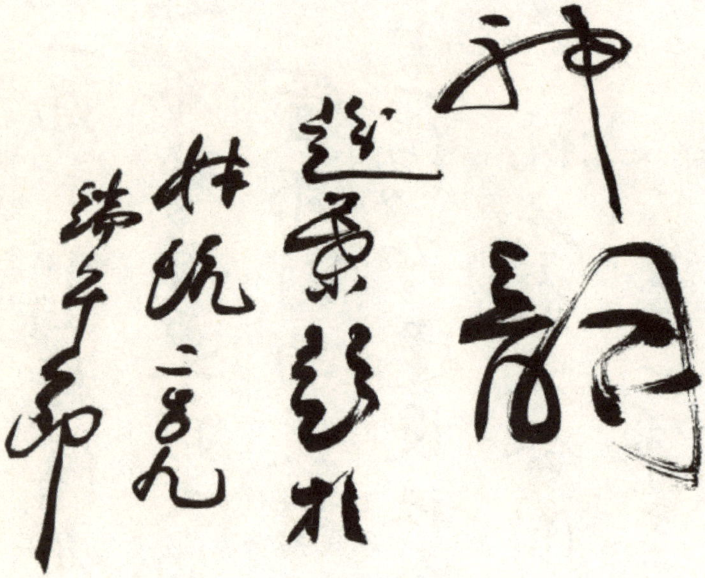
神韵

古村落是个根

现存的古村落已不多了，只在不发达和欠发达地区可能还有一些。古村落文化是建筑文化中不可多得的一朵奇葩。

古村落是个根，它的存在实是不易。我参观过东北一个古村落，它保留得十分完整，村民朴实而善良。我们在参观时看到一位大娘，见到外人还很怕羞，我给她照相，她不让我照，只让我的女学生给她照，看来她还十分注意影响。村子的建筑都是木构架，用木板作屋顶，没用一个钉子只有楔头，村子曲折通幽，真让我们开眼。

那年我们正在做“长白山满族文化博物馆”设计，我们采用当地的木材构造成锥形木构架。中央安放一座仿制的古宅，以纪念古村落。这个馆已建成，很有地方特色。

古村落的保留保护是个建筑文化现象。

古村落是个根。

齐　康

2012年2月11日

序

古村落是农耕文明留给我们的一笔宝贵文化遗产。相对于高楼林立的繁华城市，伴随着热潮涌动的城镇化运动，那些显得斑驳沧桑、承载历史记忆的古村落是偏僻的、寂静的，有些甚至渐渐隐去，永远消逝在后人的视野中。但这些深深根植于民族和地域文化的古村落，是中国五千年农耕文明和传统文化的载体，是中国乡村社会的缩影，是中国传统文化和民族智慧的宝库。深厚的文化积淀、丰富的历史记忆、灿烂的文化景观，使它们具有“史考”的实证价值、“史鉴”的研究价值、“史貌”的审美价值。

当前，我们正在深入贯彻落实科学发展观，积极投身全面建设社会主义小康社会的生动实践。拨开历史尘封的厚土，我们发现科学发展观所包含的以人为本、全面协调可持续发展等重要思想以及当下正在反复强调的“生态”、“环保”、“和谐”、“节约”、“循环利用”等理念，竟可以从那些优秀古村落所折射出的思想智慧和先辈们的生产生活方式中找到许多印记。古村落的历史经验，对于当下的社会主义和谐社会建设、文化建设以及城市更新、新农村建设等，都有着重要的借鉴意义。

保护这些优秀的历史文化遗存，不仅需要政府的历史自觉，更离不开全社会的共同参与。近年来，越来越多的有识之士热情参与其中，用心灵解读岁月的痕迹，用脚印丈量历史的广博。张安蒙女士就是其中的杰出代表之一。欣闻张安蒙老师的《屋脊与根·墨迹》要改编成《屋脊与根·足迹》，再度回顾古村落保护走过的20多个年头的足迹，并盛情邀我作序。十多年的合作，她的才干和她对古村落保护梦想的热情与执著深深地感染着我。翻阅书稿，不禁回想起我在首届中国景观村落授牌颁证大会暨2007年年会上的一次讲话。在那次会议上，我回顾了古村落的保护走到今天所经历的三个阶段，这也算是我所理解的中国古村落保护的“足迹”吧。

第一个阶段我把它概括为“使命阶段”。早在1998年，一次机缘巧合，我开始了对古村落保护的思考和研究。张安蒙老师更早一点，她在1989年就开始了。她本来是一个新闻人，后来开始关注、调查、研究中国的古村落问题。在她的感召和影响下，逐渐有一批有志者参与进来。

我本人当时在上海的一个中心区当副区长，主管城建。当时我还是上海城市经济学会的副会长。当张安蒙老师找到我的时候，我觉得这件事情很有意义，很感兴趣。然后由上海城市经济学会出面，邀请来了全国城市经济学会的领导共同主持首届研讨会。记得那是1999年，罗哲文罗老、郑孝燮郑老等一批专家，汇集永嘉召开了第一次会议。虽然当时不过三十人左右，但我们把会议定为“中国古村落保护研讨会”。会上观看了张安蒙老师“屋脊与根工作室”拍摄的大型电视系列片，以电视传播的方式让我们了解到中国有这么多经历了漫长的历史沧桑、大浪淘沙沉淀下来的宝贝村落。会议期间，我们还考察了楠溪江古村落，大大激发了所有与会代表的历史责任感，也包括永嘉县政府和古村落的村民们的保护意识和热情。看到越来越多的古村落成为大会的主体成员，我们感到十分欣慰和鼓舞。

第二个阶段我把它概括为“研究阶段”。首届研讨会以后，一批专家学者和民间人士开始从文物学、古建筑学逐步向哲学、历史、民俗、地理、生态与环境学以及社会学等领域进行多学科理论视角、多方位的研究，成果体现在浙江浦江召开的第二次古村落保护与发展研讨会。记得当时已经不仅仅是城市经济学会了，国土资源部的国土经济学会也参与进来。二届的又一个重要的意义在于，我们已经不满足于聚在一起进行研讨，并且在罗老的一再倡议下，决定建立一个有益于推动古村落保护事业的平台，即“古村落保护与发展委员会”，由此为古村落的保护搭建起一个更加广泛的平台。

二届之后的2003年，在上海展览中心举办了“美哉，古村落”展会。虽然由于资金问题，在一个展馆中只占了一百多平方米，但产生的影响是非常广泛的，受到了社会与媒体的高度关注。诸葛村、永嘉楠溪江古村落、湖南会同高椅村等成为这次展会的明星。这个阶段，政府部门和社会团体开始更多地关注了这样一个命题：古村落的价值与保护以及如何发展的问题。

第三个阶段，我概括为“实践阶段”。我们开始在国土经济学会这一大平台上成立了专门委员会。在婺源召开的第三届古村落保护研讨会为建立这样一个专门委员会创造了重要契机。第三届研讨会期间，如何处理好古村落的保护与发展问题，成为讨论的一大热点。古村落保护与发展是一个二律悖反的命题。其实，保护与发展从来就是孪生兄弟，是一母同胞。这个问题同样在城市建设与旧城改造中存在着。面对现实，有很多问题需要在实践中探索和突破。比如，资金问题。要保护，就要有一定投入，钱从哪里来？靠政府投入？政府公共财政有更多的事情要做；抑或是老百姓自己修缮保护？老百姓的经济实力也不够。比如，模式问题。保护和开发只有旅游开发这一条路吗？一个村落的容量是有限的，大量游客到来，在获得门票收益的同时，也可能会造成环境、河道、生态的破坏以及村容村貌和民风民俗的异化。那么，如何才能避免这些优秀的古村落在开发后不产生这些问题呢？这就有一个如何正确认识历史阶段，正确处理古村落所承载的民族文化的历史性与村民生产生活方式现代化之间的关系问题；有一个在科学规划、政策引导下合理经营与发展的问题，也包括相关法律法规的完善。又比如，主体问题。我们相信，保护古村落的自觉性，一定首先源于当地村民对古村落价值的认识，它是不是一个宝贝都不知道，谈保护不是一句空话吗？一定要充分发挥古村落村民的主体作用，让他们从古村落的保护与发展中得实惠。当然，这项事业也离不开政府的高度重视和大力支持，离不开民间组织、社会力量的积极呼吁和热情参与。再比如，可持续问题。古村落是当地村民世世代代生存繁衍的根基，不仅要考虑古村落建筑风貌本身的保护问题，还要考虑当地村民生产生活条件的改善，考虑他们对现代化物质和精神文化生活的追求。村落里没有人住，就不叫村落了；房子里没有人住，是空巢，日子久了房子就会坍塌。诸如此类的问题，在实践中还有很多。我们欣喜地看到，无论是政府、企业，还是村落中的村民在这些方面进行了许多探索，获得了一些有益经验。我们古村落保护与发展专业委员会在这方面也进行了许多实地调研，虽然还不能说找到了出路，但是我们在实践、在研究。比如，我们开展了中国景观村落的评选，这不是简单地挂一块牌子，而是希望通过评选活动，让社会，让政府，让村民知道它的价值，让更多的人参与到保护行动中来，从而尽可能多地抢救、保护一批优秀古村落。我相信，只要我们是真诚的，是用心去探索，并努力在实践中加以完善，一定会实现古村落保护与发展的良性循环，一定能够迎来古村落保护与发展的美好前景！

我在2007年的这次讲话，一晃五个年头过去了。这五年的时间里，“屋脊与根”的事业在一波又一波的起伏迂回中前行。当年提出的一些问题，无论是在理论研究上还是在实践探索中都取得新的进展。随着时代的发展，我们所面对的问题将会越来越复杂，但始终围绕着如何更好地“保护与发展”这样一个既矛盾又统一的命题。这是一项伴随着社会发展而需要不断探索的事业，这项事业永远需要更多的人去攀越和脚踏实地的行动。

《屋脊与根》曾经是张安蒙老师电视系列片的第一个名字，从“墨迹”到“足迹”，书中折射的不仅是张安蒙老师对古村落保护事业从热爱到实践的心灵足迹，更是社会各方面对古村落保护的认识提升、理论思考和探索实践的轨迹。

记得张安蒙老师当初为苦思冥想之后突然萌生的“屋脊与根”，非常激动。因为她觉得这是一个最能涵盖古村落这样一个独特的村落群体所拥有的物质与文化的遗产价值，也很容易帮助人们导向对“建筑与文化”的思考。**且屋脊，乃风骨之象征，寓意民族文化之脊梁；根，乃生生不息之本，寓意文化记忆之根基**。面对后世子孙，如何“为屋脊添瓦，给文化滋根”，是当代人必须认真思考的一个命题。“屋脊与根”不仅对于当下建设社会主义文化强国的实践带来思考和启示，更延伸出需要不断“攀越”和“脚踏实地”的含义。

衷心希望此书的出版，能够为中国古村落的保护与发展这一厚重而又年轻的事业再添一块砖，再加一片瓦，再出一份力，让更多人来关心、思考、参与古村落的保护，努力留住古村落珍贵的文化记忆和历史遗产。

是为序。

卞百平

上海市长宁区区委书记

2012年4月12日

代序

她是个富有感染力的人。与她相伴的除了激情和梦想，还有使命和责任。

我与她相识是在贵州黔东南的苗寨。远远的，她双手合掌，面带微笑，向她敬重的每一个人作揖行礼——“谢谢！——谢谢！”。“谢谢！”也许是她说得最多的两个字了。

她的话题永远是古村落。她跟我通电话时，不在古村落里，便一定是在去古村落的路上。上海弄堂长大的她怎么就偏偏迷上了古村落呢？当过知青，写过小说，做过电视编导，日子过得舒舒服服的她，忽然间却闪身隐入了古村落。是追求什么？还是逃避什么？这话不好问，也不便问。如果说是使命和责任使然的话，那也一定是她自己加给自己的。按说，这把年纪的人（共和国的同龄人），尤其是女人，不会紧着再做事情了，还折腾个啥？然而，她还是折腾了，如醉如痴地折腾，无怨无悔地折腾，而且事情越折腾越大了，大出了国界，大到联合国的人也瞪大眼睛了。

她叫张安蒙，中国古村落保护与发展委员会秘书长。

这是一个民间组织，虽然没有气宇轩昂的楼宇总部，但却集聚了一批著名的学者和专家。名单中有罗哲文、阮仪三、楼庆西、柳忠勤、何嘉平、卫宏、周俭、谢冕……这都是一些响当当的名字，具有深度和广度的意味，也足以引领某种方向。随着首批“中国景观村落”评选名单的揭晓，张安蒙和她的组织把古村落由一般意义上的保护，提升到文化景观保护这样一个更新的高度。

“无品官做有品事。”——中国古建筑泰斗级人物罗哲文这样评价张安蒙。

20年前，一个偶然的机会，张安蒙走进了湖南岳阳张谷英大屋古村落。她惊讶地发现，“这是一件还没有人来得及去做的事情，但是它正以惊人的速度，悄悄向历史的纵深逝去”。于是，她怀着真诚和激情创作了四集电视专题片《岳阳楼外楼》（费孝通题写片名）。她用自己的方式，拾起已成碎片的历史，并将其缝补缀合，在这个过程中，她触摸到了岁月的余温，老屋的脉搏，她看到了自己的来处，也看到了自己的归宿。从此她和古村落结下了不解之缘。在几年的时间里，她又相继推出了《沉重的使命》、《美哉，古村落》、《中国景观村落》等电视专题片。她决心赶在时间的前面，拽住古村落渐行渐远的脚步和老旧温润的时光。

在中国，为保护古建筑而请命的人有许许多多，而喊声最猛烈，最不知疲倦的人南北各有其一。北有冯骥才，南有张安蒙。如果说冯骥才是为挽救城市里的老房子而奔走的话，那么张安蒙就是为偏远乡间古村落的命运而呼号了。

因为张安蒙的出现，中国古村落的命运发生了改变。

她躲开喧嚣，绕道而行。她背着背囊，穿着运动鞋，手持摄像机，拍老屋、拍古巷、拍白墙黑瓦。当然，也拍湿漉漉的青石板路和走在上面牧归的老牛。在古朴的民风民情深处，她寻觅久远的文化之根。针对古村落当下存在的问题和潜在的危机，她通过“古村落网站”发出的呼吁和警示，已经引起高层的注意。她说，我们已经失去很多，我们不能再等失去后重又叹悔了。

古村落是中国农耕文明史和古建筑文化的宝库，是中国古代哲学和智慧的结晶，是研究中国经济社会发展、家庭起源和繁衍发展的重要实证。千百年来，古村落默默无语地向我们呈现了古代文明的精华和涵养。别林斯基说：“艺术的目的在于唤醒本来沉睡着的情绪、愿望和情欲，使它们活跃起来，把心填满。”古村落不是什么艺术门类，但是，张安蒙告诉我，走进古村落，足以把人的心填满——这里是“把心放下”的家园。

她有一颗慈悲的心。在湖南通道侗寨，我曾亲眼看到她，双手合掌，向一棵巨大的千年古樟作揖行礼。古树往往是古村落的标志或者符号。岁月可以使我们忘掉许多事情，但村口的古树却永远生长在我们的记忆中。张安蒙对于古村落的关注和探究不仅仅是建筑——那些吊脚楼，那些灰砖青瓦的老房子，实际上她更关注一代一代传承下来的生产方式和生活方式，即它固有的传统和文化。

保护古村落并不意味着就在保护落后。张安蒙说，我们要尊重历史，更要尊重古村落里的人。古村落里的人一样有享受现代文明成果的权利。我们不能要求它一定要怎样，一定不能怎样。古村落里的年轻人喜欢穿西装穿皮鞋，唱流行歌曲，这也无可厚非。在一定意义上，古村落的命运和未来，不取决于专家，甚至不取决于政府，而是取决于村民自己的认识和行动。

正是基于她的贡献和影响，2008年张安蒙女士被评为“中国文化遗产保护杰出人物”。上台领奖那天，她双手合掌，向台下的人长时间作揖行礼，口中不断说着：“谢谢！——谢谢！”而眼里却充盈着泪花。

她无法歇手，无法停顿自己的脚步了。她的灵魂已经属于古村落了。

李青松

全国森林防护总站党委书记

原文载自《森林与人类》杂志

2009年3月29日

自序

成功是一个迷人的字眼,是人生最大的磁场;
但是,不同的历史条件下对成功的价值评定是不一样的,
更何况成功是没有尽头的。
我在乎追求成功的过程和成败得失过程中的心态。

1989年，我走进了一个古村落，
说不清楚，是这个村落改变了我，还是
我改变了这个村落？
总之,从1989年到2009年这20个年头的时间里,
足够的机会使很多人成为富人;
可是我选择了一条机会成本最高的人生路。

我是谁?
一个再普通不过的俗人，一个俗得“爱做梦”的普通人。
我是谁？一个知青！
这样说,我心里很踏实!

可是,20年来,我却自以为“天降大任于斯人也”,
担当起了一个沉重而神圣的使命!
尽管在曲折与挫折中少不了痛苦、沮丧、彷徨和困惑,
但是从来没有抱怨和后悔;
经历了痛苦、沮丧、彷徨和困惑之后,

还是充满信心地朝着
地平线上那束绛红色的曙光，
一脚一脚地前行！
在一个知识经济快速致富的时代，
这样的执著是很亏的；
但我却对自己的执著与选择很满意。

“人的生命是有限的。”
许多英雄和成功人士都这样说。
虽然我不是英雄，也非成功人士，
但是我明白，
我们一生只有一次机会，一次！
使你成功、成仁、成就人生！

我是在上海解放的锣鼓声中呱呱坠地的。
我们做过许多的梦，又破碎了许多梦。
如果说，人生需要一点定力，
这个定力不是与生俱来的，
它是在人生一路颠簸中逐渐成熟、沉淀、积聚而成的；
这个力一旦形成，就像铁锚一样拴住你的“心”，
把握你的“舵”！

如果说，找到自己活着的目标和价值，是人生最大的成功，
我想我成功了；
如果说，能为自己的梦想付出一生的努力是一种快乐，
那么我是快乐的；
如果说，这个过程中你不是孤独的，
有引领你前行的德高望重的师长，
有同志、有亲友，分享你的理念和价值观，

是你最大的财富，
那么，
我由衷地感到自己是富有的！

我生在城市，长在城市；
在“知青年代”我离开了城市，
在“知青后时代”又回到了生我养我的城市。
古村落的一草一木一砖一瓦都不是我的，
可是，
只要我一走进古村落，
这里的一切就都是我的！

我爱这里的山山水水；
我爱这里的一草一木；
我爱这里的一砖一瓦；
我爱这里的父老乡亲！

我在第一颗星辰的诱惑下
不知不觉中走进了繁星满天的星河！
徜徉在这一片遥远的星空；
我恨不能让全世界的人们与我分享！

回望二十年所走过的路
我想起了鲁迅先生最著名的那句话：
“这世界上本没有路，
走的人多了，
就成了路！”

这本小册子里面汇集了我自1989年以来的些许文字。

这些涉山水他乡僻壤，
寻古村生命之根的些许见闻、些许思考、几多忧虑，
虽自惭浅薄和粗糙，
却不乏真诚与真实。
言自心声，文以载道。
其真情可鉴！

这本小册子里不都是我的文字，
凡不是我的文字的作者都是学界真正的大家！
他们严谨的学术理论和扎实的学术功底，
弥补了我感性大于理性的不足和缺憾。
这些十年二十年前的文字在今天读来，
依然是那样清新鲜活，
依然是那样一针见血，
令人深思、发人深省！

随着社会经济体制的转型和商品经济对一切领域的渗透，
古村落宛如沉睡中的历史老人，睁开了他惺忪的睡眼，
他发现世界竟然变得如此魔幻一般的新奇。
他体内积聚着的古老的能量开始激活！
他抬起了充满智慧的头颅，
昂扬着与时俱进！

2009年11月30日

目录

Ⅴ里程碑

第三届中国古村落保护与发展（国际）研讨会（2006年11月）

Ⅵ保护村落景观　建设景观村落

首届“中国景观村落”评选活动（2007年4月29日—12月23日）

I 发 现（1989年春）

完全是一个偶然的机会，我们走进了一座”大屋 “；
大屋像迷宫一般，让我从此乐不思归；
大屋里的人和事、情和景，像历史的浮影，
让我感受到”桃源印象“……

我们用电视记录了这一段奇特的经历，
袒露了我们欣喜又困惑的情感和思考。

使我们对张谷英村产生浓厚兴趣的是，在这上下五六百年的时间里，我们的国家和民族历经磨难，外侮入侵、内乱不断、多少破产、多少离散……是什么力量使这个家族历经数百上千年而不散？虽历经沧桑，曾几度辉煌；虽兴衰跌宕，至今风韵犹存。然而，面对改革开放，面对市场竞争，面对全球经济与文化的大融合，这个家族将走向何方？

20多年来，为寻找这些问号后面的答案，我不知疲倦地在古村落里面行走，享受着不断发现的快乐和没有穷尽的迷茫；在不断求证、反复印证的过程中，不断挑战自我的知识结构、心理素质、哲学思维、价值取向……

岳陽樓外樓

费孝通

注：时任全国人大常委会副主任，人类与社会学专家费孝通先生为电视片《岳阳楼外楼》题写片名。

四集电视系列片解说词

岳阳楼外楼

◎ 序篇

完全是一个偶然的机会，我们听到了张谷英大屋这个名字。打那以后，岳阳楼外，笔架山下的这一片人文景观，就梦萦魂绕地把我们牵念。

我们先后四次来到张谷英村。村里人见我们去，都亲切地叫我们“家门”，我们也颇有种重归故里的感觉。我们爱张谷英村的山水，爱这片山水哺育下的村里人。

张谷英是个人名，人称谷英公，是现在这个村里两千六百多人的祖先。换句话说，现在这个村里居住的两千六百多人都是明代一个叫张谷英先人的后裔，自明朝宣宗初年至今上下五六百年的时间，张谷英的后代已由子孙、重孙、曾孙繁衍到二十六七代孙，把分支外迁的都算上，谷英公后孙达六千多人。

在这上下长达数百年的时间里，我们的国家和民族历经磨难，外侮入侵、内乱不断、多少破产、多少离散——因此，使我们对张谷英村产生浓厚兴趣的现象之一，正是这个家族是何以在这长达五六百年的时间里，几度兴衰又得以

笔架山

生存繁衍至今的呢？面对改革开放、面对激烈竞争、面对现代文明的强烈冲击，这个家族将走向何处？

然而，这并不是本片所能涵盖的课题，或者说，这个课题太深太大，对于我们不亚于面对哥德巴赫猜想。我们今天所能做的仅仅是把他们独特的生活环境、生存形态、生存方式等现象摄取下来，提供给社会，提供给研究历史、研究哲学、研究社会科学的理论家、思想家与学者们去思考、去探索、去发现、去发展！

我们丝毫不想掩饰我们对这个古老的大家庭所倾注的感情，我们愿向这片清丽纯情的山土袒露我们对她的深情与厚爱。

◎ 风水篇——生命的摇篮

《大辞海》里对“风水”一词的释意是这样的：“风水也叫堪舆，旧中国的一种迷信，认为住宅基地或坟地周围的风向水流等形势，能招致住者或葬者一家人的祸福。也指相宅、相墓之法。”

我们无意宣传迷信，不过科学已发展到不得不承认并研究特异功能的存在，也许，对风水是不是可以简单地认定为迷信，值得重新思考。

至于风水，古人曰：“气乘风则散，界水则止。古人聚之使不散，行之使有止，故谓之风水。”

气，构成宇宙万物的物质性的东西。

气，人的精神，人之元气也。

可见，气，于生命、生理、生存、生长非同小可也。

无论是迷信还是有道，古人在相宅相墓时讲究“聚之有气，藏之有能”。不能不说是一种对生命的热爱与渴望。

当我们临风站在坡顶，环视四周连绵起伏的波峰，俯视盆地中央穿村而过的蜿蜒小溪，我仿佛感受到了六百年前的张谷英从山外他乡寻寻觅觅、风尘仆仆而来，踏上这块坡顶时的那番情景。那番情景一定不亚于哥伦布发现新大陆。

据本村学究所撰“村志”说：“我谷英公秉性聪明，能知吉壤。当年这里深山馥郁、古木参天、怪石起伏，多亏其不畏筋骨疲惫，日夜开垦立业。”

这里青山环绕、险称天城。东南西北四个山坳如村里的四个大门，大有一夫当关，万夫莫开之势，据村里人说：1942年，日本兵败长沙，途经渭洞，村里人同仇敌忾，纵几经日军攻打，终未能得逞蹂躏寸土。

双曼山，宛若孪生姊妹，亭亭玉立。四时轻烟笼罩紫黛馥郁，令人神往，相看不厌。

笔架山，三峰秀同文房之宝。

龙形山，逶迤绮丽。

樟木坳、桐木坳、佛坳、大当坳，四坳默默笑口常开。村里人期待着它们招财进宝。

稀有的巨石浑圆如珠，村里人喻之龙珠。巨卵石中有两道白痕，四季滴水不止，故戏称仙人射尿。在“文化大革命”中因此被炸毁损半。

小溪淙淙，四季悠悠，冬暖夏凉，甘甜怡人。时而她静如银屏，时而又急如湍流。流水驼走了几多石桥？石桥又送走了几多流水？年复一年，日复一日。渭溪河啊！不知你究竟从哪里来？不知你究竟要去哪里？渭溪河啊渭溪河，你是张谷英村人的生命之泉，你是张谷英村人生命的摇篮！

井水依傍着溪水，我们发现井水水位明显高于溪水水位数尺之多。可是你走你的，我歇我的。你往低处流，我往高处走。还真应了那句俗话：井水不犯河水。

从这里舀起清水，从侧里撇出浊水。咫尺之间，清浊不混，妙哉！奇哉！*

俗话说：靠山吃山，靠水吃水。更何况二华里平方旷野，幽如鬼谷。不入四门，不知其内，不怕兵灾，足可避秦。在乱世多于盛世的中国，谷英公择此

---

*张谷英村的排水系统至今仍是个谜。

数百年沧桑，大屋依然气宇轩昂

一方，不可不说老人家胸存百年大计，功垂后人哪！

◎ 楼宇篇——洞天有别趣

据族谱所载，出生于明嘉靖四十一年（1562年）的张谷英第六代孙思南公励精图治，恢弘先业。于笔架山下的石桥冲迁到龙形山下，首筑大屋当大门一幢，以垂后人创基立业。

清乾隆年间，张谷英第十六代孙，云浦公一人经手，在四五十年内建屋三幢。先于王家塅、石大门创建房屋百余间，后因人丁浩繁，不堪栖息，云浦公长兄力心公在上新屋开基创业，文浦公在七十高龄后，又在距老屋二三里外的潘家冲建房百余间。至于长沙段、聚龙湾、浦门口、西头门、何公塅、东头峰等共12个门头，均先后于百余年间兴起。由此屋宇绵亘、廊檐衔接、南临玉带水、背依龙形山，由东南向西北绵延铺陈，达两华里之遥。

呜呼！

我望着这一片状若鸟革翚飞，势如卧龙欲驾的连云大屋，对前人油然而生敬意。如果说，我很容易理解张谷英及其后孙为什么对这片土地始而一见钟情，继而世代相依。那么我很难理解这一片连云屋宇，竟是张谷英第六代孙和第十六代孙，上下相继二三百年间陆续形成的，使所有张姓子系不仅共享一个蓝天，而且同顶一片瓦舍。这是何等的一种胸襟，何等的一个抱负。无论如何，可以称之为一种胸襟，一个抱负的；尽管一个家族相对于一个民族是太微不足道了。*

按阶级斗争的逻辑，这几乎是一座封建贵族庄园。我们曾经按这个逻辑推理并思考过，但很快被更重要的事实与存在所推翻。张谷英村的建筑群是中国民居

---

*二十年后的今天，我认为这是一个家族文化的标识，是家族建筑风格的承袭。

的优秀遗产，是集中国传统文化、平民意识、建筑艺术、审美情趣之精华于一体的一笔珍贵财富。它是我们民族建筑史的骄傲，是劳动人民智慧的结晶。

普普通通的砖墙，普普通通的瓦片，普普通通的门洞，普普通通的外观。

张谷英大屋的名声已传扬十里开外，可张谷英大屋的价值仍充满问号与悬念。也许这就是张谷英大屋的特点：含而不露、美而不艳、奇而不怪、妙不可言、浓淡相宜、雅俗兼备，真可谓耐人咀嚼、回味无穷。不信？请慢慢体察。

凡踏进这一尺多高的门槛，走进那一片屋顶之下的人，都有一个豁然顿开又不知所以然的感觉；似乎天就在屋顶之外；屋顶就在蓝天之下，顶着天，又遮着地，天地都被大屋拥有。

站在一处，又看到一处。

走在暗处，却向着明处。

跨过一槛，又是一槛。

面对一井，又是一井。

高堂、深巷，一重接着一重。

花棂、拱壁，令人目不暇接。

迴迴曲曲，似曾相识又别开生面。

进进出出，难辨东西如入八卦之阵。

行至幽巷，只疑抵壁，吱呀一声，又见一重庭。

这就是张谷英大屋的玄妙之处，这就是张谷英大屋的魅力所在，它使你感到那样亲切。它又不断诱发你的好奇。那门、那光、那巷道、那一处空间，领着你的好奇心去探个究竟，拴着你的悬念，去看个明白，只要你左顾右盼，就可以看到一幅深远又富有动感的景观。只要你不断地朝开口的空间走去，你永远不会面对绝壁。张谷英大屋内步步有景，景景迷人，引人入胜，趣味横生。

那么张谷英大屋的扑朔迷离之感是怎么构成的呢？我们该来看看这大屋的平面布局了。

大屋依龙形山地形地势纵横布局，呈机翼式又称干枝式。纵向是主干，横向是枝体。纵向是厅堂，横向是厢房居室。南北进深，四进三井，东西走向，即在第三进的两侧，按南北进深格局向东西铺陈，即为枝体。

巷道是这个建筑群的筋脉，它不停地曲折环绕，连接着主干与枝体，贯穿着无数个单体空间，从而紧紧维系着这个大家族里“各自为政”的一个个小家庭的血缘关系，充满着人情味与亲切感。

我们现在一进门，目光直抵前堂。然而，从残存的部分隔扇和现有的门槛可以推知，当年的新宅是一个可分可合的活动空间，老人们称之为“四进三井”，即进四个高堂，过三个天井。每一个厅堂都有明确的功能，或祭祖，或婚嫁，或吊唁，或聚会议事，或生产做工，延续至今。

我们完全可以这样说，这个大家庭对外部世界来说，是封闭的、内向的；而这个大家庭的内部生活方式，是开放的、外向的。因此，这样一种建筑风格，体现了这个家庭天人合一的生态观，折射了我们民族传统的对内聚合，对外防御、封锁的心态与文化。

◎ 情致篇——审美的观照

跨进张谷英大屋的门洞，引我们不停走去的是那些移动的景观，令我们驻足翘首观瞻的是那目不暇接的雕梁画栋。

我们的视觉每秒钟都有一个落点。

这结实的块体，厚重而有力度。

这浑圆的柱子，线条挺拔、庄重。

精致的雕镂，充满创造的情趣。

流畅的弧线，富有活泼的动感。

在如此纷呈多姿的作品中，我们发现一个特点，使张谷英大屋的总体风格达到完美的和谐与统一的境界：所有这些花纹、图案、人畜风情，都不是权利与金钱的象征。所有这些花纹、图案、人畜风情都标志着丰收、吉利、清静、祥和，一派融融陶陶的太平景象。

这些龙凤戏珠、麒麟游宫、腾跃的小鹿、别致的双环，是那样生动逼真，富有灵性。我久久地、久久地望着它们，我觉得它们仿佛是真的，是真的生活在我去不得，而它却来得了的天国里。

这是在最早的当大门洞里发现的大梁与驼峰，我们推测它至少有380年的历史。

这是西门头内的原始梁柱。

村里无白丁

我们的小肖发现在这里的大梁下面，刻有太极图。继而，在当大门的石门框下，也发现凿有太极图。张谷英大屋清新、淡雅、亲和、自然又情趣横生的风格特色，从这里也许能找到其哲理人伦和意识形态方面的依据和支点。

门枕石、鼓抱石、垫脚石、柱础、井壁都不豪华，却处处点缀着生气和雅趣，就是风火墙的檐脚也不是被遗忘的角落。上新屋的风火墙和岳阳楼的盔顶有着异曲同工之妙。不知道当年的建筑师是否从岳阳楼的造型艺术中得到某些启发。

第一次来张谷英村，就被这里独特的景致所吸引。每走一次，总有无限美感潜潜滋生，却说不出所以然。这次，村长告诉我们，这儿是一段古迹，名叫“百步流水过三桥”，经如此点睛，方感意境水落石出。

这条廊檐下铺设的青石板道，可直达上新屋，沿途通达各个门户、联结各条巷口，既供宵征、夜归者作道，又为雨雪串门之径，“晴天不曝晒，雨雪不湿鞋”。村里人十分得意自己祖先的这一作品。

据族谱记载，当年这儿又是一条商贾云集的街市，东至平江，西通汨罗，是古道遗迹也。

玉水村前过，麻石搭为桥，村里共有大小石桥58座，既沟通两岸居民，又可作水榭憩凉之用。闲情逸致，比比皆是。张谷英村大屋的美，是蕴含在包括石桥与古道在内的每一个大小建筑之中的。事实上，张谷英村的民居建筑已具有了依一个村自然环境的布局与利用的总体营造意识。

说张谷英村大屋为岳阳楼外楼、洞庭天外天，当恰如其分，言不为过吧！

◎ 大屋有多高

◎ 大屋有多宽

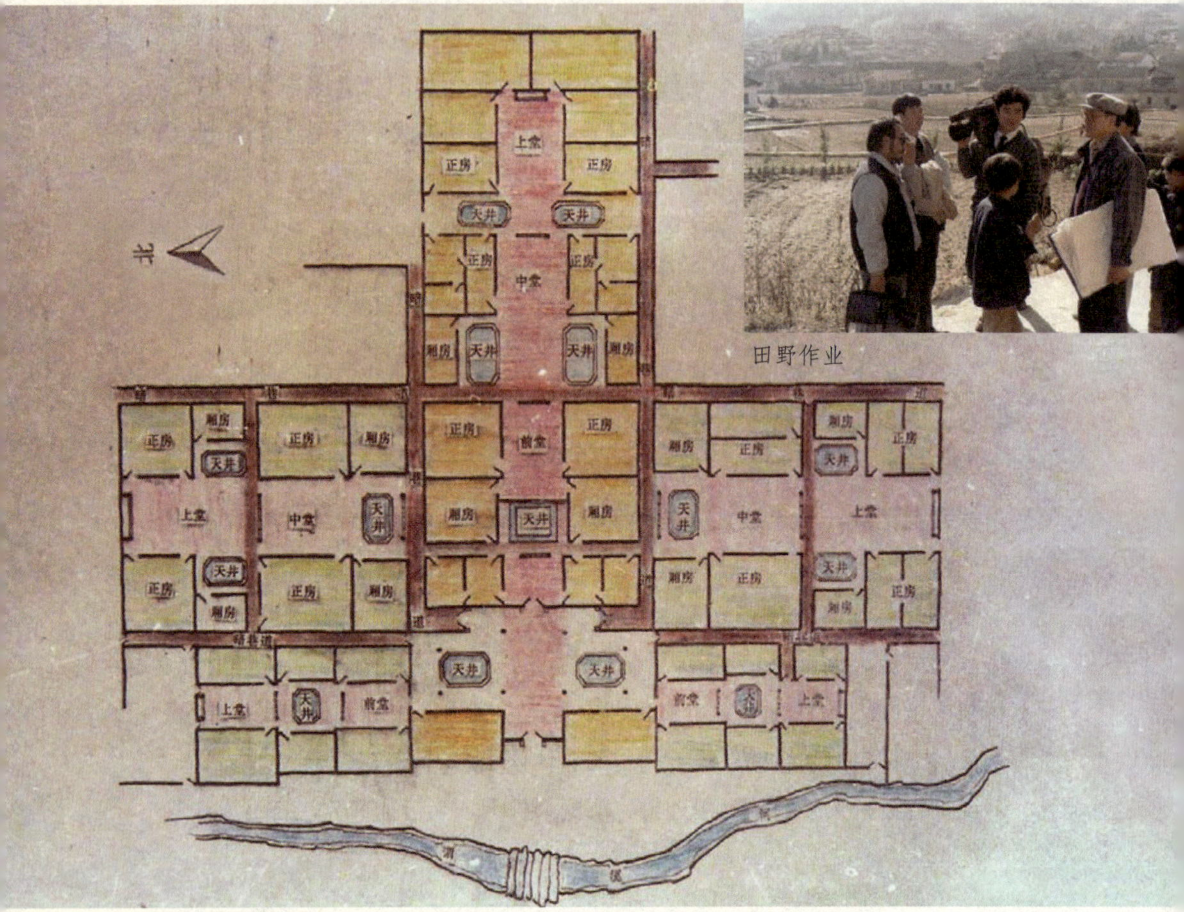

田野作业

◎ 同济大学《时代建筑》杂志社总编王绍周教授因陋就简，
用长竿、卷尺测量后绘制了当大门、王家墩、上新屋三栋大屋的平面图

◎ 浓浓的乡情

◎ 习习的儒风

◎ 灶壁

◎ 巷道

时任湖南岳阳市建委主任的张厥荣，“文革”初期毕业于上海同济大学。他的知识结构、专业智能和文化嗅觉，使他在第一时间，对我们在张谷英村进行的粗略考察与价值思考，予以充分肯定。

1991年春，我们在他的热情支持下，在岳阳市举办了张谷英古建筑群考察报告会。

京沪7家主流媒体记者应邀前往洞庭湖畔。

会上播放了四集电视系列片《岳阳楼外楼 洞庭天外天》。

与会者群情激奋。

当时的岳阳市人大常委会秘书长、文化局局长等在会上发表了热情洋溢的讲话。

会后，京沪记者团的成员们饶有兴致地与我们顶着纷飞的春雪，驱车走进了张谷英村。

小学校全体师生放假一天，承担了打扫村大礼堂卫生的工作。

当晚，村民们扛着板凳从一个又一个门洞里涌了出来，把一个足够容纳五百多人的礼堂挤得满满当当。

我们把为新闻发布会特制的十块画板和四集电视片送给了张谷英村。

渭洞镇差转台一天24小时循环播放电视片《岳阳楼外楼　洞庭天外天》。

村民们从外乡人的赞美中重新审视自己的大屋文化……

注：4集电视系列片的第一版名为《岳阳楼外楼　洞庭天外天》，第二版名《岳阳楼外楼》

◎ 台上左：岳阳市建委主任张厥荣
台上右：上海同济大学
《时代建筑》杂志社总编王绍周

◎ 记者听取考察报告

◎ 记者团进村，老人喜看《上海青年报》

◎ 不到天黑，大礼堂的里里外外、上上下下已经挤得水泄不通

◎ 村小学放假一天，承担起打扫大礼堂的任务

◎ 村民们从电视中看到了自己的大屋——一片欢天喜地

1	2
3	4
5	

1.2. 岳阳市首届国际龙舟赛开幕式之后，省、市建委领导专程考察张谷英村并听取张安蒙关于张谷英村考察的汇报

3. 考察报告会之前，张厥荣跟随摄制组进村考察调研

4. 那时候，摄像张谭老担心“带子不够，电没了”

5. 画板在村里展出数年直到再也挂不上墙

◎ 乡情篇——习习的儒风

在张谷英村，我对中国古代的“礼仪之邦”一词，有了第一次感性的认识，在那里，悠悠古风尚存，习习儒风扑面。

自食其力，相濡以沫。

婆媳姑嫂，相依相助。

炭火夜话，亲如一家。

远方来客，茶水礼待。

我时时会觉得自己在古国神游，如果不是小学课堂里传来“昨夜星辰”的歌声，我真的会错了世纪年代。我说不清心里是怎么样的一种感觉：是喜几回梦寻今方得，还是叹洞中一日而世上千年？

村里自发举办的夜校，沿袭旧私塾的教法和内容，不同年龄、不同学历、不同性别的人济济一堂。在黯淡微弱的电灯光下，他们是那样的恭敬虔诚。初中二年级肄业生用娟小端正的文字认真回答“世上有几条路，你愿走哪条”的问题：“世上有两条路，一条是好路，一条是坏路，我要走好路”。

我们摄下这组镜头，我们从心里愿意去理解他们。我们不希望再有人用十几年前的理论（注：阶级论）对此大加批判。是雄狮，就让它咆哮；是小鹿，就听她低鸣；是大海，就任它奔腾；是小溪，就随它在谷底山涧悠悠流淌吧。也许有一天，山河湖海随地壳的运动一起发生了冲撞变迁，那么大自然就自然又是一番景观。

据村史记载，张谷英村素有重教育、兴礼仪之美德与传统。“书香世第”、“百忍家风”至今相袭。

这位老伯在煤矿做工四十春秋，如今退休回了老家。他请人写了这幅家传《劝孝歌》词挂在帐帘，以慰祖先。

这位老伯去年在夜校读书，今年执笔，挥毫为邻女出阁书写对联。

张谷英村的对联有它自己的特色，幽默谐趣，不失风雅。

这位张彦兮先生，写一手好字，撰不少佳文，喝不少墨水。瞧他鼻梁上那副双层眼镜，也许称得上中国一绝。

村里的小学建在山上，龙首昂扬之地，去年我们来时这儿还是土坡泥台，今天已是水泥台阶。拾级而上，在这块天然巨石上面凿上一座滑梯，供孩子们课外嬉戏玩耍，可谓别出心裁。

据村长说，这些都是集资民办的。

村长还告诉我们，要修路了。这些木头桩子是岳阳市交通部门丈量好以后打下的地界。

我禁不住兴奋起来，我爱张谷英村一派古朴、纯情、儒雅的真人世相，我更愿看到一个古老的家庭在现代文明的进步与开发中另辟阳关，再筑大道。

我突然发现了一个历史的巧合。

张谷英的第六代孙为他的家族奠定了基业。

张谷英的第十六代孙发展了他祖先的家业。

今天正是张谷英的第二十六代，也许时代与历史将赋予他们振兴家业的使命。

兴奋之余，又陡生几分忧虑。

历史的长河不会在这里凝滞不前。

电视、电脑、商品、信息、高度现代化的物质文明具有不可抗拒的强大的生命力，越来越多的张谷英村的青年人从古楼里搬迁出去，过上了令他们祖先瞠目结舌的现代生活，给古老的山村注入了虎虎生气。

然而，我们没有权利漠视先人为我们创造的财富。

我们已经干了不少的蠢事，我们应该变得聪明起来。

我们已经失去了许多，我们不能再等失去后重又叹悔。

我们绝不仅仅是为了欣赏古董而欣赏古董。

我们在欣赏的同时期待着弘扬与崭新的开发！

让张谷英村的年轻一代走出古楼，创建新世纪的文明。

让先人们创造的历史遗产重新异彩生辉！

本片首播于1991年

岳阳市张谷英村古建筑群考察成果新闻报告会

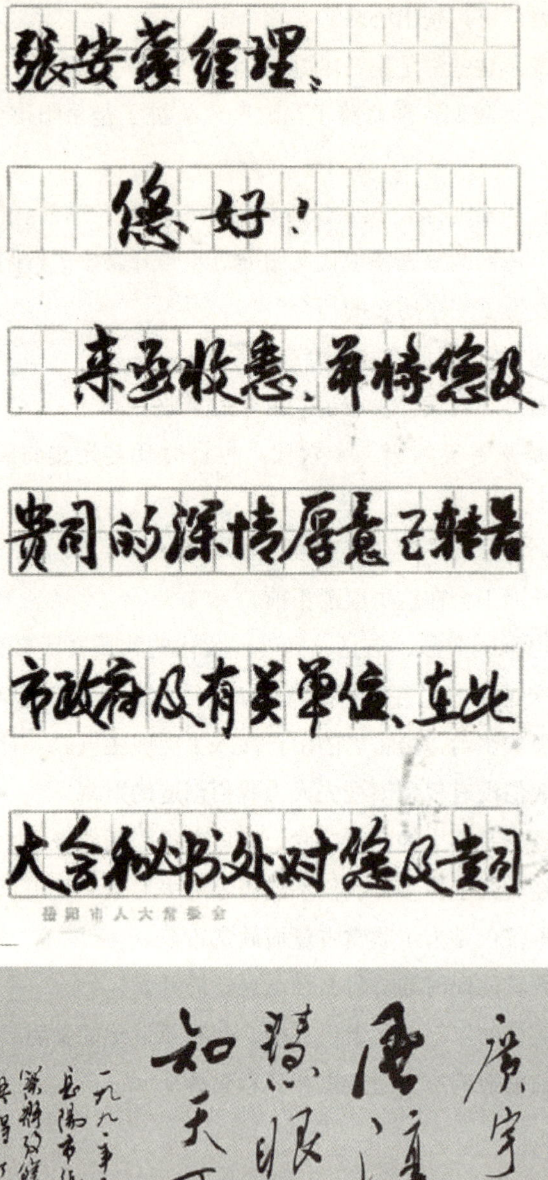
張安蒙经理、

您好！

来函收悉、并将您及

贵司的深情厚意已转告

市政府及有关單位、在此

大会秘书处对您及贵司

揭阳市人大常委会

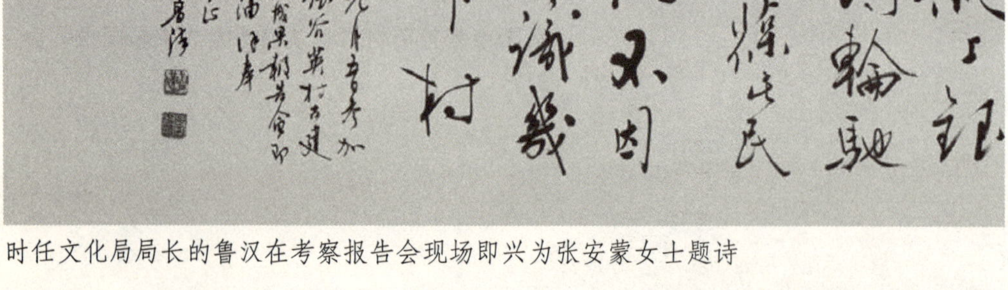

时任文化局局长的鲁汉在考察报告会现场即兴为张安蒙女士题诗

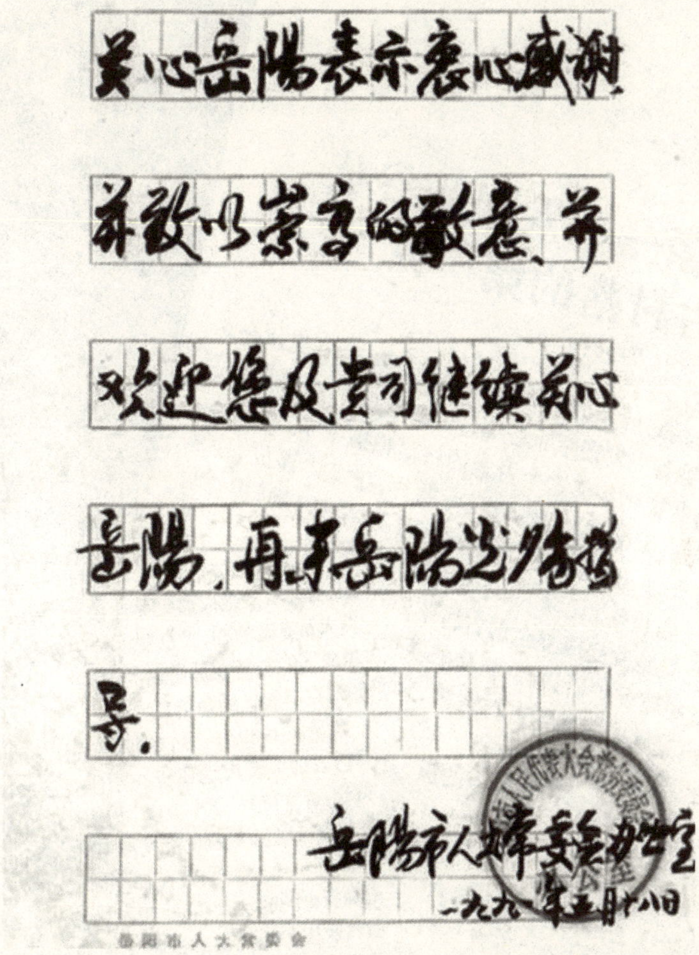

关心岳阳表示衷心感谢，并致以崇高的敬意、并欢迎您及贵司继续关心岳阳、再来岳阳光临指导。

岳阳市人大常委会办公室

一九九一年五月十八日

岳阳市人大常委会

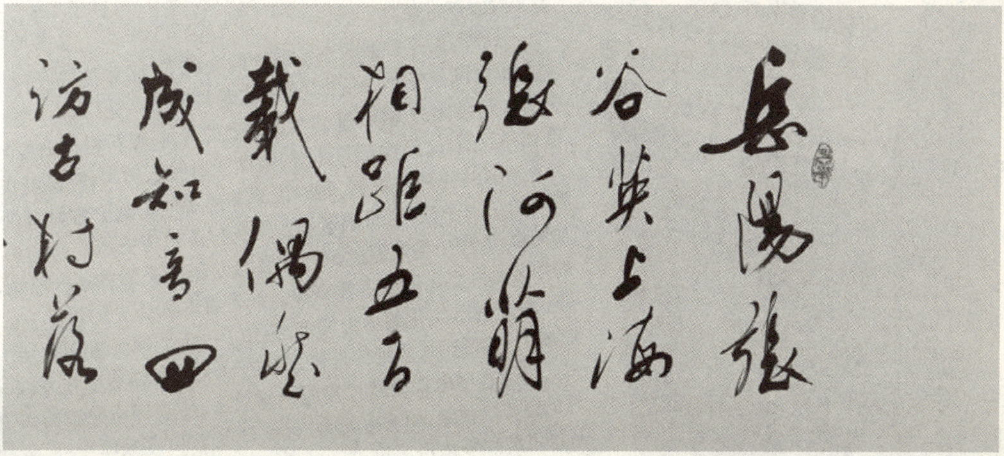

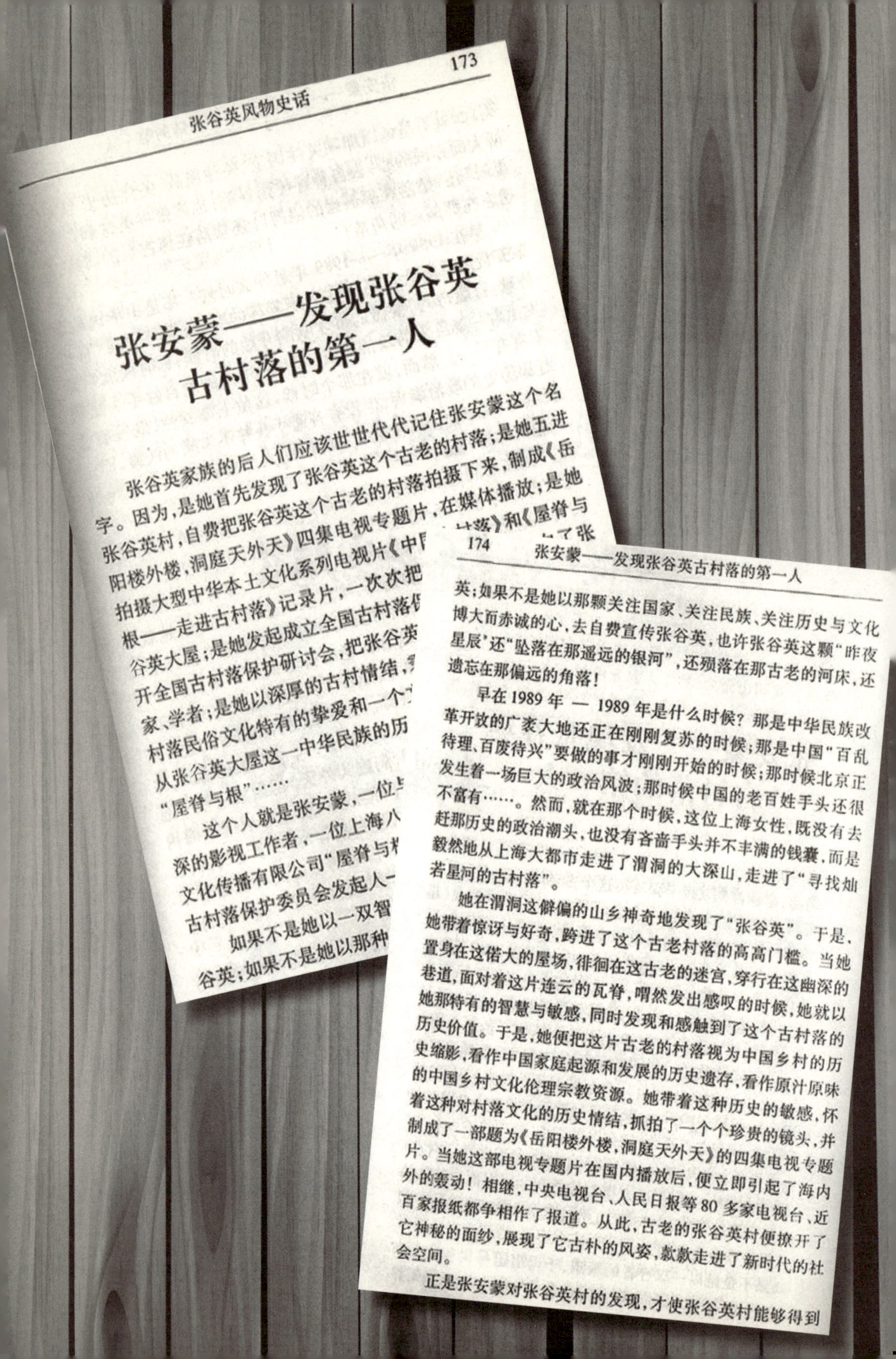

张安蒙——发现张谷英古村落的第一人

张谷英家族的后人们应该世世代代记住张安蒙这个名字。因为，是她首先发现了张谷英这个古老的村落；是她五进张谷英村，自费把张谷英这个古老的村落拍摄下来，制成《岳阳楼外楼，洞庭天外天》四集电视专题片，在媒体播放；是她拍摄大型中华本土文化系列电视片《中国

村落》和《屋脊与根——走进古村落》记录片，一次次把

上了张谷英大屋；是她发起成立全国古村落保

谷英大屋；是她发起成立全国古村落

开全国古村落保护研讨会，把张谷英

家、学者；是她以深厚的古村情结，

村落民俗文化特有的挚爱和一个

从张谷英大屋这一中华民族的历

“屋脊与根”……

这个人就是张安蒙，一位上海八

深的影视工作者，一位上海八

文化传播有限公司“屋脊与根

古村落保护委员会发起人一

如果不是她以一双智

谷英；如果不是她以那种

英；如果不是她以那颗关注国家、关注民族、关注历史与文化博大而赤诚的心，去自费宣传张谷英，也许张谷英这颗“昨夜星辰”还“坠落在那遥远的银河”，还殒落在那古老的河床，还遗忘在那偏远的角落！

早在1989年——1989年是什么时候？那是中华民族改革开放的广袤大地还正在刚刚复苏的时候；那是中国“百乱待理、百废待兴”要做的事才刚刚开始的时候；那时候北京正发生着一场巨大的政治风波；那时候中国的老百姓手头还很不富有……。然而，就在那个时候，这位上海女性，既没有去赶那历史的政治潮头，也没有吝啬手头并不丰满的钱囊，而是毅然地从上海大都市走进了渭洞的大深山，走进了“寻找灿若星河的古村落”。

她在渭洞这僻偏的山乡神奇地发现了“张谷英”。于是，她带着惊讶与好奇，跨进了这个古老村落的高高门槛。当她置身在这偌大的屋场，徘徊在这古老的迷宫，穿行在这幽深的巷道，面对着这片连云的瓦脊，喟然发出感叹的时候，她就以她那特有的智慧与敏感，同时发现和感触到了这个古村落的历史价值。于是，她便把这片古老的村落视为中国乡村的历史缩影，看作中国家庭起源和发展的历史遗存，看作原汁原味的中国乡村文化伦理宗教资源。她带着这种历史的敏感，怀着这种对村落文化的历史情结，抓拍了一个个珍贵的镜头，并制成了一部题为《岳阳楼外楼，洞庭天外天》的四集电视专题片。当她这部电视专题片在国内播放后，便立即引起了海内外的轰动！相继，中央电视台、人民日报等80多家电视台、近百家报纸都争相作了报道。从此，古老的张谷英村便撩开了它神秘的面纱，展现了它古朴的风姿，款款走进了新时代的社会空间。

正是张安蒙对张谷英村的发现，才使张谷英村能够得到社会的关注和重视，才能跻身于第五批全国重点文物保护单位，和首批全国历史文化名村的行列，才能带来如今良好的经济效益，才使居住在这里的村民得以脱贫致富，……所有这一切都是得益于张安蒙的发现！

然而，“发现”是需要知识的。没有知识就不懂得它的历史价值。张安蒙正是凭着她那渊博的知识，才视这些早已失去弹性的历史遗存成为一种历史的文化，一个时代的标本、一个家族乃至一个民族的传承……。因此，她把屋脊和黑瓦当成了家族和民族的根。

“发现”也是需要感情的。没有感情也就没有兴趣。张安蒙正是凭着她那份古村情结，才涌动了她对古村的挚爱。她五进“张谷英”，她自费拍专题，所有这一切她都没有事先带丝毫“功利”色彩，而纯粹是为了挖掘和宣传一个历史时期的文化。正如她所说，张谷英的一山一水，一草一木，一屋一窗总在她的心头萦绕、低吟。正是这种感情的驱动，她才秉着对人世间执著的爱，秉着一个文化人与生俱来的使命感，从张谷英大屋这一中华民

去探索研究的课题。

“发现”也是需

张安蒙正是凭着那

走向宏村、走向西递

国几百个古村落。

点钱就会去找‘张

落”，去寻找和探究“那些之所以能缔延数百年

不败不散的根由和奥秘。”

张安蒙对中国古村落的发现，是在寻找中发现，在发现中寻找的。我虽然没有跟随她一路寻找过，但我在去年的一份《文汇报》上读到了她“寻找”的足迹，读到了她“寻找”的

情结，也读到了她“寻找”的执著与成功！下面我把她的“寻找”推荐给你读读，你也许能从其中读出一份对她的感动、对她的崇敬来！

她在《寻访灿若星河的古村落》中这样写道：(略)

作者：余振东
原岳阳县政协主席
原文载于《张谷英风物史话》

寻觅

古老村落的踪迹

——电视工作者发现湖南岳阳张谷英村纪实

蓝澄

张谷英村古建筑群

肩扛摄像机，走村过镇，到处寻觅村镇风情镜头的上海八达影视公司的创作人员，在拍摄反映村镇建设的大型纪录片过程中，在湖南岳阳市一百公里外的笔架山下，发现一座五百年来聚族（汉）而居的村落，这个村落为明代宣宗年间一位风水先生从江西游历至此，登高一望，看中四面环山的一块盆地而留下垦荒，以他的大名张谷英建立村落，繁衍至今已是第二十六代后裔了，一个姓，一个大家族形成一个自然村，长达五个世纪，可谓是一个奇迹。

八达影视公司经理兼编导张安蒙、满脸大胡子的摄像师张谦，1988年初进了张谷英村就被那相接相连的古建筑群迷住了，他们查阅村志、族谱，了解到古建筑群为张谷英本人及其第6代、16代孙所建，富有独特的明代风格，其中"当大门"、"王家塅"、"上新屋"三幢大屋最有代表性，别看它是普普通通的砖墙、普普通通的瓦片、普普通通的洞门、普普通通的外观，透过它令人看到古代民居的建筑艺术，只要你跨过高高的门槛，迎面是天井、高堂，一重接一重，两侧延伸的深巷，曲曲回回，把你引到另一个空间，它扑朔迷离，如八卦之阵，身处其境，左顾右盼，可以看到这一片屋宇奇妙的景观，大屋以地形纵横布局，纵向是厅堂，作祭祖、婚嫁、吊唁、议事或作工之用，横向是居室厢房，纵向是主体，横向是肢体，幽深的巷道是建筑群的筋脉联结着主干肢体，又贯串着大屋中无数单体空间，象征着一种向心和凝聚的力量，维持着五百年来这个大家族世代延续伸展。

张安蒙等人几次进村，实际上负有考察的使命感，他们研究张谷英村大屋建筑群保存的价值，更有了解张氏大家族延续至今的人和风俗。第四次进村是去年12月，同济大学古建筑专家、《现代建筑》副主编王绍周教授应邀担任他们的顾问，一起进入这个村落，寻觅那五百年遗存的一切，王教授在全国各地见到过各类民居，唯独对这明代风格的民居特别感兴趣，他考证每个屋宇的布局，甚至每个窗棂的镂雕，他爱那充满民间色彩的龙凤、麒麟和鹿的图案，他还对大梁下雕刻的太极图作了研究，认为它不仅是古人作为压邪气保吉祥之物，而是含有深邃的哲理思想，正如易学家所说，"太极万物之根本，天地为太极所造。"……究给张安蒙、张谦等人以启迪、扩……他们用心地拍下每个镜头，以山、……和人来描绘张谷英村，他所把历次拍……汇编整理成一部充满盎然诗意的专……外楼、湖庭天外天"，这部专题片由……"楼宇篇"、"情致篇"、"乡情……安蒙以他四次进村的感受和爱张谷……爱这片山水哺育下的村里人的微……下撩人心扉而充满哲理的解说词……

元旦过后，张安蒙、张谦和……专题片前往古城岳阳举行张谷英……

……题片中欣赏了。张谷英大屋是我们参观的主要目标，果然名不虚传，那清新、朴素而古雅的建筑群集中国传统文化、平民意识、建筑艺术、审美情趣于一体，体现出古代劳动人民的智慧和才能。王教授对这次进村更为珍惜，他又是拍照又是画下屋宇的镂雕和装饰以及这些天大屋的造型，他说准备为张谷英村古建筑群写书，把这珍贵的文化遗产介绍给世人。张谷英村人世代务农，过着日出而作、日落而息的田园生活，古朴的民风，尚崇礼仪，同住一个屋宇尤和亲相爱，村人重文化，至今的夜校仍沿袭私塾的形式，不同性别，不同年龄，不同文化程度济济一堂，诵读四书五经、古文观止的古文，由于喝了一点墨水，不少人能写一手好字、对一副好联，有一家人家添丁之喜，也贴上一副大红对联，旁边挂着一只葫芦和四根大蒜头，这大概是当地的一种风俗吧。村人十分好客，只要你随便上哪门串门，主人准会端上热腾腾的茶水来，茶中还撒上几颗花椒，香气四溢，这是当地人尊敬客人的一……

电视片导演张安蒙（中）在张谷英村采访

几多汗水 濶黑土 撒向人间 都是爱

——上海八达影视公司扫描

本报记者 孙洪祥

它，自称是上海滩上影视界的一棵小草——一间30来平方米的工作室，一个不足十个人的摄制班子，一部不到两年的创业史。

这就是座落于上海县莘庄镇一角的上海八达影视公司。

也许是女经理张安蒙上山下乡岁月中孕育出的一种恋情，"八达"从现代影视圈的潮流中跳出来，选择了一条志在广阔天地为农村服务的道路。

不是誓词，却出自肺腑之言："当旧的面貌在这里一天天消失、新的风采在这里一天天展现的时候，当农村建设者向昨天告别、迎来崭新的今天的时候，多么需要将这一切展现给世人和后人。"

这几乎是一块被影视界遗忘的处女地。然而，抱负的实现比宗旨的确立难一百倍。向前看，一片空白，一路荆棘。

"坚定地走下去，莫回头！"

没有专职的行政管理人员，行政管理人员就是制片人，就是生产者。

管它不伦不类，是土是俗。这支影视界的乌兰牧骑别出心裁，建立了一个"一专多职"的生产机制。于是，编、导、录、剧务、音响、制片、采购、经营——应有尽有的工作并不因应有却没有的人员而消失。

他们走乡间、步田埂，穿梭于绿野村落，奔波于大江南北，不到两年时间，足迹遍布17个省、市。

农民热火朝天的建设场景摄入了他们的镜头，

农村共产党员的奉献精神进入了他们的视野，

穷乡僻壤新村镇的崛起成了他们拍摄的目标，

充满情趣的风土俚俗、富有生活气息的民间艺术、行将消逝的历史遗迹……也一一成了他们捕捉的对象。

今天，当他们蓦然回首身后的路程时，已留下了32部短小精悍的电视片——《奋进，奉贤的建设者》、《蓬勃发展的中国村镇建设》、《日本朋友和江南民间艺术》、《王浜之歌》、《燎原工程的曙光》、《华东第一村》、《播美的人》、《我们这里的共产党员》……

纵然不是艺术佳品，却是当代中国农村的真实写照。如今他们的劳动已逐渐为社会认同。"八达"的作品或步入乡镇村寨，或进入地方和中央电视台，或成为有关部门的珍贵历史资料，或获得建设部门的好评，或受到国际友人的青睐，成了影视界宣传党的改革开放政策和农村社会主义建设的一朵奇葩。

朝朝暮暮，日日月月，影视界处女地的耕耘者终于发现农村影视业的领域比他们想象的广阔得多，思路为之大开。

于是，在农民的呼唤中，八达影视公司的一个分部在上海西郊的华漕乡成立了，使几十家已率先走上富裕道路、购置了录象机的农民能一睹自己婚礼、过生日的风采。

于是，在村民委员会要求下，另一个八达影视分部在上海县旗忠村挂牌了，使这个村的几百户农家通过闭路电视系统同时看到了本村的新闻、好人好事、各业生产活动、多项宣传教育活动和各种科教片、娱乐片、故事片。

在影视界，"八达"堪称独树一帜，也可说有点"野"。是奇花也好，是野花也罢，"阿乡"喜爱它，企业感谢它，干部欢迎它。

尽管它身处大上海边角地带，却也天天有朋自八方来。

Ⅱ 寻 访（1998年初夏）

中国大地上究竟还有多少个“张谷英村”？

“考察报告会”之后，
张谷英村一夜间名扬海内外。
当年（1991年）前来参观考察的人次就已上万；
张谷英所在地的渭洞镇因此更名张谷英镇；
三年的时间里，张谷英村由“县文保”、“省文保”进入“国家级文保”单位；
省市旅游局也因此将张谷英村列为“省级旅游开发重点单位”。
与此同时，媒体报刊陆续可见“豆腐块”大小的文章，
诸如此类的“发现”。
又一个念头盘旋在脑海心头：
中国大地上究竟还有多少个“张谷英村”？

1998年，当人们潮水般地向城市和海外涌去的时候，
我们自筹资金踏上了寻访中国古村落的旅程，
这是一件还没有人来得及去做的事情，
它正在以惊人的速度悄悄向历史的纵深逝去。

当时，在经济上给我们撑了一把腰的
是上海莘闵房地产有限公司的总经理王荣铭。
这是一个骨子里“很农民”的企业家，
一个颇有文化品位和底蕴的“商人”。

在学术指导和社会资源方面给予我们鼎力支持的是
时任中国建筑学会秘书长的张祖刚先生。
我静静地默视着张祖刚先生伏案手书
致浙江、贵州、云南、安徽黄山等地建筑设计院领导们的函，
再见他书写完毕之后，将一封封信笺折叠得方方正正地装进信封。
我至今还能感受到从他手里接过一摞亲笔书信的分量；
由此，我们得到了各地建筑设计院的支持与协助；
中国建筑学会为我们铺展了一条走进古村落的坦途。

电视系列片《中国古村落》解说词

片头语

被我们称之为古村落的是那些至今已有五六百年以上历史的村寨聚落，它们大多由一个庞大的家族组成，村寨里有家族创业始祖的传说，有家族兴盛式微的记载，有祖传的遗训族规。在村落选址方面，讲究择吉而居；在建筑布局方面，顺应自然，讲究天人合一；在居住环境和审美情趣的营造方面，充满哲理、教化和艺术涵养……

走进古村落，

就是走进中国的历史，

就是走进中国的现实社会，

就是走进中国人的哲学世界……

电视系列片《中国古村落》解说词

大山深处的奇葩——西江寨

贵州省东南山区有一座海拔在2178米高的山峰。当地山民称“山有连天之高，是雷电之源”，故称之为雷公山。

闻名遐迩的千户苗寨西江，位于雷公山的北面，距县城雷山有37千米。境内地势高耸，雷公山主脉横贯全境。

我们从县城出发，在山道上一路颠簸，绕着山体崖壁盘旋而上，我们这些沿海城市来的人几乎无一不是第一次感受大山气势。让我们更不可思议的是，西江先民何以翻越十万大山，跋涉道道长河，历尽千辛万苦来到这重山茂林之地繁衍生息。

雷山县志对雷山的历史是这样记载的：“雷山原名丹江，清雍正七年（1729年）始置丹江厅理苗（民）府，设通制管理其地。明至清初康熙朝360年，为苗族自理，清代云贵广西总督在给朝廷的奏折中，虽称为重要城池，但是终因地僻山遥，交通阻塞、没有朝廷文史官足迹的光顾，历来雷山史料见诸极少。”

[采访] 西江镇镇长梁华：我们西江寨，外面都说有千户苗寨之称。

西江苗寨的人口与规模是中国苗寨之首，现有1052户、5700多人，4000多亩耕地。村内有侯、宋、杨、董等14个姓氏。

乐呵呵的西江村妪

西江四面环山，地势东南高，西北低。一条发源于雷公坪的白水河自东南向西北终年不断地流淌，滋润着这一片片耕地，也养育着这一寨寨的儿女。

山寨的水资源丰富。1998年夏，西江大旱，白水河也近乎干枯，但是山泉依然很旺。这些石头垒起的古井，其实就是山泉，老人们说，山泉水清冽甘甜，还延年益寿。

西江苗寨的房屋多建在山上，以木质结构栏杆式为主，有平房，有楼房，就地取材，多依山就势而建，俗称“吊脚楼”。

在没有规划，没有图纸，只有熟练的技术工匠的条件下，苗族同胞是怎样营造起这样一个如诗如画的千户大寨呢？

[采访] 贵州省规划设计院院长罗德启：建筑的产生它完全是与自然、气候和地理的因素分不开的，有些工匠不认识字但是工艺很好，他们熟悉他们自己的民情、民俗、民风，最能够把切合自己生活所需的这部分空间组合起来。各种地形它的坡度不一样，它的陡度不一样，土地的大小不一样，但是它恰恰能够应用这种灵活的适应手段来适应多种变化的地形地貌。因此由于这种适应性，就产生了它的一个特点，产生了吊脚楼、吊柱、悬挑、切角等等，这些都是山地民居的一个很重要的特点。

苗族先民们利用环境，顺应自然，借助山地的走势，追随河流与山泉的动态，按着原始、朴素的“天人合一”的思想，就地取材，构筑自己的小屋。自然的山山水水成为一个村、一个寨的天然的背景，使人居与环境相依相衬、浑然一体。

苗寨民居的前厅有一个曲形木条栏杆和长条板凳构成的外廊，人们喜欢在那里观景、乘凉、歇息，好比现代城市住宅中的阳台。

没进寨的时候，就听县里陪同我们进山的干部说，不久，西江要举办隆重

◎ 俯瞰千户苗寨，宛若天地间两个大大的“惊叹号”！

的祭祖大典，苗家称之为“鼓藏节”。

“鼓藏节”是苗族人民每隔十三年举办一次的祭奠本宗祖先神灵的大典，苗家在过鼓藏节的时候，要宰杀水牛和猪羊祭奠神灵。

牛，是苗家人民崇拜的牲畜，唯有在最隆重的祭祖的节日里才能屠宰。屠宰以后，把这些牛头整整齐齐地朝着东方排列，寓意着送它们魂归故里。这是因为苗家认为自己的祖先是从东方江西一带被迫迁移到这儿来的。

离“鼓藏节”还有好几个月的时间，但是西江苗寨已经洋溢着浓郁的节日气氛。男人们购置桌椅板凳，女子们准备节日的盛装。

西江女子不仅吃苦耐劳，而且心灵手巧，她们的绣品，图案设计独到、用料用色讲究、针脚缝制细密是远近闻名的。

苗家的寨主是世袭的。和汉族皇家世袭制不同的是，苗家的寨头是由最小的儿子继任。现任的寨头是一个师范中专生。寨头和村干部在对村寨管理中有所分别的是，村干部依靠的是国家的法律法规，寨头主要依赖的是传统的村规民约。改革开放以后，政府对于民族活动非常重视。鼓藏节一类的民俗活动，一般是由村干部和寨头，以及各个自然寨的寨佬们共同商议办理的。

寨头家里放着十三年来积攒的稻谷，每年秋收以后，都要取一点放在这个笸箩里，在鼓藏节的第一天拿出来，叫起鼓。

苗家在迎接宾客时有这样的风俗：如果客人用双手去捧牛角，那么就要把牛角里的酒都喝掉。这个牛角里可以装一斤多的酒。

[采访]　村寨头：如果客人不晓得（我们的民俗），用手去捧“牛角”，苗家有一个规定，要把牛角里的酒都喝光，如果你用嘴巴凑上去抿一下（不用手去捧），那么随你喝多少，以你的酒量来喝。

有村里的娃来说，你们想知道西江的故事，我带你们去找他。娃娃说的“他”，叫侯昌德，今年78岁，是一个乡村退休教师，从他那里，我们了解了西江的古老历史。

侯昌德老人告诉我们，苗族衍生于黄河之滨，在古代称九黎国，后与黄帝打仗失败，迁居江淮一带称为楚国。

秦统一中国以后，又有刘邦兴汉。苗族统领哈飞曾一度和刘邦并肩作战，和睦相处。后来，刘邦召见哈飞等商议统一大计的时候，却没有哈飞的席位，

西江文化老人侯昌德

于是两雄又剑拔弩张地相斗起来。刘邦派名将黄雕专征楚民，矛头直指哈飞。激战中，哈飞战败。哈飞考虑到力量单薄，难以取胜，召集众儿子商议，决定由小儿子哈飞虎留在父亲身边继续抵抗汉军，其他几个儿子率本族十八股三支氏族举行大迁移。他们一路艰辛，最后来到贵州深山腹地的古州，今榕江县境内，后来逐渐分散到各处。榕江县因此被称为苗族的发源地。侯昌德老人的说法呼应了我们在榕江县的见闻：

[采访] 榕江县宣传部朱玉章：这座苗王庙是苗族唯一的祭祀自己祖先的庙宇。在法国巴黎的博物馆存放着有关它的记载。可惜的是这座庙宇在十年浩劫中被当作四旧拆毁了。现在的这一座是苗族同胞自筹资金重新修建的。根据民国年间出版的榕江县乡土教材记载，苗王庙供奉的是苗人南迁之始祖。

我们问侯昌德老人："你的这些说法是从哪里来的呢？"他说，是从前辈梁聚五那里听说的。

[采访] 镇长梁华：梁聚五是个历史人物，一个爱国人士，在中国革命史上，作为少数民族的梁聚五为国共合作、为抗日救亡、为民族团结、为苗族文化的发展与研究，作出了许多贡献。1977年，梁聚五先生在四川成都逝世。按照他的遗愿，把他的遗骨迁回故里，安葬在雷山县烈士陵园。

当年的梁聚五先生去了。如今的侯昌德老人肩负起了继承和研究民族传统文化的重任。在这间小小的暗暗的屋子里，这位一生坎坷、饱经沧桑的老人写下了数十万字的关于苗族风情风俗的文章。老人成了雷山县苗族传统与文化的"百科全书"。

山里人的生活基本上还是按着传统的"日出而作，日落而息"的规律，从容不迫地周而复始。

苗家吊脚楼上的“观景台”

但是稍稍用一点心就不难发现，在这古老而沉静的村寨里正在发生着种种变化。

在西江有线电视接收站工作的小伙子，在城里中专毕业后重返家乡。他说，想当年，为了看电视，要走一百多里的路去县城，如今我有了文化，想为家乡做点事。

这个小伙子的心中藏着一个梦，他想读师范学校，然后回村来教书。

这个到北京、上海去见过世面的中年人，希望他的儿子能考上清华大学。

就在我们要离开西江的时候，听这个女中学生说，她的两个兄长都在上海打工。于是我们跟着她来到了宋家。我们欣喜地发现宋家不仅有三个儿女去了上海打工，而且，他们的双亲和妻子也都去过上海。

[采访] 宋雄峰：上海很好，中国最大的城市嘛。上海不克扣打工仔，在上海，如果克扣打工仔，上报到劳动局，劳动局就要罚款。

宋家的人提起上海，都显得非常兴奋。

国门洞开、山门洞开、寨门洞开，山里的人们通过电视，看到了山外的世界，走出大山的年轻人投入了现代都市的怀抱，这些钻进电视机镜头里的孩子们长大以后，会把他们的家乡带向何方？

山寨每天都在雄鸡的引颈长啼中苏醒，然而今天的西江还是昨天的山寨吗？

成稿于1999年9月

七星八斗芙蓉村

浙江省温州的永嘉县有一个芙蓉村。

一千五百多年前，在这块土地上，诞生过一位诗人，他叫谢灵运。谢灵运曾出任永嘉太守，后来，受政敌的弹劾，被朝廷追捕，并遭到杀害。

“野旷沙岸静”、“岩高白云屯”、“春晚绿野秀”、“池塘生春草”

时间一晃，诗人去了有一千五百多年，而这片山水却依旧清秀。

永嘉一带的历史，主要形成于西晋末年。当时中原战局混乱，造成大量人口南迁。中原文化与瓯越文化的结合，推进了永嘉地区的文明。

一千多年的岁月沧桑，在永嘉大地上留下的这些古树、古井、古寨墙，成了中国历史上分分合合的战乱与盛世的见证。就在这些古树古井和古寨墙的背后，是一个个古老的村寨。

芙蓉村位于岩头镇以南。村中并没有芙蓉，只因村西南有三座山峰，岩石赤红，状若含苞欲放的芙蓉，每到夕阳西下的时候，格外动人，因而得名芙蓉村。

芙蓉村现有人口2031人，481户，村里人多姓陈。芙蓉村的东门，是古代村寨主出入的地方，俗称溪门。进得东门，是高出地面约80厘米的平台，在古代是村中做了大官的人荣归故里时，接见村民们的讲坛。从这里走下讲坛，是村里的主干道长塘街，又称如意街。村内的公共建筑和民居，以长塘街为中轴，向南北分布。

长塘街的北侧，是陈氏大宗祠。陈氏大宗祠的正门朝东，建于明代。

与正厅相对的是戏台。至今每到农历二月二，村里都要请戏班演戏。平日里静寂的祠堂和空空的舞台就又是一番景象。

长塘街的中段是村子的中心，当年，池中可见芙蓉三峰的倒影，所以称芙蓉池。

这长满青苔和杂草的墙头里面是当年村中的书院。历史上，村里用宗族公产为贫寒学生交学费，为家族也为社稷培养栋梁之才。

南宋建都杭州以后，倡导耕读，加上中国历史上的两位著名文人谢灵运和王羲之都在永嘉当过太守，他们寄情山水、心忧国事的品格，对当时的民风影响很大，“耕可致富，读可荣身”蔚然成风，芙蓉书院也就越办越旺。

芙蓉村的由来，大概可以追溯到唐末。1497年的陈氏宗谱，是这样记载的，芙蓉村的陈氏是从河南开封几经迁徙来到永嘉。芙蓉村先祖，来到这楠溪江畔，见芙蓉三峰如冠，山下有腰带水清澄如链，一旷平原可耕可牧，不愁丰衣足食，于是在这里定居。按这样推算下来，芙蓉村迄今有史1100年之久。南宋时期是芙蓉村历史上的鼎盛时期，现今的岩头镇和坦下村，都是芙蓉村的支系，是一个分散的田园式宗族聚落。

村里人珍藏着的人物画像，是当年十八位家族成员先后在京城同朝为官，而且爵位显赫者的，故有“十八京带”之说。

南宋末年，元兵南下。芙蓉村在族人陈虞之的率领下，与元兵激战，战况惨烈。正值弹尽粮绝的时候，又闻南宋小朝廷在厦门“沉海”。陈虞之率先用黑布蒙住战马的双眼，策马跳崖身亡，部属相继效仿。族谱上是这样记载的：元兵至温，公与族侄规公，率子侄、乡人千余，迎战于绿璋，退登芙蓉岩，据守三载。戊寅闻帝溺死，公自刎岩，遂溃，规公被执，不屈而亡。时，从死者八百余人，被虏者五十余人。闻者莫不涕泣祟祈。

元兵进村以后，纵火洗劫村寨，芙蓉村几近破灭。

历数代百年，直至元末明初的时候，芙蓉村才渐渐恢复元气，开始重建家园。

汲取战乱造成的那场毁灭性灾难的教训，重建芙蓉村家园的思路重在防御

源远流长：芙蓉村祭祖

抗战。建筑的主体材料是石头。石头垒砌的墙基和用卵石铺设的道路，构建了村寨的基础；六座造型不同的寨门，很像欧洲中世纪的城堡，但是较之更富有人情味。南门外有谯亭一座，和粗犷的寨墙形成强烈的对比。护寨的围墙具防御、守备、抵抗的功能。寨墙外有水渠犹如护城河一般。陈虞之抗元战死的壮烈史迹和村寨内战略防御的规划布局，给芙蓉村注入了阳刚之气。然而，这些石头筑起的墙基底下和卵石铺设的小道深处，是浓浓厚厚的古代儒道释文化的积淀。

芙蓉村寨内部规划的灵魂在“七星八斗”。所谓“星”，是指高出地面10厘米左右的方形平台，大多设置在道路交汇点，既是道路拐弯的标志，又是当年巷战的指挥联络点。所谓“斗”，是指散布于村寨内的大大小小的水池，具有消防和储水等功能。

芙蓉池是村中最大的水池。长43米宽10米，俗称大斗。根据堪舆学理论设置的七星八斗，隐喻天上魁星降落凡尘，能使村子安康吉祥，子孙人才辈出。后来，陈氏子孙不负先祖所望，还真出了不少英才。

芙蓉三峰脚下，有四条山溪潺潺东流。村民引水进寨，沿墙基、路道错落有致地排挖了许多沟渠，临街过门，注入大小水斗之中。

长塘街，沿溪水东西走向。南北道路和长塘街成T字形交叉，道路、水渠迂回曲折构成了移步易景的活动空间。

芙蓉村的古民居多建于明朝初年。格局基本是四合院式的。正屋明间为堂屋，边屋为廊宅，前廊与正屋前廊相连，成三面围合形。屋脊呈弧线状，屋面坡度平缓，出檐深远。家家石砌矮墙、户户果树成荫，使整座村寨显得惬意和滋润。

◎ 村外的"芙蓉三冠"峰

◎ 拱券寨门外的谯亭

村西北角上有一座残缺不全的大屋，但名声很响，叫司马第大屋。它建于清朝康熙年间，是一个商人的住宅，却起了一个官号。

大屋原有三座四合院并肩组合成一个大院，占地面积达二十四亩，正房、厢房共四十六个整间。三个四合院有各自的大门，院与院之间有夹道相通。大屋原有三进。第一进是平房，第二进是两层小楼，楼层之间设有腰檐，屋檐平缓舒展，使大屋屋顶显得轻柔体贴。

大屋的第一进院墙和牌楼在民国年间都被烧毁，放火烧房的是大屋的主人，据说当时大屋的主人参加共产党领导的土地革命，国民党武装势力以烧毁他家房屋威逼反叛，大屋主人为了表示自己绝不回头的立场，亲自纵火烧毁了家园。如今的大屋已褪尽昔日的辉煌，大屋里面还住着二十多户人家。他们希望推倒大屋，在这里盖起新房，但是大屋是重点文物保护单位，不允许拆毁。一对矛盾困惑着这里的人们。

据村里干部们讲，村里地少人多，改革开放以后，60%的劳动力走出村寨到城里去打工，留下来的大多是妇孺老幼，生活比过去有了很大改善。城里人喜欢这里的老房子，可是村里人向往的是像城里人一样的楼房。

在永嘉县城边上的中塘乡后村，住的是芙蓉村抗元英雄陈虞之的直系后裔。

1999年4月15日，中塘后村续修陈氏家谱，宗族祠堂也修缮一新。

村里人按传统习俗，举行隆重的圆谱庆典仪式，芙蓉村也派代表向他们送礼庆贺。

祠堂的戏台上又响起了古乐，五花大脸和青衣花旦走上戏台，演起了村民们喜闻乐见、百世相传的古戏。

在祠堂南面的永嘉圣王庙里，连续三天，有村里办伙，集体共餐。

古老的戏台上阵阵古老的唱腔，和着烟炮和礼花一同融进了田野上空的夜色之中。

然而，夜色无法吞没传统，因为传统是无法断开的长河。

在这些千年古村落，现实和历史永远紧紧地交织着，延伸着……

成稿于1999年9月

电视系列片《中国古村落》解说词

边陲明珠丽江城

远古时期，云南丽江地区就有了人类的生活足迹。大约在隋末唐初，纳西族先民叶古年大酋长部落开始在玉龙雪山脚下的白沙一带，营建自己的家园。

1253年，元世祖忽必烈平定云南大理国以后，叶氏后裔在元军的帮助下完成了纳西族各部落的统一，进入中央王朝。

为巩固统治，当时在丽江宣抚司任职的阿胡阿烈决定放弃叶氏部落经营了二十多代的白沙发祥地，选择了具有战略意义的英古公本芝，就是今天的古城大研镇，建起了纳西族政府。

大研镇位于云南省西北部，坐落在云岭山脉主峰玉龙山麓，是镶嵌在江湾底部丽江坝子上的一颗璀璨的明珠。丽江地区所在地大研镇方圆1.6平方千米，现有居民五千一百多户，两万多人，这里聚居着勤劳智慧的纳西民族。

历史悠久的民居建筑、独具一格的城区规划、优美亲切的自然环境、丰厚浓郁的民族景观，还有神秘的东巴文化和传统的生活习俗，给古城带来了无穷的魅力。

古城结合地形自由布局，房屋就着地势高低组合，构成曲折幽深的城区空间。岁月斑驳的石板街巷，穿街走巷的玉龙河水，婀娜多姿的垂柳，门前屋后的独

丽江的河

木桥、石板桥，构成了奇妙而隽永的古城景观。

古城以四方街为中心。自古以来这里就是纳西民族进行商品交流的集贸中心，也是重要的交通枢纽。

四方街是用五花石板铺成一个府印状的广场，取“中镇四方”的意思，命名“四方街”。又在广场沿河一侧修了水闸，每天日落散市以后，关闸漫水把广场冲洗得干干净净。节假或农闲时节，纳西妇女们就聚集于四方街广场，欢歌曼舞，快乐整整一个晚上。

四方街四周是铺面摊床，向外辐射的四条主要街道通向四面八方，汇聚着来来往往的远近客商。每条主要街道在城内又有数十条街巷向四周延伸，形成一个缜密而又开放的格局。

黑龙潭公园是玉龙河水的发源地。玉龙河水是丽江古城的命脉和灵魂。玉龙河水从古城西北的黑龙潭流出，到大研镇口的玉龙桥下一分为三，通过三道人工水闸流入古城腹地。

玉龙河是自然河，也是古城的中心河，以中心河为界，古城分为东城和西城。

古城在发展建设的每一个阶段，总是先引玉龙河水，再沿河起屋，利用水的流向，自由布局，规划建设。三条河水分数十条清溪，于是主街傍河，小巷临渠，溪水穿街过巷，入院过墙 ，构成独特的水城景观。

城内还有多处龙潭、泉眼。三眼井就是由龙潭泉水蓄成的，三眼井的井水，按照洗涤、饮用等不同生活用水有严格的区分。

在1.6平方千米的古城区，有古桥八十多座，如果把各家各户门前的桥都算上，至少有近千座。

这些桥的年龄大多都在数百年以上。斑驳的桥身和磨损的桥面，使古城充满历史感。桥不仅沟通两岸商业与文化，还是人们歇息、乘凉、买卖小吃的场所，形成丽江古城独特的桥市文化。

丽江民居基本是明清时期的建筑风格，既有北京四合院的韵味，又有江南水乡的引水入户、活水绕屋的风情。

纳西民居以天井为中心，在天井的两面、三面、四面布置房屋，再加一个照壁，围合成一个院落，称为两坊、三坊、四坊一照壁。民居都为土木结构的瓦房，坐北朝南，采光、通风、御寒效果良好。

纳西族人酷爱花草，家家院落四季花开，庭前石级青草满苔。庭院绿化使纳西民居充满生机。

[采访] 云南省建筑设计院的朱良文教授：丽江古城最大的特色就是利用地形。选址，北边有山、西边有山、东南开阔以外，利用水、利用山势地形，比如这儿后面就是狮子山，从这条小道上去就是狮子山，根据这个地形顺势而上造成非常好的空间效果。

朱良文：像这种处理是非常多的，因为这个地形高，所以有几个踏步上去，到里面一个院落，它又有几个踏步，甚至在院落的拐弯处又有，同样是三坊一照壁，可是利用地形做的三坊一照壁，比起工工整整的三坊一照壁来要精彩得多。

朱良文：丽江古城对水的利用，是非常精彩的。它有很多种方法，比如说，主要的街道当中有条河通过，像这条新华街，有一条西河通过这边，另外，小巷里面有水渠，还有门前跨过水渠进门，房后又有水巷。有的楼呢，是跨在河床上面筑楼，还有的把水引到房间里面去。这多种方式都体现了纳西民居对水的利用是非常灵活的。

朱良文：激沙沙是这片地区的名字，在纳西语中也就象征水的声音，可见在这片地区里面，家家户户都能听到水的声音，像这个水，就是西河的一个支流，这个支流经过这个房子的室外，然后转到室内的厨房，又转到室外，又从室内转出来，在这片地区这样的情况是非常多的。这条支流从室外转到室内，又从室内转到室外，这个过程是非常精彩的。

丽江纳西族古乐，有中国音乐“活化石”之称。它以高深古雅、曲高和众的特色，在世界享有盛名。纳西古乐是以道家的洞经古乐和儒家典礼音乐为载体，保留了部分纳西先民的巴石什礼音乐和唐宋元明的曲牌音乐。这些在中原

祭署

大地上早就失传的音乐，却奇迹般地在玉龙河畔存活了下来。这支以八十古稀老人为主体的大研纳西古乐团，不仅在中国内地的各大城市巡回演出，而且应邀出访香港以及海外如英国等地。

两千多年来，纳西族人民创造了东巴教文化又称东巴文化。现今世界上保留得最完整的、活着的象形文字唯有纳西族的东巴文。用东巴文写成的《东巴经》竟有两千多册一千多种，内容有宗教、文学、天文、地理、医学、神话、古代科技等，堪称纳西族的百科全书。

东巴教是纳西族先民的一种古老宗教，信奉万物有灵，先后受佛教、道教的影响而发展。东巴教的祭司，是纳西传统文化的继承者，是纳西先民中的知识分子。

东巴教的祭祀是古老的东巴文化综合立体的表现形式。

1382年，丽江土司阿甲阿得越过千山万水朝见朱元璋，朱元璋赐阿甲阿得汉姓为木。意思是朱姓之下就是木姓。阿甲阿得从此改姓为木得土司，并成为丽江军民总官府的第一任世袭土官知府。

木得土司仗着朝廷的信任和重用，赢得本民族内部的稳定，从而促进了当时社会的安定和经济的繁荣。为了显示木府的富贵与尊荣，木得土司在狮子山南侧一片缓坡上，仿效北京紫禁城的规模与布局，营建了一座宏大的、富丽堂皇的新宫室。 当年到过这里的徐霞客曾经用“宫室之丽，拟于王者”的文字，来记载它的气派和壮观。

这座宏大的建筑群几经历史战乱，最后在“文化大革命”中被彻底摧毁。丽江古城被联合国批准为世界文化遗产后，政府拨专款，按原貌重新修建，还古城以历史全貌。

丽江古城自古就没有城墙。对此有两种说法：一说是为了招引各类人才和客商；还有一种说法，木得土司认为木字四周加上城墙，就是一个困字，怕影响了木家的发展。不论是哪一种说法，开放是纳西民族一贯倡导的传统，所不同的是，今天的丽江不仅走出云南，而且接纳来自五湖四海的人们，纳西民居创造的灿烂的文化，成为世界人类遗产的一个组成部分，受到了海内外、东西方、不同国度和不同民族的热爱。

成稿于1999年9月

电视系列片《中国古村落》解说词

古城的摇篮——束河村

上集我们介绍了丽江古城。在1253年，纳西土司为巩固统治放弃了经营数代的白沙地，在今日丽江古城建立了纳西土司政府。

在这一集里，我们走进的便是丽江古城的摇篮，白沙地区的古村落束河。

束河是一个小地域的统称。它位于丽江古城的西北，相距不过6千米之遥。明崇祯年间，徐霞客曾到过这里，在他的游记中有这样的记载："面瞻中海，柳岸波萦，有大聚落临其上，是为十和院。"

束河村地处丽江通往西藏的茶马古道，地理位置便利，古时候，骡马是这里主要的交通运输工具，因而这条泥泞的车道，也被叫做马路。古代束河村因皮毛马革制作业发达，历史上有"皮匠村"之称，直到1950年代开始衰落。改革开放后的今天，村里百分之七八十的年轻人又踏上了云藏之路，行商经贸。村里留下来的大多是妇孺老人。

[采访] 你给谁打电话？

我儿子。

他在西藏吗？

对，他在西藏拉萨。

过“三八”节唱《走进新时代》

这对婆媳的儿女和丈夫有的在丽江城里工作，有的在西藏做生意。明天她们的孙子过生日，婆媳俩和面的和面，烙饼的烙饼，准备给孙子过生日的礼物。

村内有山泉多处，泉眼中喷涌而出的清泉终年汩汩流淌。村北的黑龙潭和九鼎龙潭成为束河村一道美丽的风景。

初春时节，龙潭两岸已是垂柳依依，桃红点点。村里有村规民约，村民们都自觉遵守，渠水、潭水、河水，都有专人管理，街巷和牲畜的放牧也都有定时定点的约定俗规。因此，村内环境干净整洁，特别是潭水清澄见底，俯视可见鱼儿欢跃其间。

束河村以水为骨架，依水建房，傍水成街，水、路、桥、民居融为一体。清澈见底的河水中飘动着碧绿水草，房前屋后清泉环绕，因此束河村又叫龙泉村。

古代束河有八甲之称，即有八个自然村。今日束河行政村由三个自然村组成，以大石桥为界，划分为仁里村、中和村、尾街村。

大石桥东，以四方街为中心，是中和村、尾街村，村民大多姓和；桥西是仁里村，村民大多姓木。

四方街，是明代建成的村宅中心。 历史上的束河十分重视教育，凡是四方街和周边地区集镇上的铺面都是公共财产，这些公共财产所得收入多用于教育和接济贫寒人家。

今日束河村的幼教老师是一个有初中学历的残疾青年，村里给她创造了一个自食其力的就业机会。虽然条件有限，她一个人要带大小不等二三十个孩子，但是她热爱自己的工作，倾其所能，教孩子们唱歌跳舞。看得出来，当孩子们围着她又唱又跳的时候，是她最幸福的时刻。

◎ 東河村幼儿园娃娃合影

◎ 幼儿园教师和班长

大石桥以西的仁里村是束河村的一个大自然村。整个村子负阴抱阳，主街、巷道有规则地纵横布局，构成鱼骨形的道路系统。又因为地形地势标高的落差，形成起伏开合的空间效果。房屋布局也十分紧凑。

[采访] 朱良文：仁里村（束河村）的民居和丽江古城的民居大致相同，它有这样几种形式，主要有三坊一照壁、四合五天井，在这个地方有用地的限制，还有两坊拐角。这个就是典型的三坊一照壁。

村里有多处古迹遗址，三圣庙是清代建的，如今是村里老人们的活动场所。

棒棒会是纳西族一年一度的传统节日。每年的正月十五，白沙一带村落的人们纷纷涌向丽江城外的集市，纳西民族在棒棒会上拉开了春耕农事的序幕。

棒棒会原称弥老会，是一种佛教庙会，在寺院里举行。清代以后，逐渐形成以竹木农具交易为主的集会。纳西族人酷爱花卉，于是棒棒会的另一大特色是五彩缤纷的花木市场。

纳西族妇女吃苦耐劳，常常肩背上百斤重的袋子、柴草，步行数里开外。在束河村随处可见她们忙碌的身影和匆匆来去的脚步，因此，纳西族妇女的肩背上常年有一条用羊皮制成的坎肩，冬天御寒，夏天耐磨。纳西妇女的服饰具有鲜明的特色：宽腰大袖，前幅短，后幅长，特别是那块黑白两色组成的羊皮披肩，形状酷似一只大蝴蝶。黑白两部分的结合部，并排钉有七个用彩色丝线绣出来的圆布圈，俗称披星戴月，象征纳西妇女早出晚归，披星戴月，像蜂蝶一样勤劳的美德。

纳西妇女们的日常劳作虽然辛苦，却生活得很快活。年年“三八”妇女节的时候，束河村的妇女们在妇女主任的组织下，在一户环境比较宽敞的人家聚会聚餐，从三月六号开始到三月八号，连续过三天，纳西族叫打平伙。饭后，聊天的聊天，爱唱爱跳的就唱起来跳起来。

歌声笑语吸引了在村里旅游观光的海外友人。不同国籍、不同语言、不同民族的人们手拉手一起融进了纳西民族的歌声和舞蹈之中。

村里有一个女中学生，在丽江城里读书。当她对着摄像机镜头从容敞开自己的心扉的时候，我们发现她有着一个丰富的内心世界和一片梦想的天地。

前年，她在升高中的考试中落榜。但是上大学的梦使她决心第二年再考。休学一年和继续深造，是以母亲的辛劳、吃苦为代价的。沉重的负疚感和一定要读书的信念成了内心深刻的矛盾，使得她比同年龄的女孩子思考了更多的东西。

当我们问到她有什么梦想的时候，她说：

［采访］ 女学生：梦倒不敢说，就是很早的时候，想报考环保方面的专业，都说环保已经成为世界的一大主题，况且我们丽江作为招商旅游城市，更需要注重这方面的问题。

提起丽江古城的保护，她说：

［采访］ 女学生：有些历史老师说，丽江有什么稀奇，像一个大熊猫一样地保护起来。

［采访］ 朱良文：他的意思是说，你不要只把我保护起来，我还要发展呢，实际上是对发展的一种期望。

在村里创办的中外合作医疗站，有一个来自菲律宾的徐姓女牙医。她的父亲是中国人。两年前，她通过丽江地区卫生局扶贫信息中心来到束河，那时的束河对她来说不仅陌生，而且十分艰苦。但是她坚持了下来，如今她的帮手也逐渐成为助手，并开始独立为病人服务。

菲律宾女医生的医德和医术传遍了方圆四周。一些女学生慕名专程骑自行车从丽江城里到束河来求医。

等诊所下班后，徐医生才接受我们的采访：

［采访］ 徐医生：现在好得多了，以前要加班到晚上，病人走了以后，再做假牙，所以非常辛苦，现在慢慢好起来了。我觉得这是我的第二个家了，我爸爸也是福建人，所以我觉得我也是中国人，半个中国人。

你想不想家呢？

想家，当然想家。

徐医生一双乌黑温存的眸子湿润了。

造房子是中国农民家庭生活中最了不起的一件大事，上大梁则又是造房子工程中最重要的大事情。我们有幸遇上了纳西族村民造房子上大梁，深刻感受到了纳西民族很强的集体意识和民族凝聚力。

老人今年61岁，丈夫去世有十多年了。今天是她已经结婚了的小儿子造新房，上大梁。

年轻的夫妇结婚已有五年，婚后丈夫跑运输，妻子在家务农。几年来双双

湛蓝的门前渠

辛苦积攒，熬到了盖新房子的这一天。

一家有事，众人相帮。四邻八舍、亲朋好友开着车，背着兜，送来了米、面、鱼、肉和礼金。

全村的妇女聚到一起，在伙房为男劳力准备酒菜；全村的男劳力都来了，在村长的指挥下，齐心协力，靠肩膀和脊梁，竖起了吨位级重量的房架。

这是三根大梁中的主梁。在大梁的中间挖一个槽，在槽子里面放进五谷钱币，再把槽子封上，是农家期盼五谷丰登、年年有余的传统。在大梁的柱脚插上几炷香，这是敬土地神的香火。大梁立起来了，贴上祝贺的对联，增添喜庆的气氛。把烧好的酒菜瓜果端上来，供天地众神，祈求幸福平安。送礼的人们还是络绎不绝，这篓子里装的是米和用红糖做成的饽饽。辛苦了一个上午的男人们敞开胸怀，放开酒量，是饱餐一顿的时候了。

新房的轮廓已经有了，过“三八”的妇女们放开嗓子唱起了时代新歌，她们不是舞台上的歌星，但是她们唱得那么真诚和昂扬。这歌声在古老村寨的上空荡漾。

古老而美丽的束河诞生了古老而美丽的古城丽江，相信从古老的摇篮里成长起来的新一代，一定会让他们的梦想成真。

成稿于2004年10月25日

风雨桥的故乡（上）——程阳寨

汽车从山水甲天下的桂林一路向北行驶，风光旖旎。在广西、湖南、贵州三省交界的地方，在风光如画的青山绿水之间，一座座风雨桥状若长龙横卧大河，一座座塔形的鼓楼耸立于村寨之中。

风雨桥和鼓楼是侗家村寨的标志。换句话说，只要是侗家，一定有风雨桥，一定有鼓楼；只要你看见风雨桥，看见鼓楼，就意味着你已经到了侗家山寨。

侗族的公共建筑非常丰富。除了风雨桥、鼓楼，还有寨门、戏台、井亭、萨岁坛、公共厕所等。侗族的公共建筑在各个村寨里的分布有一个基本相同的模式，从而构成了侗族村寨独特的居住环境和文化氛围。本集主要以广西三江县的程阳村和湖南省通道县的黄土村为代表，向你介绍古老的侗族建筑与文化。

侗家多选择河畔山麓之间的一块平缓地带安营扎寨，寨前的河流水溪成为护寨的天然沟壑。风雨桥对于沟通村寨、组织交通有着重要的意义，同时还是进寨的第一道门槛。

风雨桥又称之为廊桥或楼桥，在侗家还称为花桥或福桥，侗家对风雨桥寄托了许多美好的愿望。

风雨桥的上部是木质结构的长廊。据史籍记载，像这样结构的桥，大约起

寨子

源于公元三世纪初，其中数侗家的风雨桥规模最大，造型最丰富。

湖南通道县有一座平面呈弧形的风雨桥，叫回龙桥，建于清代乾隆年间，即公元1762年。桥体全长63.2米，宽4米，共有桥廊22间，相邻两间都成微型弧度差，于是，桥身就以15度弧形向上游一方弯曲，宛如一条游龙横卧水面。回龙桥在设计上还有一个特点是，桥的中心正对村寨里高耸的鼓楼。

在侗家，凡是远方的宾客要进寨，首先被迎宾的队伍拦在护寨河对岸的桥头，唱拦路歌、喝拦路酒，然后在歌舞笙乐中走上风雨桥，穿越长长的桥廊，进入第二道门槛：寨门。如果是外来骚扰滋事的入侵者，那么也必然在桥头受到防范性的拦阻和抵抗性的回击。

寨门是护寨的建筑，多建于进入寨子的要道口。寨门前常设立“泰山石敢当”之类的镇寨石或设置土地庙，以供香火、祈求平安。寨门内侧多设有井亭，以供来往行人歇脚解渴。侗家的厕所设在水塘之上，对村寨的环境和居室的空气，不会构成严重污染。

鼓楼位于村寨的中心部位，侗家称之为“堂瓦”，意思是公共场所。鼓楼是侗族独有的造型艺术，是侗文化的象征。鼓楼造型丰富，风格多样。飞檐重阁，顶梁柱拔地凌空，排枋纵横交错，运用杠杆原理层层支撑而上。鼓楼的檐口常常采用古典建筑中的人字形斗拱构件，美观而又坚固。

鼓楼的底部多数为正方形，楼内有板凳、火塘，过去火塘由各户轮流供柴生火，长年烟火不断。据说自有侗家，就有鼓楼，鼓楼每寨必有，有的一寨一楼，有的一寨多座，是乘凉歇息、聚众议事的地方。

鼓楼一侧有一个戏台。在湖南省通道县芋头村的戏台两侧，写有这样的对联：古事通今事要知今事观古事，戏情如世情要知世情看戏情。

鼓楼门前的广场，是芦笙踩堂侗歌对唱的娱乐场所。一块块圆石镶嵌成的太阳形的图案，称为鼓坪，是寨子中心，也体现了侗家对太阳的图腾崇拜。

从鼓楼广场呈放射形向四面八方辐射的小巷，连接着侗寨的各家各户。

侗族民居，俗称吊脚楼。为了节约耕地，保护良田，侗族人民充分利用山地的自然条件，就地取材。

房屋通常分三层。根据山地气候潮湿、多雨水、多野生动物出没等因素，吊脚楼的第一层堆放杂物、圈养牲畜；第二层为伙房、客堂、卧室；第三层储存谷物粮食等。

侗居的内部空间有几个要素：一个是楼梯，它往往在楼室的侧面；一个是宽廊。侗家的宽廊比一般的廊道要宽。用现代建筑语言来说，侗家的廊道属于灰空间，在这个半开敞的过渡空间里可以生产、生活、接待客人。

宽廊还有一个特点，那就是它的开放性。在这栋新落成的侗居里，我们发现这样一个“机关”。这扇门看起来门闩紧闭。但是，你只要在门边找到一根细细的小绳，轻轻一拽，门就打开了。谁要是累了，渴了，走进任何一个侗家，就好比到了自己的家。

宽廊里面有一个火塘间。火塘间是侗家团聚的空间，历史上的侗族，每到严寒的冬天，是守着火塘度过一个个漫漫长夜的。

村寨内的房屋一般是一户一栋，若干户连成一片。在小楼与小楼之间形成的小巷，在建筑上被称之为灰空间。

这些长长短短、宽宽窄窄、曲曲折折的小巷，构成了侗家村寨富有层次和动感的空间序列。

穿行在侗家村寨，有一种妙不可言的美感和惬意。侗族村寨和建筑，蕴藏着神秘的民族语言密码，是一座丰富的文化宝库。

1997年7月1日，在欢庆香港回归的盛大节日里，广西壮族自治区人民政府将这座风雨桥模型作为礼物，赠送给香港特区政府。

被称为“同心桥”的风雨桥，诞生在广西三江县林溪河畔的程阳村，一座普普通通的侗族吊脚楼里。

程阳村是个侗族聚居的大村寨，位于桂林以北的三江县林溪河畔，有8个自然寨，1700多户人家、8500多侗家儿女，世代居住在这里。

村寨处于平缓的坡地上。寨子三面环水，水外是群峰叠嶂。三座风雨桥连接着林溪两岸的八个村寨。村寨口，程阳风雨桥下一座座高大的水车构成一道美丽的风景线。

程阳永济桥全长77.76米，桥廊宽3.75米。结构为两台、三墩、四孔，墩台上建有五座塔阁式桥亭和十九间桥廊，亭檐五重，亭廊相连。整座大桥，将侗民族建筑和汉族的亭、台、楼、阁、塔、廊、宫、殿的造型特点，糅合于一体，给青山翠野和蓝天白云的自然界，增添了许多生机和情趣。

程阳风雨桥建于1912年到1925年，是在村里一个叫杨堂富的能工巧匠率领下设计建造的。杨堂富的儿子杨善仁以及杨善仁的子侄等数代人都继承祖业，可以说，这是侗族的建筑世家。杨善仁一家男女老少都和程阳桥结下不解之缘。

[采访] 吴世华：这位师傅就是杨善仁师傅，他的父亲杨堂富，是程阳永济桥的设计者之一。

1984年，一场山洪冲毁了程阳桥，杨善仁带领侗乡众多工匠，用600多立方米的木料，制造了9800多构件，历经20个月，修复了程阳桥。

杨善仁告诉我们说，所有的风雨桥和鼓楼，都是用他手中的竹签和简陋的工具造出来的。

[采访] 杨善仁：这个竹签的大小，洞眼的宽度，长度，再用这个竹签来开榫头，一个榫头用一根竹签，一个洞眼要用好长一根竹签，每个竹签都有它的名字。

他们在建房造桥前，先把地形作一番测量，然后根据地形的高低、方圆、面积的大小进行构思，做成模型小样。

当整座建筑的造型存活在头脑中以后，就把所需要的各种构件的长短、宽窄的尺寸，用一把曲尺、一把竹笔，绘制在这些竹条上，侗家称之为“香杆”，然后依次选料制作。

不用一钉一铆，不用一颗螺栓，一根钢丝，凭着一把把像筷子似的竹签和一个个像天书一样无法辨认的符号，还有一根长长的晾衣服的竹竿，采用凿眼、榫枋结合、直穿斜套、互相勾连等方法，侗族人民建造了一座又一座大桥，一片又一片侗寨，还有一座座代表侗家民族风格与尊严的建筑——鼓楼。

侗族是一个古老的民族。早在秦汉时代，在湘、桂、黔一带就已经形成较大的民居村落。从清朝到1940年代，由于当时的高压政策和苛捐杂税，激起侗族人民的顽强抵抗，致使当时的统治者都不敢贸然进入侗乡。

在漫长的历史时期中，拥有二百多万人口的侗族，是靠什么力量来维系的呢？

请看《风雨桥的故乡》下集。

成稿于1999年9月

◎ 程阳寨俯瞰

电视系列片《中国古村落》解说词

风雨桥的故乡（下）——黄土村

侗族是一个古老的民族。早在秦汉时代，在湘、桂、黔交界处，就已经形成较大的民居村落；那么，在这样漫长的历史时期中，拥有二百多万人口的侗族是靠什么力量来维系的呢？

［采访］ 吴世华：侗族似乎是依赖群体的力量来保护自己，但保护村寨的意识更为强烈。因为它分居在湘、桂、黔边区，三个省区的范围内。它的生产力特别落后，住在群山峻岭之中，自然灾害也特别多，天灾人祸都有。如果没有群体力量，自己都不能保护自己。因此，人们的一切行动都要服从集体利益。

村民们推选办事公道的人做款首，也叫头人。款首，不拿集体的报酬，就是为群众办好事，维护寨子里的治安，维护生产次序，主持常年的风俗节日。款里面有款规，款规有各项规定。偷、拐等等做错了事情，都要受到款规的处分。

款，是古代部落联盟的社会组织，按照共同的利益和需要制定的款规、款约，是一种民间的法律，又称石头法。侗款，是侗族在历史上逐渐形成的法规，村民们视之为金科玉律，用来约束自己的行为。无论是谁，只要你犯规，就要按款项处理。侗款的处罚条例中最严厉的是开除款籍。

[采访] 吴世华：开除款籍，当时没有文字怎么办？拿一个长长的铁钉，钉进鼓楼里面的柱子上，留出一寸，就表示某人违反了款规，不肯认错，开除款籍。开除什么意思呢？住还在这个村子里住，吃饭睡觉还在这个村子里吃，但是就不准任何人和他说话，这样他就受不了了。看病要和人说话，买茶油、买火柴要说话，买米要和人说话吧，老人死了，要请人抬上山埋要说话吧，他活不了，孤立了，在世界上（孤立了）。所以，大部分的人，往往拿出一百斤糯米，一百斤猪肉，一百斤酒到这里来给大家喝。大家就把铁钉取出来，恢复他的款籍，恢复他的村民资格。这就是款项制度最厉害的一种处分方法。

[采访] 吴世华：上面这个洞，年代久远，不太清楚，这个洞是1949年时，这几个老伯都在场，那天晚上我都参加了。一个国民党的村长利用征地，要贪污我们的钱，受贿、贪污，还压榨老百姓，无恶不作，他有枪，24发的快机枪。但是群众和款首一起来，把他调到这个地方来辩论，他输了还不认错，结果大家就开除他的款籍，他村长当不成了。结果还是拿米、肉、酒来道歉。后来给他拔掉。这个洞就是当年村长黄征庭受处分的痕迹。

鼓楼是一个聚众议事、评判是非的场所，具有一定的权威性和宗法色彩。在过去，鼓楼里都悬挂着这样的一面鼓，叫同心鼓，村寨里一旦发生什么大小事情，就由寨佬击鼓聚众。鼓点的轻重缓急，告诉寨子里的人们，正在发生的事情。

[采访] 胡群松：这面鼓有三个用途，第一，当自然灾害发生的时候，寨佬出来击鼓，击鼓的声音相当急、长；第二种情况击鼓，就是在外人来侵略、发生械斗时，寨佬出来击鼓，这个时候的鼓声特别响重；第三种情况击鼓，就是当我们要议事的时候，寨佬出来击鼓，这种鼓的声音比较平和。

和鼓楼不同的是，侗族村寨的风雨桥是寨子里的人们休息娱乐的场所。大小芦笙在这里比赛，宾客来临在这里云集，因此，风雨桥更富有人情味。

湖南通道县是个侗族聚居的大县。从县城往东沿河而上五十里，是浓郁的侗文化长廊。在这五十里侗文化长廊的珍珠链上，黄土村是第一颗璀璨的明珠。

黄土村由头寨、尾寨、盘寨、新寨四寨组成，3500多人。四个寨子分别是吴姓、欧姓、李姓和石姓。据村里的老人们说，早在明朝时期，四个不同姓氏的江西人，结伴而来。见这里有三条溪流汇合，九山群峰环抱，中央一片旷野平地，其山形水势非同一般，便驻留下来。四个兄弟各自占一个山头安营扎寨，这四个兄

喝拦路酒，唱拦路歌

弟就是今天四个村寨的开山始祖。

老人又说，每一个寨子的背后，都有一条龙脉护寨，所以，祖上立下规矩，任何人不得随意在山上砍伐、动土。因此，村寨四周的自然环境至今优美如画。

黄土村的普修桥建于1850年。寨门呈八字扇形，表示敞开寨门，接纳八方宾客。寨门两侧设有两座圆形的水塘，象征龙眼。侗族是一个有着优良传统与美德的民族，民风淳朴、尊老爱幼、修桥铺路、乐于公益。路口的凉亭里，常挂着串串草鞋。这是专供途中来往行人歇脚和换用的。

热情好客的侗家，有许多美妙的风情，使得本民族团结友爱、不断繁荣兴盛。

每逢喜庆的日子，或者是有客人到来的时候，各家各户都要拿出油茶来敬客。最隆重的要敬四道，每道内容不一样，程序是先苦后甜，最后一道才放糖，让客人甜到心里头。敬油茶的时候，主人端上来一碗香喷喷的油茶，可是只给你一根筷子，这是表示一心一意。寨子里不管谁家来了客人，就是全寨子的客人。家家户户从家里端来最好的饭菜合在一起，这就是有名的“合拢饭”。

闹茶，是侗家青年男女从相识到成为夫妻的一种古老的习俗。侗家姑娘和小伙的恋爱，往往要经过这样几个阶段：侗家的芦笙、赛歌等娱乐活动，为青年男女提供了种种社交机会，他们在对歌赛歌中相识，这便是初恋的第一阶段；相识以后，常常先由男青年吹着侗笛，来到姑娘家的窗外，吐露衷情。这种走访的方式，侗语叫“兰”。到爬窗子交换定情物的时候，已经属于热恋的第二阶段，并表示以身相许。侗家青年男女的恋爱用不着媒人说合，也用不着事先征求父母的意见。到男女双双向父母双亲敬茶的时候，属于关系明确的第三阶段。最后是全村青年男女与新人一起闹茶，这就好比汉族闹新房的大喜日子了。

黄土村有个皇都艺术团，能歌善舞的黄土儿女给开放后的村寨带来了新气象，也向山外面来的人们展示了侗民族古老的文化和他们丰富的精神世界。

黄土村第一寨：盘寨寨门

侗族的歌舞乐器，以芦笙为主。小到一尺之长，大到一人多高。在侗家不论男女老少，都会吹奏芦笙。

侗家歌舞不仅是一种娱乐，还是民间交际与交流的一种特别方式。寨子里或寨与寨之间，如发生什么不愉快的事情或纠纷，常常采取组织芦笙表演或比赛的形式，来化解村寨之间的矛盾。

这位叫张柏如的画家，是汉族人，在一次政治运动中他被迫离乡背井，来到这深山老林之中，三十年来他深深地爱上了这块土地，成为侗家的儿女。张柏如致力于侗文化的研究和史料的收集，取得了很大的成绩。

侗家有自己崇拜的偶像，那就是萨岁。传说中的萨岁是侗族的祖母，在与入侵敌人的战斗中英勇牺牲，从此，被尊崇为女神。在每个侗族村寨都可以看见萨岁坛。

在许多座风雨桥的长廊里，还供奉着三国名将关公的神位。在黄土村普修桥的关公神位两侧，悬挂着这样的对联：读圣贤遗书唯爱春秋一部，存汉家一统岂容吴魏三分。

侗族村寨的建筑与文化，具有强烈的民族特色和浓郁的民族风格。但是，在侗寨的每时每刻，每地每处都能看到中华民族大文化、大传统的根脉与痕迹。

在改革开放的今天，黄土儿女载歌载舞地走出了山寨，融进了现代化城市的怀抱。

字幕：

1998年春，上海国际旅游节上，皇都艺术团的歌舞吸引了来自五湖四海的人们。

成稿于1999年9月

一条遗训维系着十五世郑氏族人

——古代精神文明之家郑宅镇

公元1193年，浙江省金华地区，有一个叫郑绮的人。在临终前，给他的子孙们留下一句话："吾子孙有不孝不悌，不共财聚食者，天实殛罚之。"

从那以后的数百年间，郑氏后裔创造了十五世同居共炊的历史，受到宋元明三朝皇帝的旌表，并赐封为孝义门。

孝义门又称为江南第一家。

去郑宅的人都看郑宅的祠堂。郑宅的祠堂，今天已获批为爱国主义教育基地。宗祠内悬挂着300多块匾额和楹联，透视出郑氏家族以孝义治家的传统。郑宅镇周边的八个自然村，基本是郑氏一族，现有人口8000多人，大多是郑氏的第26~28代子孙。

据郑氏宗谱记载，浦江的郑氏是春秋战国时期，郑国公第七房长子白麟的后裔。北宋时期，白麟之后郑淮迁居浦江，郑淮为不忘祖宗，把镇上一条名为香岩的溪水，改名为白麟溪。

累世同居的缔造人叫郑绮，郑绮是郑淮之孙。在郑氏宗谱上，对郑绮的孝行义举，记载累累。有一则孝感泉的故事，讲的是：有一年，天大旱，郑绮为母亲到溪水边挖水，挖了整整三天三夜，直挖得双手皮破血流，依然是滴水不见，郑绮想到病床上的母亲，不禁双膝跪地，仰天痛哭。郑绮的孝行感动了天地，他的脚下突然涌出了汩汩的泉水。后人称其为孝感泉，并四周建亭竖碑，到明代又有人为它书写对联：千古风流麟溪水，一泓懿范孝感泉。

郑绮虽然诵四书五经，通春秋论语，但是他布衣终志，一生未仕，临终立下遗言：凡郑氏子孙不得因贫富贵贱而分居分食。郑绮的后裔恪守遗训，创出了十五世同居共炊，历宋元明三朝，达360年之久的历史。

当我和大家一起把该看的宗祠、泉井、周边的民居都看过一遍之后，让我心头无法拂去的，还是一“凝聚郑氏家族十五世同食共炊，长治久安的力量在哪里？”。凭什么郑绮在八百年前的一句话，竟然历十五世同堂而不离不散？除了郑绮的一条遗训以外，还靠什么使这个家族累世相传呢？

在郑宅镇东有座小学，它的前身是东明精舍，后来又叫作东明书院。东明书院是元代郑绮的第五世孙郑德璋创办的。郑德璋主持家政时，痛心于本族子弟失学荒业，于是，在离家一里地外，建了一座私塾。他不仅规定了，年满十六岁的本族子弟，必须就读其中，而且聘请了当时社会上的著名学者来书院执教。1334年，明代著名儒学大家宋濂仰慕郑氏家风淳厚，追随当时的大儒吴莱就读东明精舍，后经吴莱推荐，留任精舍主讲达20多年，为郑氏家族培养了大量的人才。

宋濂晚年政治受挫，病死他乡。郑氏家族在宋濂故居青罗山，建了一座宋祠，并立下规矩，每年在宋濂的生辰之日，设奠致祭。

郑德璋时期，还创立了晨钟暮鼓的制度。每日晨时，敲钟聚集家众，拜谒先祠，在有序堂，重申家规。

郑德璋的儿子郑文融，在东明书院毕业以后，功成名就，在建德绍兴等地为官，仕途顺达。 当时他身边的人常见他自言自语：“吾家自建炎聚食至今日，吾不思继承之，即一旦死，人其谓我何？”也就是说，祖上聚族而居、同食共炊能否传承下来而不至于在他这一代给废了，散了。如果这个家在他这一代给散伙了，他的身后将被人如何的议论？我们推测，郑文融所以有了这样一份担忧，当时的郑氏一族一定有人心涣散、家道衰落的迹象和内在的危机。

终于，郑文融为整治家业，解甲归田，从此居家专心研究古今治家之道，成为郑氏家族史上第一个建立礼仪典章制度的人。

江南第一家

到了郑文融之子郑钦主持家政的时候，他超越了前辈合族而居的宗族观，大力提倡族人出仕谋官，并由家族出资奖掖从政。从郑文融开始，郑氏家族从郑绮一介布衣创造的书香世家成为官宦望族。

在郑钦时代，由宋濂主持完成《郑氏家仪》和《郑氏规范》，这是中国古代罕见的家庭法典。郑氏家仪规定，郑氏子弟年满十六，要行冠礼，其目的是，对子孙进行成人前的教育。冠礼的程序，繁琐严谨，前后要做三天。

在这里不得不一提的是，《郑氏规范》对“出仕为官者”的规训甚严。

“子孙器识可以出仕者，颇资勉之，既仕，须奉公勤政，毋蹈贪黩，以忝家法，任满交代，不可过于留恋，亦不宜恃贵自尊以骄宗族，违者，以不孝论。”

“子孙倘有出仕者，当早夜切切以报国为务，抚恤下民，实如慈母之保赤子，有申理者，哀矜恳恻，务得其情，毋行苛虐，又不可一毫妄取于民，违者，天实临之。”

“子孙出仕有以赃墨闻者，生则于谱图上削去其名，死则不许入祠堂。”

这里摘取的三段文字虽然是文言文，但是，即便不字斟句酌地完全看懂，也一定可以读出一个基本面目来。因为文字中的那些主题词是古今通晓的。但是我还是愿意在这里做一点简约的译文，因为我实在感到非常经典：

子孙中有出息的，当出资勉励他出仕，一旦为官，当奉公勤政，不得贪污渎职，如有这样的行径，当有家法处之；任职期满，不可留恋，也不可自恃尊贵而骄横称霸，违者，以不孝论处！

子孙中倘有出仕为官者，当日夜小心谨慎只图报国并抚恤百姓，其表现当如慈母对赤子一般，凡有申诉者登堂，这里连用了，“哀、矜、恳、恻”四个动词：哀怜弱小，还要矜持不馁；恳听下情，当动恻隐之心，万万不得施行苛虐，更不可有一毫一厘妄取于民，违者，将引得天怒降临。

子孙中有为官贪赃枉法被记录在案的，生者，将从家族中除名，死了，仍不准进入祠堂立牌位。生死都将从家族中开除！

洪武二十三年，明代开国皇帝朱元璋亲笔手书“孝义家”，赐郑氏家门。

在郑宅的昌七公祠正厅，悬挂着宋濂手书“三代之英”的匾额。“三代之英”指的正是郑德璋和他的子孙郑文融、孙郑钦三代。

郑氏家族以儒学治家，合族而居，一直延续到明代天顺三年（1459年），一场大火使村舍成为一片废墟，郑氏子孙被迫散居各地，一门义居的历史宣告结束。

我们在沉思叹息之余，寻踪来到了离郑宅镇两千米的前陈村，这里至今居住着当年迁居此地的一支郑氏后裔。

我们发现这里至今保存着一座比较完整的明清建筑。它以大厅为纵轴，向两侧分布，大小共108间。民居的大门和立柱上，随处可见和郑宅祠堂相同的对联和帖子：“一门尚义，九世同居”。

建于乾隆年间的石牌坊一座，在“文革”期间被毁。有一个叫郑永迪的人，花了九牛二虎之力，找到了一张在“文革”初期的照片，这是前陈村有座石牌坊的唯一见证。

自从郑宅那场大火以后，郑氏家族发明了灭火的消防龙。一个直径三米多的木桶里装满了水，靠杠杆两端的人工压力，使水龙从特制的金属管中喷射出来。郑宅人称这种土制的灭火器材，叫水龙。在每个村里，都有一到两个水龙由专人保管。每逢农历八月初一，要试试水龙，并且操练一下。于是，八月初一就成了郑宅的一个民俗节。

一条遗训诞生了一个累世同居的家族，从三代英杰到两部治家的法典，从一场火灾导致合族而聚的终结，又从各自为政到年年八月初一的至今不衰的水龙节，是否可以触摸到郑宅那一条曲折而又顽强的生命线呢？

成稿于1999年9月

◎ 前陈村保持着郑宅“一门尚义，九世同居”的文化

◎ 前陈村一景

水天一色画中村——宏村

“吃的是草，挤出来的是奶。”伟大的文学巨匠鲁迅先生言简意赅地总结了“牛”的奉献品质，因而“俯首甘为孺子牛”也就成了先生一生的座右铭。中国自古以来便是一个农业国家，几千年的春耕秋种总是离不开“牛”，中国人以牛为图腾实非偶然。

如果不是来到宏村亲眼所见，我还真不相信居然有这么一个按照一条牛的形体建设起来的村落，而且是一个具有800年历史的古村落——安徽黟县宏村。

多少年来，宏村也被叫做“牛形村”，因为村落的整个形状就像是一条卧着的牛。村头的雷岗山是“牛头”，山上的古树木是“牛角”，错落有序的古民居群是“牛身”，西溪上曾架设四座桥是“牛腿”，九曲十弯的水圳是“牛肠”，村中央的月沼是“牛胃”，村南的南湖是“牛肚”。我们把它概括一下就是“山为牛头树为角，屋为牛身桥为脚，九曲十弯是牛肠”。现在的人用现代的眼光衡量说宏村就是中国古代先民对“仿生学”的实际运用。这大概有点道理。

因为宏村的奇特，吸引了许多中外客人接踵而来，也对宏村留下了许多的赞美和比喻。比如因为宏村出名在到处是水，有人就说宏村是东方的“威尼

南湖

斯”，一个是水城，一个是水村。不过威尼斯是水包着城，而宏村则是村包着水，就像维吾尔姑娘头上的辫子，千丝万缕，走家串巷。威尼斯博大雄浑，而宏村则清秀靓丽。就连联合国教科文组织的泰勒先生在参观考察后，也情不自禁地称赞宏村为“世界第一村”了。

宏村有一个科学而缜密的水系，可以说是经过精心设计，精心施工才得以建成的。日本东京大学一位建筑系教授说宏村是“世界上最伟大的民间艺术杰作”，可到底是谁造就的呢？

[采访] 汪氏后裔汪兆嘉：……据有关史料记载：800年前南宋绍兴年间（公元1131—1162年），这雷岗山一带原属一戴姓氏族所有。汪氏是汉末龙骧将军汪文和的后人，原居歙县，因遭火灾，举家迁往黟县奇墅村。南宋绍兴年末，因战乱奇墅村全村房屋又被一把大火烧尽，此时汪氏后裔汪彦济便带领全家沿溪河而上，来到了雷岗山下，并买下戴氏产权，盖起十三间房屋，这便是至今仍以汪姓为众的宏村的始建。取名“宏村”是祖先祈求宏发广达之意。

因为汪氏家族在历史上曾多次遭火灾之苦，所以在以后的村落规划扩建时，便第一位注重水系的安排。元代中叶，曾有一阴阳信士做客宏村，见村中央有一眼天然涌泉，建议族人“宜护之，以潴内阳水而锁朝中丙丁之火”，这件事虽被记入宗谱却并未引起重视。光阴荏苒，到明永乐年间，汪氏宗谱传到了学富五车的汪思齐手中，他发现了先祖记载的这件事。于是先后三次请来当时号称国师的阴阳先生何可达，并邀请族中同宗长辈“遍阅山川，详审脉络”，反复筹划，终于制订出扩大宏村基址以及以泉眼为中心的水系规划。然而在汪思齐有生之年，他并没有财力来实施这一美好的规划。到了其后汪生平一代，为继先人遗志，汪生平拿出了毕生所蓄万金，投资兴建这一工程，终于在滔滔湍流的西溪上筑坝架桥，引水进村；凿圳一百二十余丈，引清渠(牛肠)绕村穿屋；九曲十弯，西来之水南转东出，缓缓流注以泉眼为圆心扩建的形如半月的月沼(牛胃)。自此风水阴阳之士的话果然灵验，从明永乐到万历的150余年间，汪氏一族日益兴盛，直至鼎盛。诗云：“烟火千家，栋宇鳞次，森然一大都会矣”。

但是，至此宏村的水系建设还没有完。明万历丁未年（公元1607年），又在村人汪奎元主倡之下，汪氏大小16位族长集资，在村南征得秧田数百亩，凿深数丈，又开辟出一个18 000多平方米的硕大南湖来(牛肚)，并和村中的水圳、月沼相通，至此，一个完整的世所罕见的水系，一个牛的图腾便跃然而生了。

清代诗人胡成俊游历宏村后，写下了如同风景画般的赞美诗：“何事就此卜邻居，花月南湖画不及；浣汲未妨溪路远，家家门前有清泉。”中科院建筑设计院的俞家怡先生也曾写下“青山绿水本无价，谁引碧渠到万家，洗出粉墙片片清，映红南湖六月花。”的生动诗句。

明代徽商崛起，宏村汪氏族中亦不乏善于出外经商的能人，也如同众多的徽商一样，他们“求衣食于四方”，忍辱负重，刻苦经营，耐劳求成，终有所获后，便纷纷回乡购置田产，营造房屋，兴建祠堂。宏村至今留有保存完好的明清古民居150多幢。

在宏村的诸多建筑中当以“承志堂”为最。承志堂最早的主人是徽商中屈指可数的富豪之一汪定贵。咸丰五年（公元1855年）汪定贵在故乡宏村始建承志堂，建成后的整座建筑共有木柱136根，大小天井9个，7处楼屋，共计60个开间，60扇门，加上花园庭院，占地面积有2100平方米，总建筑面积3000多平方米。承志堂最令人叹为观止的是它的支柱、额坊、拱棚、门窗等，无处不附以精美绝伦的雕饰，富丽堂皇，气势非凡。

中门上梁上面的一个长幅图案，名谓“百子闹元宵”。全图共一百个童男，有的舞花灯，各灯形色不一；有的戏旱船，船上船下群童嬉戏；还有许多人敲锣擂鼓，吹喇叭，放鞭炮，踩高跷，无比的生动活泼。

和他们相对的中门厅堂梁上雕的是“唐肃宗宴官图”。在一米长，一尺宽的空间里四组人物分别围绕四张桌子弹琴、下棋、看书、作画，两头还有侍仆为大臣们烹茶，挖耳。这幅画仔细看可分七八层，整幅画容纳三十多拇指大小的人物，各具神态，栩栩如生。

后厅是汪定贵父母及上辈人居住活动之所，所以后堂额梁上雕饰的像大多如“七子八婿”、“郭子仪上寿图”等福寿故事，还有一幅大挂络是用整棵茶树雕成的，世所罕见。还有这防盗隔墙的构造，防盗门锁的设计，都很别致、巧妙，拿到今天都可以申请专利了。

据说汪定贵当年为建造全屋共花费白银60万两，用于雕镂贴金的黄金有100多两，其木雕雇佣了20多位高手，耗时四年才得以完工。

汪氏家族源远流长，人才辈出。李白有诗：“桃花潭水深千尺，不及汪伦送我情。”中的汪伦即汪氏传人。

[采访] 小孩背诗。

坐落在南湖边上的南湖书院，也称“以文家塾”就是汪氏家族集体捐资于清嘉庆十九年(公元1814年)建起的，专门“以为子弟肄业课文之所”。二十世纪新中国政治舞台上赫赫有名的人物，曾将卖国条约消息告知时任北大校长的蔡元培先生，并因而引发伟大的“五四”爱国运动的汪大燮幼年就在这里接受启蒙教育。

宏村的村口有两棵400年高龄的古树，一棵是雄伟的红杨，一棵是挺拔的白果，均高二十多米，如两个巨人守卫着宏村的出入口，也成为宏村的标志。村里人嫁娶花轿要绕红杨三圈，老人辞世棺木要绕白果三周，称可以百年和合，吉祥如意。

宏村不大，但十分的内秀，得到许多影视艺术家的青睐，在《铁画轶事》、《递火》、《古刹鬼影》、《王稼祥》、《皖南星火》、《画魂》、《风月》等影视片中，你都能见到宏村一幅幅如诗如画的倩影。

成稿于1999年9月

电视系列片《中国古村落》解说词

明月水乡话甪直

当改革开放和世纪之风撞击世纪之门之时，当现代化经济建设步入新的高度，攀越新的经济增长点之际，在中国大地上，一个个古老的村寨、城镇，掀起了寻根问祖、复古复兴本土地域文化的热潮。

在这棵高高的银杏树的背后，在这座端方的凉亭的一侧，在这冢圆圆的土堆之下，埋着晚唐著名诗人陆龟蒙的遗骨。

陆龟蒙隐居江南小镇的时候，和当时苏州的著名诗人皮日休是好友，他们经常以诗文唱和。其中有一首《和袭美春夕酒醒》是这样写的："几年无事傍江湖，醉倒黄公旧酒垆。觉后不知明月上，满身花影倩人扶。"

全诗一方面勾勒出一个高士醉倒于花月之中、倩人之侧时的那份惬意和翩翩韵致，同时也流露出"怀才不遇、唯有醉倒酒垆"之怅。

光阴如梭。在陆龟蒙长眠的小镇上，发生了许多许多的变迁。然而到过这个小镇的人们，还是和一千多年前的陆龟蒙一样，有着相仿的那份惬意和美感。所不同的是他们从喧闹和繁华的都市来到这里，独独是为了寻找小镇的那份安宁和古朴，令他们陶醉和流连忘返的还是那份安宁和古朴。

古镇甪直在国际大都市上海西侧，距虹桥国际机场仅58千米，继续向西18

千米是历史文化名城苏州。甪直与昆山国家经济技术开发区毗邻，与苏州工业园区隔河相望。

因为甪直距上海很近，而且公路交通发达，所以被称之为“上海的后花园”。

改革开放近二十年来，作为苏南小城镇的甪直一方面借助大都市工业经济辐射的优势，另一方面充分利用地理环境的优势，吸引外资，以卧薪尝胆的吴越精神和高瞻远瞩的战略方针，发奋图强，成为全国乡镇企业百强之一。多年来被评为苏州外向型明星镇，历年来经济建设呈快速发展之态势。

就在这样的时代背景之下，小镇被安然无恙地保存下来，还是那么安详，还是那么从容，还有那一份恬静和幽雅。

那么什么是古镇的特色，甪直古镇的神韵何在？甪直人是怎样存活了古镇那份神韵的呢？

再说这个用字多一撇，角字又少一笔的甪字该怎么念？甪直这个镇名是怎么来的呢？

据史书记载，甪直最早称淞江甫里，后来因镇东有一直港，将流经镇中的六条河贯通，东西、南北走向的六条河流，在平面图上恰好构成三横三竖，成一个“用”字，加上一撇代表一个直港，采用吴语“六”和“陆”谐音，又暗合小镇名人陆龟蒙之姓，就把“甪”字读作“陆”。

还有一种传说，说的是古代有独角神兽“甪瑞”巡查神州，某日携风裹雨地来到这块地方，见这里粮昌谷盛万物呈祥，从此依恋不返，长驻不走了。于是后人采用其名，以期辟邪镇妖，保国泰民安。

甪直离烟波浩渺的太湖不过个把小时的车程，他北襟吴淞江，南临金澄湖，镇郊的湖、荡、潭、池星罗棋布，舟楫穿梭往返，水市朝夕热热闹闹。

由于甪直不仅有六泽之交汇，还有五湖之环抱，故有“六泽之冲，五湖之厅”的说法。在依赖舟楫水运为主要交通方式的古代，甪直以其得天独厚的地理位置，以集市为镇，繁华兴盛起来，乃是情理之中的事了。

小镇方圆仅一平方千米，镇区内却有六条横贯竖通的河流，交织如网。水上三步两桥，居宅临河而筑，门前碧水荡漾，窗前波光粼粼，于是就有了文人笔下“绿浪东西南北水，红栏七十二半桥”和“小镇人家尽枕河，甪直水巷小桥多”的诗句。

就在这小小的不过一平方千米的镇区内，就有桥七十二座半，至今保留下来的宋元明清时期的古桥还有41座半，称角直为“桥都”，该不枉其誉。

小镇上不仅桥多,而且每提起一座桥，都很有讲头。比如：和丰桥，建于宋代初叶，是古镇的标志性建筑，自宋迄今堪称“千岁寿星桥”。

正阳桥,建于明万历年间。是古镇上最大的一座桥，400多年来，不论阴晴圆缺，它天天在这里等候东升的朝阳。

这是镇上最小的两座桥,因为它们坐落在斗鸭池之中的清风亭两侧，是通往清风亭的小桥，小镇上的人们风趣地称他们为“庙挑桥、桥挑庙”。

角直的桥丰姿多采，不仅构成“走过一桥又一桥，抬眼一看桥连桥”之景，又有“三步跨两桥，五步又一桥”之趣。

桥不仅是小镇上重要的交通工具，而且点缀和划分了小镇的水巷空间，给小镇水巷带来了起伏开合的动态之美，增加了景深，丰富了景观。

在那些有关桥的民俗俚曲之间，涵养着小镇一代又一代人的文明和创造。

水是古镇的灵魂，保护水质就是保护环境，保护环境就是保护古镇。角直古镇的保护，建立在现代化、世纪文明建设的理念之上，显然比单纯的“旅游资源”的开发，更胜一筹。

近十年来，古镇统一了污水处理，统一了热电供应，在控制水源、粉尘、烟尘、噪音等方面投入了大量的资金，做了大量的工作。因此，当我们在河岸边看到一只老式的小风炉时颇感亲切，那慢慢散去的缕缕青烟，给小镇平添几分幽静。

古镇的建设，既要保持原有的风貌神韵，又要不失现时代的特征。

[采访] 濮建庭：这确实是个非常难的课题，……这就涉及建设思路的问题……

按照角直人的思路是这样的：修古复古，当然不能失去旧有的风貌，但是，修古复古必须融进现代人的智慧，现代人的思维，赋予今天这个时代的特征，让历史古镇富有新的生命。

角直人在建设中着重于文化底蕴的挖掘，着重文化底蕴的提升，角直古镇有着2500年的历史，在这2500年的历史长河中，一定有许多该留下来却没能留下来的人和事，但留下来的，确实是千古不朽的巨制和璀璨的星座。

位于角直镇西的保圣寺，距今已有1480多年的历史。据《甫里志》记载，

水乡拱桥

寺院创建之初，规模很大，号称有屋宇五千，占地百亩，法家僧人上千，佛事兴盛，香火弥天。如今，这两根仰天耸立的旗杆，仿佛默默地向人们述说着它曾有过的辉煌。

在这座古物馆中陈列着一组幸存下来的泥塑罗汉群，这组泥塑诞生于唐朝，据镇上的老人们讲，这座泥塑之所以千年不烂，是因为材料的配方非常讲究，在泥巴里掺和了头发、糯米等多种粘胶物质。本世纪初，这座裸露在天地间的巨大的罗汉群因沧桑岁月的剥蚀而坍塌，半数罗汉被毁。

1918年，出生于甪直的历史学家顾颉刚发现了这座濒临毁灭的艺术珍品。在顾颉刚、陈万里等志士仁人的大声疾呼和积极抢救下，于1928年修建了这座罗马式古物馆。

康熙年间甫里学究陈惟中在《甫里志》记载："自唐甫里先生隐于此，以风雅名节著后之，生此于此者闻风而起，名贤辈出。"

陈惟中所提到的甫里先生，是晚唐诗人陆龟蒙，甫里是他的号。陆龟蒙举世不第，退隐回归，从此，务农耕作，赋诗作文。相传甫里先生闲居水乡的日子里，以养鸭、砍柴为生，乐与百姓们谈天说地，和苏州诗圣皮日休常往返于田间村野，以诗文唱和。

前人的德行操守，有一代代后人继承和效仿，在后人继承和效仿的过程中，又融进了一代代后人的新的东西，于是古镇就形成了自己独特的风尚。

甪直人在保护古镇、开发古镇的时候，着眼于古镇个性的张扬，着眼于文化底蕴和文化物质的开掘和提炼，他们认为：

［采访］ 濮建庭：水是灵魂，桥是核心，人是主体,人是有血有肉有思想的现代生活中的人。小小的甪直古镇曾涌现过一代又一代文人居士，仅清代解

乡土与时尚融于一身

达原的《甫里人物考》,就收录了从唐代到清道光年间生于甪直和寓于此的人物1200多人。

甪直人按照现代人的观念和审美需求，在历史上诞生过的数百上千的人物林中进行提炼升华，并下大力气对这些故居、遗址进行修复与建设。

古镇是一个不可再生的资源，不可多得的一份遗产，但是只有站在历史与未来发展的高度才可能有超乎常人的眼光和创意，当甪直人调动起现代人的智慧，我们发现，在小镇上处处充满了古为今用的创造和土洋结合的美的律动。

水乡服饰源于苏吴地区古老的土布拼接衫，如果不是这些老妈妈至今对它一往情深，在今天小镇的街头巷尾已经不那么容易看见了，可贵的是在崇尚欧美与现代摩登的时装潮中，甪直人却沉下心来，在深度研究本地乡土服饰文化的基础上创造性地发展了本土服饰并勇敢地让她从乡间田埂走上了T型舞台。**水乡服饰表演不仅证明了甪直人用现代人的审美观，赋予古朴的水乡服饰以新生命的尝试，且成功了；更重要的是通过水乡服饰表演，我们看到的是甪直人在改革开放的年代里千年不改的中国心，在全球文化趋同的大潮中万古常春的中国根。**

成稿于1999年9月

电视系列片《中国古村落》解说词

逆水行舟西递村

西递村位于黄山脚下，古黟县城东8千米的一片豁然开朗的山谷中。鸟瞰全村鳞次栉比的明清建筑好似一艘乘风破浪的艨艟巨舟；与之比肩航行的是背后群峰组成的另一列庞大船队。

西递村充满了“田园诗”般的韵味儿，清代诗人曹文埴有《咏西递》诗：“青山云外深，白屋烟中出。双溪左右环，群木高下密。曲径如弯弓，连墙若比栉。自入桃源来，墟落此第一。”

“西递”这个听起来有点古怪的村名的由来，一说是此地曾为徽州通往金陵的古驿道设过驿站，称“西递铺”；还有一说是因中国的水系都是西水东流归大海，而这里两条纵贯全村的溪流却是出奇地自东向西潺潺流淌，于是取东水“西递”而得村名。

西递村始建于北宋皇佑（ 公元1049—1054年）年间，屈指算来距今已近千年。这里是胡氏宗族世世代代繁衍生息的土地，村里的人大多姓胡，然而胡氏真正的祖上不姓胡，那么他们究竟姓什么呢？

［采访］ 胡晖生：咱们这个西递村呢，建在北宋的皇佑年间，离现在有九百八十多年，这个村庄的大部分村民都是姓胡的。原来他们都不姓胡，是姓

李的，是李世民的后代。李世民的第十二代孙叫李晔。唐昭宗当时手下有一个臣子，大臣叫朱温，朱全忠，朱温叛乱以后就把唐昭宗杀掉了。唐昭宗有一个最小的儿子，当时拜托大臣胡三公（胡三纳）把他从皇宫里偷偷地抱出来的。胡三公就把唐昭宗的儿子带到了他的老家，江西婺源考水村。婺源原来和我们是一个省的，都属于徽州。到了婺源以后，胡三公精心培育唐昭宗的儿子，取名胡昌翼。以后（胡昌翼）考取了进士，胡三公就告诉了他的身世。我们的老祖宗就是胡三公，所以没有胡三公也就没有李世民、唐昭宗的后代了。我们的世祖明经公，文成公，字子伟，生了六个儿子，我们是壬派，令极公。北宋皇佑元丰年间，壬派举家迁居古黟西递村，是为从婺源考水迁居西递之始祖。过去许多专家和学者就问过这些问题，我也接触过他们，为什么老祖宗把家搬到西递来呢？

[采访] 姚光钰：徽州古村落的选址，主要还是靠风水师来进行选址的，风水师他要抓住几个要点，是用寻龙、测水、点穴、察沙，这四个方法来进行。

一、寻龙，即选择山形地脉，村庄要背靠祖山，面对案山，前低后高，左青龙，右白虎，使村落藏于群山环抱之中；

二、测水，即要注重选择水源和水质，即使地处无水区也要以人工开渠引水，来弥补山川形胜之不足；

三、点穴，即要有一个适宜生存的空间，村落布置应取一个能与自然环境和谐的穴位；

四、察沙，即选址要避开自然灾害又要易于防御外来侵扰的地理、地势条件。

村落的建成还必须具备这样的功能：

（一）使饮则有水，耕则有田，伐则有薪，满足生活和生产的需求；

（二）既能避免自然灾害的影响，又能防御外来侵袭，使村落能安居乐业；

（三）不仅能满足眼前的居住条件，还要考虑到子孙后代的扩延用地，有“千灶万丁”的容纳余地；

（四）山有竹木之秀，水有银带之美，春华秋实，四季丰硕，能构筑“田园诗”般美丽的环境。

[采访] 姚光钰：拿我们西递这个村子的选址来说，在《新安民族志》里就讲得很明确了，所以它的村落选址也基本上根据风水师讲的这个选址方法而来的。

西递村口牌坊

西递村至今保存完好的清明年代的府第宅院尚有120多幢，仰头是绵亘不断的层楼叠院、高脊飞檐，俯首是一条条曲径通幽的独石深巷。正是这些历经千年百代岁月洗濯而依然昂首云天的封火墙（俗称马大墙），深沉凝重各具神态的门罩、门楼，令人叹为观止地镶嵌在一座座建筑中的砖雕、石雕、木雕，它们陈旧而古老的存在，才体现了今日西递村的历史价值，才给今人和后人留下了一笔丰富的可供观赏与研究的宝贵财富。

［采访］ 张承侠：徽州建筑基本上有两大派系，一种是官式建筑，一种是民居。官式建筑的特点基本上是以中轴线来分割的，所以它的建筑体量比较大，大门基本上是外露的；民间的住宅以商人为主，所以有一个财不外露的讲究，一般的建筑处理门都是以侧门进门，“天井”不仅解决采光和通风的问题，以造就他们生活居住的良好环境，同时也有“四水归堂”，财不外流的说法，实质上还是为妥善解决采光和通风的问题。

西递村保留的古民居建筑大多为三间四合格局，砖木结构的楼房，这些楼房，有的以造型别致而称奇，有的以用料考究而显高，有的以园林秀美而见巧，有的以装饰高雅而夺目。建筑内部雕梁画栋，厅堂的陈设古朴典雅，一般的都有金匾高悬，八仙桌、太师椅摆放有序。中堂靠墙的案几上几乎清一色的摆放着长鸣钟，谐音“长命吉祥”，东置瓷瓶，西搁花镜，谐音是平和静。若将他们整体读出来，便有了“终身（钟声）平（瓶）静（镜）”的美好寓意，中国人文化的深沉含蓄，由此可见一斑了。

西递村民居建筑不仅是中国传统文化的缩影，还是许多劳动人民科学智慧的结晶，如“耸立苍穹”的“马头墙”，它们不只是装饰，而且是能起到阻隔密集建筑容易发生的火灾蔓延的功效，所以它的真正建筑名称叫“封火墙”；又如在这一家厅堂的正中，有一个“土空调”的设置，打开盖儿，冬天升起的是暖气，夏天拂出的是凉气，用恒温的地气来调节室内的温度，真是聪明之极。

[采访] 村民：不是我一辈，我大公公造的。

你嫁过来的时候就有了吗?

对就有了。我现在八十七岁了。

您八十七了，那这个洞多少年了呢?

二百多年了。我不知道啊，我来了就有了。

走近西递村，首先映入眼帘的便是在村口傲然屹立，雕凿精湛的“胡文光石坊”。早年，西递原有十三道这样的牌坊雄列村口，可见当年气势有何等恢弘。不幸的是，在“文革”中有十二座牌坊被毁于一旦，荡然无存。如今这座仅存的“胡文光石坊”系建于明朝万历六年(公元1578年)。其时,四品朝列大夫胡文光因政绩显著而被明神宗皇帝恩准在家乡建此牌坊以“光宗耀祖，流芳百世”。

到了明朝中晚期，中国的民族资本主义开始萌芽发展，世代耕读，生计艰难的西递胡氏祖先，审时度势，便成了跻身“徽商”队伍的最早成员。由于他们大多熟读经书，博古通今，在商场中善于深谋远虑，比之那些不通文墨的土商憨做起生意来，往往能取得“运筹帷幄，以一获十”的暴利。他们成功了，发财了，胡氏24世祖胡贯三一人就经营有 36 家典当，20 余家钱庄，生意遍及长江中下游各大商埠，资产折白银 500 余万两，财力居于当时江南巨富的第六位。连乾隆、嘉庆、道光三朝宰相曹振镛都将自己的千金小姐下嫁到西递胡贯三家为媳，财势之大可想而知了。

考据西递村胡氏祖上的发迹，还是离不开文化的底蕴。他们大都是先儒后商，或叫弃儒从商，因之也被雅称为“儒商”。在他们经商成功之后，仍然不能忘怀倡“儒”入“仕”的光环，于是他们便凭借自己的财富，花钱买个一官半职，同样可以光宗耀祖。但是他们也更重视支持、奖掖子孙攻读求仕，只是他们已经比较开明，认为如果万一读书做官不成，也不必灰心，还可以经商，走他们已经成功了的先“儒”后“商”的发家致富的道路。

从徽商崛起的时代算起，西递这艘古商船，历经了商海五百年的航行，曾经停靠在辉煌的码头装满财富，终于也随着徽商的衰微而搁浅沙滩。但是，时至今日，留在这船舱里的丰富文化遗产，仍然是民族的瑰宝。

一些到过西递的外国专家学者，也称它为“东方古代建筑艺术的宝库”。当我们告别西递的时候，我想起了胡氏祖先在选址西递时风水先生的预言：“东水西流，日升月斗，人财两旺，楼上加楼。”历史上曾经应验过，当世纪之帆即将驶进二十一世纪的时候，还会再应验吗？

本片撰文：金山

成稿于1999年9月

文房四宝苍坡村

唐、五代十国的后周时期,也就是在公元955年,有一个叫李岑的人为避乱世，从福建长溪来到这座笔架山下定居,至今已有1000多年的历史。

这个坐落在浙江省永嘉县楠溪江地区的村子叫苍坡村。苍坡村的历史上曾出过一个驸马叫李嵩。那是在1179年南宋淳西五年。

李嵩邀请当时的国师李时日为自己的家园做了精心的策划布局。据说李时日考察了苍坡村的地理形势以后，认为苍坡所处的地理环境“火气太旺”，四面都有火灾隐忧。因此在布局上，注重以水克火，在村子的东西方位，各挖水池一个，东池，呈狭长的矩形，南北长147米，东西宽19米；西池，呈矩形，东西长80米，南北宽35米，据说当年笔架山的倒影正好映在其中，构成一幅静态山水画。

然而，苍坡在村落的建筑布局上的独到之处是借自然山水，融中国文房四宝于一体，因此苍坡村又叫文房四宝村。

村子的西面有一座笔架山，在面对笔架山的地方,村里用方砖和条石铺成一条长街，称为笔街。笔街是村里的主街，宋代李氏先祖的墓园，就在长街的西南头。用来防火克火的东西两个大水池,称为砚池，在东西水池的旁边，有一块

苍坡溪门

形状酷似墨方的条石，在条石的一头还削凿成磨过的样子，据说当年这块4.5米长，截面为0.5米乘0.3米的条石是竖立在池旁的，墨石上面有51个半的孔眼，据老人们说，这上面的每一个孔眼代表一户人家，后人由此推算，当年竖立石墨的时候，村里有51户半人家。

整个村子用鹅卵石，按正方形围筑，寨墙有一人之高。寨墙内建筑布局整齐严谨，民居屋脊层次分明而错落有致，宛如一张铺展开来的大纸。

苍坡村历千年沧桑，至今仍保留许多宋代建筑古迹。

苍坡村的溪门在设计建造上别具匠心。仰头是苍坡溪门的牌坊，牌坊的屋顶是重檐悬山式结构，形象酷似虎头。

在溪门里面，有一座石拱桥，拱桥的桥面象征虎背。虎头，虎背再加上牌坊上悬挂的两盏灯笼象征虎眼，这就暗合藏龙卧虎之意。

从风水上讲，拱起的石桥桥身，使溪门和里面一条南北走向的长街不在一个平面直线上，回避了直冲主街之忌。

主街的起点是村子的中心，李氏祠堂就在笔街的起点，也在一进村口的东侧，李氏宗祠的牌匾上“氏”字一旁多了一点，不是笔误。村里还有几户非李姓人家，“氏”字上多一点表示接纳相容外姓人的意思。

按古代的建筑风俗习惯，祠堂不近庙堂。但是李氏却没有在乎这些。仁济庙就在祠堂的东侧。仁济庙是李氏第十世祖李伯钧在1055年建造的。庙主不是观音、关公，也不是本族始祖，而是一个叫做周处的民间传说中的人物。

在《世说新语》中记述过一个叫周处的人，在年轻时横行乡里，为乡邻们切齿痛恨。后来周处改邪归正，为乡里除害，最后战死沙场，是历代人们教育青年改恶从善的楷模。

巷口古井

庙宇一般都造得刻板肃穆，李氏苍坡却更注重艺术氛围和美感。

东池的北面有一座水月堂，水月堂四面环水，只有一座长两米的小石板桥连接西岸。水月堂横向三开间，悬山顶，两侧有廊，上覆披檐。正面有一个小院子，水池、猴山、镂空的围墙，月堂坐落在水中，环境清幽、雅致。据说水月堂是第八世孙祖李霞溪退隐回乡后为追悼他抗敌阵亡的兄弟李锦溪建的。因常在夜晚凝望水中月，勾起思念亡兄情，故取名水月堂。

[画面] 吴邦国题写的诗碑

[字幕] 欲寻桃源路，携秋楠溪行。村同古柏古，人比清水清。

弟望送弟阁，兄送望兄厅。谁人点灯去，远山明月生。

这首诗中的送弟阁与望兄厅是苍坡的两座古建筑，初建于1128年，苍坡李氏第七世祖李秋山和他弟弟李嘉木分家后，兄长李秋山迁居对岸的方岱村，然而兄弟两个情深谊重，分家后仍频频往来，每每促膝长谈到深夜，分手的时候还要相送到村口，直到看见对岸亮起了灯笼以示平安，兄弟俩才分别转身回家。

后来，兄弟俩商定在苍坡村和方岱村各建一座亭阁，阁朝北，亭朝南，两亭之间盈盈一水相隔，这就是动人的送弟阁与望兄厅。

亭阁的造型别致，特别是披檐，曲形的弧度放足，显得粗放，檐角飞翘，十分轻柔。亭阁四面开敞，八面来风，遥遥相对，情谊绵绵。

楠溪江国家风景旅游区开放以来，苍坡村以其独特的人文景观和丰厚的历史文化底蕴，吸引了来自海内外的游人。具有地方特色的古老的民俗风情，成为现代人、都市人休闲度假时开怀娱乐的节目和了解历史与民俗的窗口。

这些游人手里折叠的纸灯笼，点上灯以后放到水中任其漂流，是苍坡村闹元宵时玩的一种风俗，他们把这纸灯笼叫“鱼灯”，每到正月十五，家家户户都要扎许多“鱼灯”，放到水中，寄托吉庆有余的愿望。

在这座明清时期的民居院落里，户主正在自制米酒。这种传统的酿米酒的方法，吸引了前来苍坡村的人们。

老板热情好客，游人们饶有兴致地捧起碗品尝米酒。

我国著名的京昆戏剧艺术家俞正飞曾经说过 “南昆北昆，不如永昆”，永昆指的是永嘉地区民间昆剧艺术。随着地区的旅游开放，濒临绝种的永昆艺术再度受到重视。苍坡古老的戏台上又响起了永昆古老的唱腔。

仁济庙前，有三棵古柏，迄今已有815岁。据说当年亲手种植古柏的是李氏的第九世祖李西斋，他不仅倡导村民们大力植树，美化家园，并立下禁令，凡在树上拴牛者，立杀牛不赦。没几天他听说有人拴牛于柏树，一查，不是别人正是自家的长工，李西斋不由分说把自家的牛杀了。**李西斋丢了一头牛，却换来了古柏岁岁常青，风华月貌，千年不衰。只要你走进它的身边，就能感受到它从遥远的过去向我们传来的古老的气息。**

成稿于1999年9月

诸葛后裔藏八卦

每年的农历八月二十八，是居住在这个村里的每一个诸葛亮的子孙们的一个重要的日子。盛大的祭祖大典就要在这里举行。

然而聚居在这里的诸葛氏是不是诸葛亮的直系后裔，曾经是史学家们的一个谜。这是因为三国时期诸葛亮辅佐刘邦治理蜀国，而诸葛亮的哥哥诸葛瑾出仕吴国，因此吴越大地上诸葛村里的诸葛氏应该是诸葛瑾的子孙，而不是诸葛亮的后裔。如果不是这一摞又一摞的厚厚的宗谱，为史学家们提供了无可挑剔的详实的历史记载的话，这番争议也许还难断其果。

诸葛村的每家每户都有这样一本蓝色的家谱。他们叫“房谱”。房谱上面记载着自己是诸葛氏的哪一支、哪一脉，以及上几代祖宗的姓名职业和自己的辈分。

［采访］ 诸葛兰：我叫诸葛兰，是第五十三代孙，是诸葛最小的一代，现在在兰溪读书，爸爸妈妈教我要像诸葛亮太公一样，认真学习做一个有用的人才。

诸葛氏的宗谱是这样记载的，公元280年，晋武帝司马炎统一中国之后，有感于朝野上下，交口称赞诸葛亮忠贞不贰的治国才干，起用了诸葛亮的孙子诸葛京为江州刺史。公元952年，中原地区战事频频，诸葛亮的第十四世孙诸葛猁携眷属南下，来到浙江山阴一带。

[采访] 诸葛燕：到了第十五世，诸葛猁，他为了避免中原战乱，迁到浙江，在寿昌当县令，诸葛猁就是诸葛后代在浙江的始祖。

从诸葛第十四世孙，到第二十六世孙，前后三四百年的时间里，他们几经迁移，从寿昌到兰溪的砚山脚下，又从砚山脚下迁居葛塘。

[采访] 诸葛燕：到了第二十八世，诸葛大狮，他原来住在葛塘，后来嫌葛塘这块地方太狭小，不利于子孙后代的繁衍，所以就来到高隆，诸葛大狮就是高隆诸葛后代的始祖。

从诸葛大狮在高隆安营扎寨至今又是六七百年的历史了。浙江兰溪诸葛村里聚居的是诸葛亮的直系子孙就这样被确认下来，于是人们又发现在村里有许多人的面相、骨架酷似画像中的诸葛亮，当我们把镜头悄悄对准了这些老人的时候，还真觉得有那么点意思。

诸葛村所在地被称为高隆，是因为这里的地势比四周高出许多。村西北有砚山耸峙，村东南有石岭溪环绕，八座似连非连的山包不仅是村寨聚气藏能的天然屏障，而且暗合了“八卦”之说。并且村落建筑按八卦图形布局，所以诸葛村又叫八卦村。

在八个山包的中央腹地，挖了一个水塘，取名锺池。背依山包，面朝锺池，村落的民居房舍，错落有致地铺陈建造，在山包与山包之间留出八条小巷，形成从锺池向外辐射的内八卦。

所谓“八卦”，是周易的八种基本图形，他们的名称分别代表八种自然现象，天、地、雷、风、水、火、山、泽，乃万物生命之源。

内外“八卦”的布局，构成了家族村落对外防御、对内向心的环境条件，使聚居在这里的人们获得世代平安。

诸葛亮作为一代名相，令诸葛子孙倍感骄傲。诸葛大狮定居高隆以后，大公堂、丞相祠堂等相继兴建，并定期举行隆重的祭祖大奠。

丞相祠堂是兰溪诸葛氏的总祠。门庭、廊庑和供奉诸葛亮神主的享堂，组成一个“口”字形，在它的正中造了一个非常高大的正方形的中庭，从而组成一个“回”字，用于举行祭祀仪式。作为祭祀大厅的中堂建在1米高的台基上，脊高10米，四根直径50厘米的松木、柏木、桐木、椿木，暗合“松柏同春”的祝福。四十四根青石方柱使祭祖大堂显得庄严肃穆。

中堂两侧拾级而上，有钟楼、鼓楼分列东西。这是三品以上的官员才能有的建筑规格。

据诸葛村人说，“文化大革命”期间，丞相祠堂被作为四旧封闭。五年前这里还是一个养鸡场，五年后的今天，丞相祠堂再度焕然一新，再度松柏同春，再度鼓乐升平。

除了丞相祠堂外，诸葛村还有一系列特殊的礼制性建筑，其中首推大公堂。

大公堂也是为纪念诸葛武侯而建的。它位于村落的中心，坐北朝南，正对“锺池”，至今已有六七百年的历史了。

和这些礼制性建筑共存的还有天一堂、大经堂。

［采访］ 诸葛兆年：我是诸葛亮的第四十九代后裔，我家从事这个中药业，从太太公到现在已经五代了，下面还有两女儿、侄儿，退休以后在村子里搞了个中药馆，找我帮助搞展品。我在香山采标本，这个植物标本我采了两百多枝，现在还继续在这里搞。

大经堂里所陈列的这些药材标本、制药的工具量器、古老的药典经书，除了部分是现在上别处去采集、收购得来的以外，大多数是诸葛家族内部捐赠的。

被称为诸葛子明的是七代世传中医，如今他已是八十高龄，依然是有求必应，依然是日读药书，夜写药方，一日不做便觉得食不甘，寐不香。

［采访］ 诸葛子明：我是诸葛子明，是诸葛亮后裔第五十代，我祖上是从郎田公开始当医生，郎田公之后，他的儿子成元公，这两个人当医生的时候，家里人乐善好施。

诸葛子明对我们讲了一个买药材的故事。他说，在他还是年少的时候……

［采访］ 诸葛子明：我父亲诸葛玉田，有一次，在绵阳收了一只羚羊角，那个时候白洋是一百多块钱，这个羚羊角花了那么多的钞票，拿到上海去看一看，到底是真还是假，拿到上海一看之后，说是假的，这个羚羊角不是地道的，我父亲马上把它劈掉，烧掉了，我说这样贵的东西烧掉了实在可惜的来。

这件事情，对他的印象非常深刻。

［采访］ 诸葛子明：我父亲就说这个钱是不能要的，我们不要这个钱！当医生的人要有医德医风，要有这个道性，不是为了钱而看病，要为救死扶伤。

岁月之痕

这位白发须髯的诸葛林，也是自小学医，终身从医，曾在金华地区某卫生院任教。当我们问及他做一个医生，最重要的是什么的时候，他毫不迟疑地回答说：

[采访] 诸葛林：最重要的是医德，中医不在于挣钱多少，医德最重要，我的老师在我年少的时候讲，治病不论富贵贫贱，应该一律对待。

诸葛亮作为中国古代历史上的一代名臣良相，对诸葛氏的子孙来说，是难以逾越的一道神坎。但是集诸葛亮一身之德行操守，以及诸葛亮治国爱民的胸襟与抱负，酿成了诸葛氏族文化的精神内核，也是中国儒家文化所倡导的“达则兼济天下、穷则独善其身”的又一种表现形式。

诸葛林今年74岁了，趁祭祖的日子，他回到了家乡。他说一来是为了祭祖，二来是把他写的一本自传带回家，分送给他的侄子侄孙。他希望他的后人不要忘本。

这是一本采用三字经的格式写成的自传。在重要的地方，再用文字加以阐述说明。

祭祖仪式在隆重严肃的气氛中开始了。

[采访] 您作为主祭和司仪是怎么选出来的？

村民：族里有个理事会，理事会再和村委会一起研究。

新中国成立前，我们十七八岁的时候，看着我们先辈是怎么做的，司仪的唱调也都一点点学起来。后来也就停了，到九二年、九三年的时候，就又恢复了。

祭祖大典的最后一道议程是宣读《诫子书》；堂上的司仪话音刚落，我们身后传来了童子幼女的诵读声。我们急速调转“枪头”，摄像机镜头发现了倚墙角蹲门槛的挂着小鼻涕的两个孩子，和着主祭的宣读，一字不落，一语不差地背诵着诸葛亮的《诫子书》：

夫君子之行，静以修身，俭以养德。非淡泊无以明志，非宁静无以致远。夫学须静也，才须学也。非学无以广才，非志无以成学。淫慢则不能励精，躁则不能治性。年与时驰，意与日去，遂成枯落，多不接世。悲守穷庐，将复何及！

我们常说好传统要代代相传，从这稚牙嫩语的诵读声中，我们看到了一种传统文化，在幼小的心田中植根。

成稿于1999年9月

◎ 1999年农历九月初八诸葛村祭祖

电视系列片《中国古村落》解说词

坐南朝北也有理——长乐村

浙江兰溪长乐村是一个山清水秀的地方。

在这里有明代建筑两座，明清时期的民居二十二座，称为明清一条街，构成了村落内浓郁的历史氛围。然而长乐古村落出众之处，不仅仅是这些古建筑群，长乐古建筑最突出之处是，它一反中国传统民居坐北朝南的基本原则，所有的民居和公共建筑的大门一概朝北开，这是怎么回事呢？

长乐村有一条由南向北流淌的溪水，长乐溪。长乐村的西南方向有一座砚山，砚山脚下有一水口，每逢大雨频发之时，山上的水流直冲长乐，流入北部的长乐溪。为了防止山水冲进屋来，长乐村的民居就形成了前门朝北，后墙朝南的格局。

民居内部为了不影响采光和通风，除大门朝北开以外，院落内部的房屋布局，仍以东南向为主。长乐溪水泛黄，大雨倾盆的日子，水声隆隆，村民们称它为黄龙。村中另有一条无名小溪，自东向西，溪水清澈，传说是一把青锋宝剑刺入黄龙而形成的。两水交汇处，青黄两色泾渭分明，十分有趣。小溪一侧，面对黄龙有“泰山石敢当”用来镇恶避凶。

在长乐西溪上有两座遥相呼应的石桥，一座是长乐桥，一座是擒龙桥。

长乐桥建造于元代末年，桥上有一块与众不同的青石。传说当年桥造好以后，这块石头怎么也摆不平。有一天，朱元璋率兵从桥上过，从这块石头上一脚踩去，石头一下子就平整了。于是村民们说，只有有福气的人才能安然无恙地站在这块青石上面，没有福气的人如果站上去是会遭殃的。不知道这些来来往往的人是有意还是无意，反正确实很少有人去踩这块石头。

这座擒龙桥又称拜斗桥，据说当年朱元璋屯兵长乐的时候，常常在这山头叩拜北斗七星。

传说朱元璋在拜斗时跪了下来，一跪把山给跪曲了。

类似朱元璋的传说很多，其中最主要的是朱元璋看到这里民风朴实，亲自给这个村取名长乐。

据说长乐原本叫上坑，当年朱元璋部下常遇春在此屯兵30天，雨竟下了31天，于是常遇春戏称此地为“常落”，常常落雨的意思。后来，朱元璋因为常落土地肥沃，人民安居乐业，把“常落”改成“长乐”，延续至今。

今日长乐姓金的居多，有两千多人，但是长乐曾经是叶氏家族聚居之地。后来金氏后人娶叶家小姐为妻，以长乐为家。于是，金叶二姓共处。

后来，金氏家族出了不少做官的人。明代成化年间以来，还有许多人经商致富，回到家乡购田造屋，经过数百年的苦心经营，终于形成了今天长乐村的规模。

天下太平，村民富足，人们开始修缮祖宗们留下的宗祠、庭院、牌坊、楼宇。

村中有两座明代宗祠。

金大宗祠建于明万历三十三年，有近400年的历史，这里是金氏家族商议大事的地方。祠内悬挂着宋代著名的理学大家金履祥的画像。据说长乐村的始祖是金履祥的第五代世孙。金大宗祠是一个执行宗法的地方。

象贤厅是村里规范道德的代表性建筑，历史比金大宗祠还早100多年，距今有550多年了。

这块悬挂在门口的“奕世簪缨”牌匾要求从这里走出去的人，衣冠整齐、品格端正。

[采访] 长乐的子孙从象贤厅出来，路过龙亭，这里有一个告诫。

龙亭地面上的五个铜钱，是告诫长乐子孙，眼光要放得远，不要钻进铜钱眼里

百世瞻仰

去。嘉会堂从明中期至今一直是演社戏、青苗戏、办理红白喜事等的公用场所。

嘉会堂中有一片破碎的地砖。当年，青砖斜格铺地只能为皇室专用。在京为官的嘉会堂主人，与同朝官员不和，被人告发。得知这一消息，他马上派下人赶回家乡，连夜把地砖敲碎，仅在墙角偷偷保留了一块，成了这段故事的见证。

望云楼是村里面积最大、最古老的一座建筑，建于元代，距今已有630年的历史了。这是一座小姐绣楼。古代的女子在出嫁前是不能下楼面见男人、生人的。唯有在这里凭栏望云，因而得名望云楼。望云牌匾是由明代国师宋濂亲手所书。楼上的闺阁厢房里雕镂饰刻非常讲究。

滋树堂是由望云楼的前厅和中厅改建而成的。祠内天井四角四壁，刻有孝、友、任、恤、睦、姻的字样，表明古代六德。牛腿上的八洞神仙，雀颈上的十八罗汉、中梁上的百寿图、神仙对弈，一个个栩栩如生。

这些精美的雕刻，数百年来默默地涵养和规训着代代长乐人。

中国的大家族有修家谱的传统。从明朝以来，金氏家谱三十年一修，一共修了十二次。

村里有老家谱十二本，在“文化大革命”中，全部被烧毁。1996年村里一些老人，在外村找到了一套老家谱，为续修家谱提供了依据。

[采访] 金耿生：在徐州的山里面，藏谱的人家对这个谱很珍重，在“文革”期间红卫兵叫他拿出来，他死也不肯，他说除非把我的头杀掉，才把谱给你们，情愿我自己性命不要，也要把它留下来。

对于修家谱，青年人的看法显然和老年人不同。

[采访] 村里年轻人：我不了解，也不想了解。

年轻人不管那些事情。

可是，村里的老人们说，当这些年轻人也成了老年人的时候，他们就不这

青苗节社戏

样想了。

这位金耿生老人为重修家谱在外奔波了两年多，如今家谱修完了，但他仍常常给孩子们讲述那些古老的传说。

每年农历二月初二，是长乐的庙会。从二月初一的下午，庙会就拉开了序幕。

[采访]　文联主席赵文卿：二月初二他们演戏，祝贺朱元璋登基，为什么要祝贺朱元璋呢？朱元璋是安徽人，和他们有什么关系呢？因为朱元璋在这里待过，在这里朝拜北斗星。朝拜北斗星以后得到北斗星尊的保佑，从此战事节节胜利，拿下了金华，攻取了杭州。

他说朱元璋统一了全国以后，念念不忘长乐，长乐人对朱元璋也很有感情。

伴随着阵阵鞭炮和声声锣鼓，人们把欢乐和祝愿融进这浓浓的香火，在蒙蒙的夜空中弥散。平时幽静的小巷喧腾起来，象贤厅和古龙亭的周围摆起了各色小吃。

从建德请来的婺剧团，要在这里连续演出四天，共八台大戏。

青苗戏中有一传统的剧目《抬八仙》。《抬八仙》分三出戏来抬。先抬魁星，祈求连中三元；再抬天光，祈求风调雨顺、国泰民安；最后抬的是财神，祈求五谷丰登、财源滚滚。

数百年来，古戏台上演的是同一群古人，唱的是同一出古戏，而台下却换了一代又一代的观众。人间的生离死别与悲欢离合匆匆而去，留下来的除了这台戏和这戏台，还有人们对美好生活的希冀和向往。

这坐南朝北的村子，虽历经数百年的沧桑，依然充满生气和活力，似乎向人们昭示着这样一个道理，坐北朝南并不是唯一的选择。

成稿于1999年9月

这十几部片子，记录了十几个村落。
有的，后来去了多次；
这十几个村落之后，又走了几十个村子，
连走马观花的都 算上，不下上百个。
这样回头再看看当年的十几部片子，
感觉很是肤浅了。
今天将它们收进本册，是因为
那个时候的村落，还没有抖落尽历史的尘封，
还披挂着一个世纪的落英和岁月的印记；
同时，它们也是十分重要的一个足迹，
没有这一段寻访和记录，
就没有使命和持续的追踪与求证。
深度和高度，永远是相对的！

◎ 开机前上海电视台副总编刘景琦给摄制组讲解纪录片的拍摄方法

◎ 资深主任编导孙伟代替刘景琦前往诸葛村致贺词

主题歌谱

太阳西沉的时候

1＝CDEFG $\frac{4}{4}$

张安蒙 词
叶国辉 曲

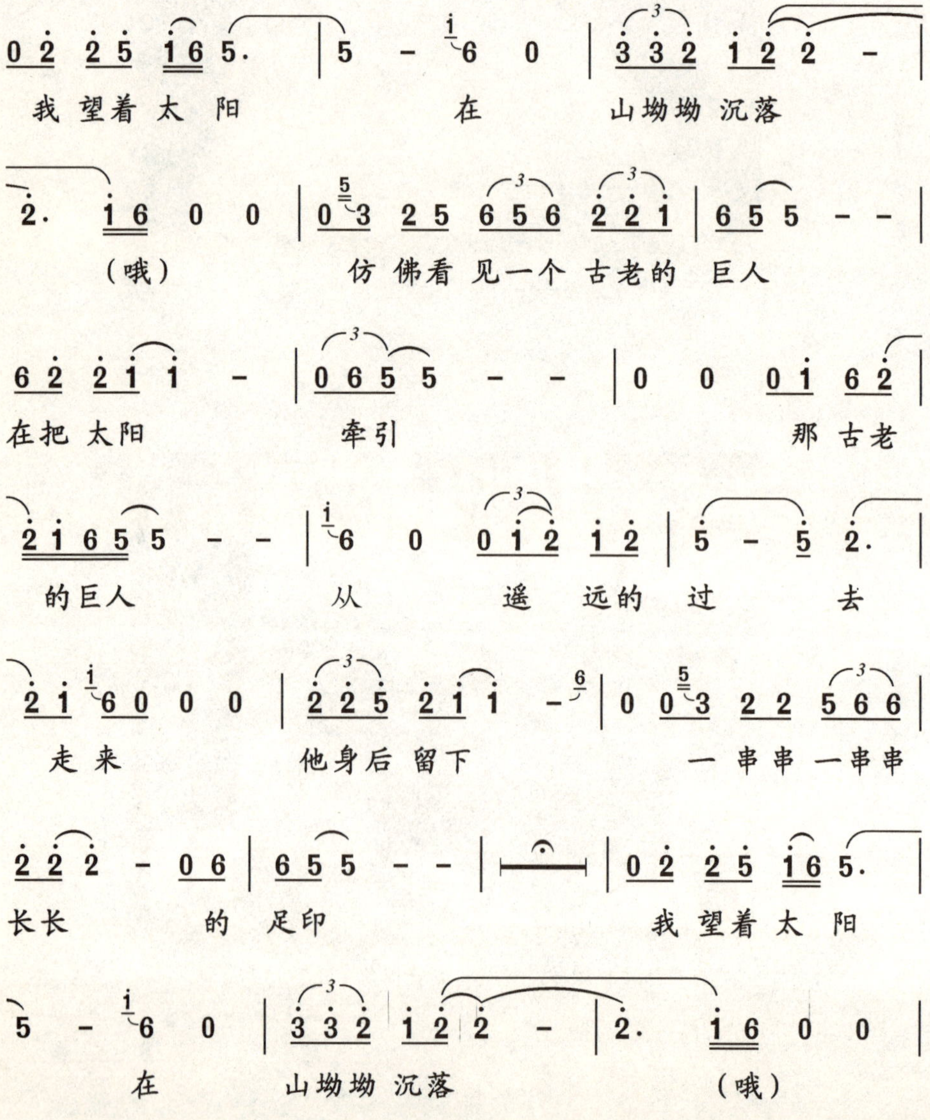

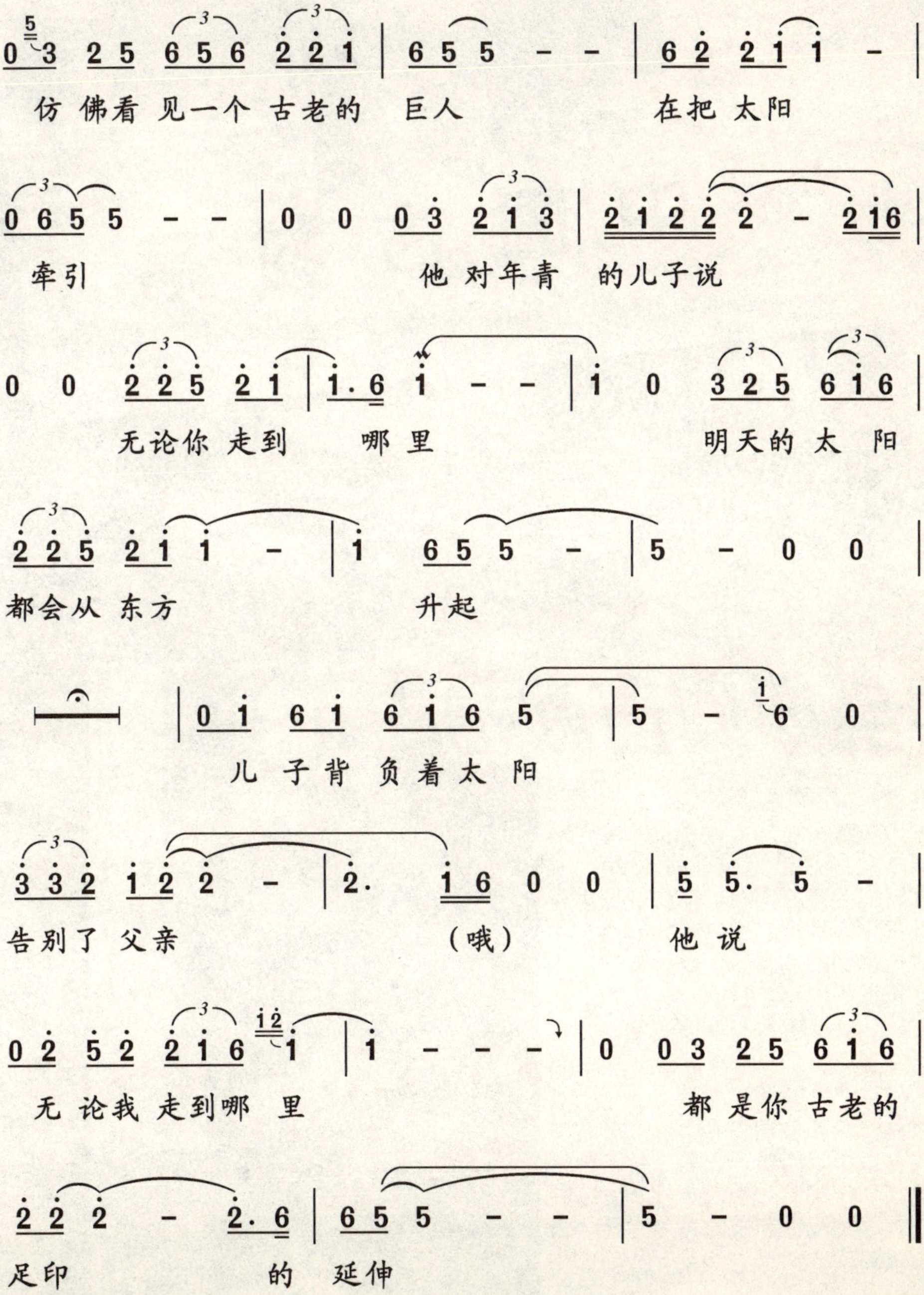
仿佛看见一个古老的 巨人 在把 太阳
牵引 他对年青 的儿子说
无论你 走到 哪 里 明天的 太 阳
都会从 东方 升起
儿 子背 负着太 阳
告别了 父亲 （哦） 他 说
无 论我 走到哪 里 都 是你 古老的
足印 的 延伸

在我国九百六十万平方公里的土地上，散落着计其数的村寨，其间，融铸着渊源流长的中华民族老文化和博大精深建筑艺术的古村落，更如灿烂明珠，闪耀着中华民族古老文明之光。由新华社上分社电视新闻中心等单位联合录制的大型系列电片《屋脊与根》将把镜头对准散落在祖国四面八方古村落，去探究他们所以绵延数百年甚至上千年而败不散的根由和奥秘。

以大家族为主组合的中古村落，映照着历史发展足迹，形象地体现了地、文化、建筑、民俗、教等演变的进程。例如于浙江兰溪的诸葛八卦，是全国诸葛亮后裔最的聚居地。据历史记载，葛村的整体结构是诸葛第27代裔孙诸葛大狮按宫八卦设计布局的。整村落以钟池为核心，周八条小巷向外辐射，形内八卦，村外八座小山抱整个村落，构成外八。诸葛八卦村以明、清建筑为主，现存有较为整的民居及厅堂200多，成为我国不可多得的古村落民居的典范。然而，就是这颗古落的明珠，四年前还默默无闻，为诸葛氏族总祠堂的丞相祠堂竟成了酿制酱油的工场，甚至有的堂成了养猪的地方。《屋脊与根》总策划张安蒙对中国古村落一直怀有深厚的感情浓烈的兴趣，多年前她曾率领摄制组，用电视摄机记录了湖南岳阳张谷英村的历史和现实。面对今整修一新而古风犹存的诸葛八卦村，她感慨万地说：“中国五千年的历史造就了这些古村落，

大型电视系列片《屋脊与根》为何把

镜头对准诸葛八卦村等民居古建筑——

走进中国古村落

□洛 申

享有“江南第一家”的浙江浦江郑氏义门

记录和保护这些向历史的纵深悄悄逝去的古村落已刻不容缓。《屋脊与根》将带领观众去阅读、去欣赏、去寻觅、去思索、去警叹凝聚着中华文明之根的古村落，从而使这些古村落的光辉再延续五千年。”该片导演刘寿如则表示，中国古村落是不可再生的人文资源，拍摄这部电视系列片，就是为了

浙江兰溪诸葛八卦村的古老民居风采依旧

呼唤人们重视和保护受到现代文明冲击的古村落。

在经历了历史风雨的洗礼后，是什么力量使中国的古村落绵延数百甚至上千年之久而不散？虽然历经沧桑，也曾数度辉煌和衰微，中国古村落为何至今风韵犹存？面对现代文明的冲击，这些古老的村落又将走向何处？《屋脊与根》将面对历史和现实作出形象的回答。号称江南第一家的浙江郑氏义门、江西乐安的流坑村、陕西韩城的党家村、广西桂北程阳八寨、安徽黟县西递、宏村、云南的丽江泸沽湖畔……《屋脊与根》都将带领你去领略那里的村貌和风土人情。

明年6月，世界建筑师大会将在北京召开，中国建筑学会闻悉大型电视系列片《屋脊与根》正在拍摄，即致函制作单位，希望该片能在大会期间播放。届时，中外建筑师们也许会因为看了这部电视片而走进中国古村落的。

……尽沧桑数百年 不衰不败 ……

《屋脊与根》保存古村落独特档案

本报讯（实习生 夏琦）一部展示我国优秀文化与建筑遗产的大型电视系列片《屋脊与根——走进古村落》日前在浙江兰……行开机仪式。……浙江兰溪诸葛亮后代聚居的八卦村，江西乐安董仲舒后裔聚居的流坑村等，他们民风古朴，建筑独特精美，但是由于保护不善，破坏严重，很多古村……正在逐渐消失当……究它们延续数百上千年而不败不散的根由和奥秘，为后人提供一份珍贵的历史档案，之所以选择八卦村举行开机仪式，就是因为八卦村是古村落中保护最好的，摄制组希望其它的古村落都能像八卦村一样得到良好的保护与……《……与根》摄制组成……角度，……部分……地的建筑……

镜头伸向古村落

在现代文明的强烈冲击下，一部关注我国古村落命运的电视系列片《走进古村落》已经拍摄完成了前10集，它呼吁在发展经济的同时，应该注意保存散落在神州大地上这些古老的村落，不要让它们悄悄地消失。

《走进古村落》目前已经拍摄了张谷英大屋、黟县宏村、程阳八寨、兰溪诸葛村、越秀芙蓉村、千户西江村、徽州西递村、永嘉苍坡村、通道黄土村、南坪村和江南水乡角直等，这些古村落大多具有数百年历史，有着浓郁古朴的民风民情和年代悠久的古老建筑，是我国古代文明史和古建筑的重要宝库。据制片人张安蒙介绍，这部系列片将追寻这些古村落的历史脚步，不断地拍摄下去，以组成一个完整的电视系列片。此片将在上海电视台播出。记者 **俞亮鑫**

图为江南水乡角直一景

发现和开掘中国古村落

电视片《走进古村落》拍竣

《屋脊与根》带你走进古村落

韦澄

走进古村落 上溯华夏文明之根

电视镜头为古村落聚焦

韦澄

由新华社上海分社电视新闻中心和上海畅想文化传播公司等单位联合摄制的系列电视片《屋脊与根——走进古村落》，不久前已赴岳阳张谷英大屋、永嘉苍坡村、兰溪诸葛村、黟县宏村、徽州西递村等古村落完成了前10集的录制，并于日前在温州永嘉县召开的中国古村落发展研讨会上受到有关人士的广泛关注。

中国的古村落是中国古代文明和古代建筑的重要宝库之一。它往往由一个庞大的家族组成，留有家族创业始祖的传说、家族兴衰衍变的记载和祖传的遗训家规等等。这些村落讲究"择吉而居"、讲究"天人合一"，富有深厚的文化积淀和浓郁的传奇色彩。《走进古村落》将摄像机镜头对准了这些拥有数百年历史和古朴民风的地方，表现了系列电视片编导在现代文明进程中对于古村落的种种严肃思考。

文选

寻访，是一个顺藤摸瓜和滚雪球的过程，
这一个和下一个，下一个和又一个……
寻访，充满了乐趣!
我们是为了寻找个性，
走进了一个又一个村落，
可是却不断从丰富的个性中发现共性;
于是，我们给它们起了一个共同的名字——中国古村落!
我们发现
在广袤的神州大地上，
洒落着灿若星河的古村落，
它们是五千年农耕文明留给我们的最后的瑰宝!

寻访灿若星河的古村落

文 / 张安蒙　责编/ 浦建平

“美哉，古村落”在今夏的上海国际风景旅游展览会上，吸引了众多观众和媒体。我们寻访这些充满乡土气息的古村落已经有十多个年头了。

被我们称之为古村落的，并非仅指有明清建筑遗存的村庄，而是那些至今已有五六百年以上历史的村寨部落。他们大多由一个庞大的家族组成，有创业始祖的记载和传说，有古老的遗训族规，在村落选址、建筑与环境的营造方面，运用古代堪舆学的理论，择吉而居，顺应自然，合理布局，创造了天人合一的境界和美的极致。

这些古村落大多是在交通不便、山水掩映的深处。过去村里的人很少出来，于是大山深处的聚落逐渐形成自己富有个性的政治、经济、文化甚至法制的管理体系；这些古村落的形成大多是古代因战争或政治原因导致的民族、家族的迁移，还有外出经商致富后回来买地置屋。在这些家族兴盛时期用财富创造的建筑成为今天的历史遗存，在这些历史遗存的片瓦、角砖、立柱、横梁的节结勾构之间，积淀着古代先民的智慧和中华文化与文明的精粹。

这些古村落，因为古老而神秘，因为山美、水美、人美、村美、田野美，

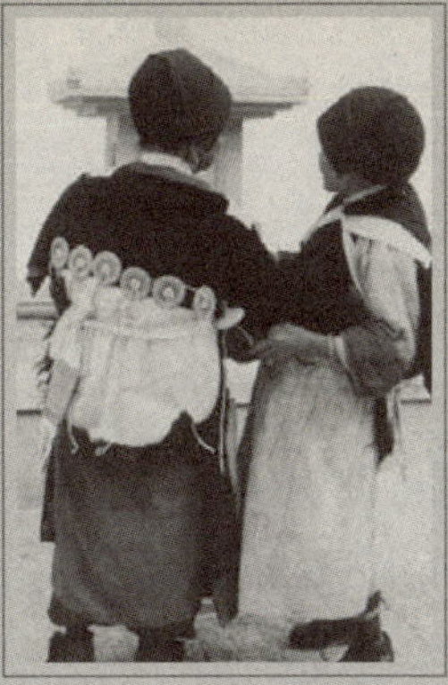

木府广场：纳西老人发现“音乐是从这个小房子里出来了”

可谓处处秀美。不过，未经开发的原汁原味的古村落，因年代久远而风雨剥蚀，常常被历史尘封而深藏不露。因此，寻找古村落的过程又是一个发现和品味美的过程。

1989年，我们首先发现了张谷英大屋。说发现，不是说我们发现了她的存在，而是说我们发现了她存在的价值，发现了他的美。

◎令人震惊的连云屋脊

1989年初春，我们走进了湖南岳阳县渭洞镇的“张谷英大屋”。泥埂路洁净得像刚刚打扫过，脚边的潺潺清泉淌过浑圆的卵石，在身边轻唱低吟着流去。

张谷英大屋又称张谷英村，坐落在山谷盆地。面南的笔架山如护村城门巍峨挺拔；西南面的双曼山宛如姊妹，向天亭亭玉立；盆地中央形似卧龙的丘陵昂头向东，山体像龙身一般向西南盘伸。谷地中央的山溪由东进村后向西南、西北分两叉而去。

大屋主体部分是面临溪水河、背依龙形山自东向西南铺陈，随着年代和家族的发展，在溪水河的两岸开始扩建。大屋分别由当大门、聚龙湾、王家段、上新屋等十二栋独立而建但相互依存连通的建筑组成，形成一大片绵延不断长达二华里的古建筑群。每栋建筑的平面布局基本相同，即由南进北，“四进（厅）三井”，在第三进的中厅（堂）两侧，又分别有向东、向西的“四进三井”。这样，一整栋屋子构成一个神似“品字”的形体。厅堂两侧是厢房。纵横交错的巷道就像大屋的筋脉一样，连接着所有的厅堂、厢房、天井、出入的门洞，使张氏家族头顶一片屋瓦，共枕一片土地，墙内各自为政，对外易守易战。明初从江西来岳阳渭洞创基立业的张谷英是大屋里所有子民们的先祖，至今村寨沿袭用张谷英的名字命名。

大屋的门槛很高，大屋的立柱更高。一跨进大屋的门槛，立刻有一种气宇轩昂得令人倒吸一口气的感觉。厅堂从南向北有三四个层次，中间有隔扇间壁，镂空隔扇大多已残缺不全，足可使我们的目光直抵景深之处，当时的感觉就是好大呀！厅堂之间的天井呈长方形，麻石铺成的地面和井壁之下是有效的排水系统。天井上方是大小对等的天窗，大大方方的天窗使大屋内部的通风采光效果极佳，仰面只见蓝天白云在天窗外徘徊行走。

大屋里四通八达。幽深奇长的巷道，数不清的门槛、隔扇、天窗和高梁立柱，创造了一个又一个空间：厅堂、厢房、居室、灶间、柴房、粮仓、绣楼、闺阁、书院、碾坊、茶房、豆腐坊，只要你向开口的空间走去，你永远不会面壁触墙。

惊叹与好奇牵着我们在大屋里漫游了整整一个下午，我们仿佛走进了一座迷宫。两个多小时以后，我们从大屋的一个北门爬上后山龙脊，眼前的景象把我们震住了：环山岱色的一旷原野中是一片密匝匝、黑沉沉的连云屋瓦，我们的摄像机镜头横摇180度还是无法“一览全胜”。可是村里人告诉我们，整整一个半天，我们不过只走了大屋下的一小片地方。

◎大屋下恍如隔世的真实生活

漫行“百步流水过三桥”，穿越聚龙湾畔的长廊，我们走进大屋，迎面和村民们温和、友好、不惊不乍的目光相遇，仿佛已经是老相识一般亲切自然。村姑走上来，手中端着茶盘，冒着热气的小盅里是用茶叶、花椒、炒得喷香的黄豆沏好的热茶，有的拎过板凳，走到你面前的时候，用手或者袖子轻轻地拂拭一下……待人接物之道井然有序，从容祥和，透出阵阵儒雅之风，和我们过往的乡村所有的阅历大不相同。

大屋内巷道的幽深和天井的开放使大屋内的光影效果特别丰富。我们发现，只要你向有光影的地方走去，就会发现许多真实的生活场景让你感动。

一对老年夫妇，双手把着豆腐磨盘上的摇把，进水进料、接浆滤水、洗刷模具；屋外晒场上，一群姑嫂在做粉条、年糕，揉面的、切丝的、晾晒的、选

纳西村民上大梁

料的，细声细语地聊着家常，偶尔发出一阵响铃般的笑声；厢房门槛上纳鞋底的妇女，巷道里挑柴回来的男丁，扬谷风机的老人，收笸箩、铡猪草的夫妻，读报的先生，放学回来的娃子，还有袅袅升起的炊烟……大屋里的每一个人都生活在自己的时空之中，真切自然，没有半点伪饰、张扬。

身边弥漫着的古老遗风使我们恍惚不知身处何方的时候，身后突然响起学堂里学童清脆的歌声。这歌声在山脊和屋瓦的上空掠过，“昨夜的星辰，昨夜的星辰消逝在遥远的银河……”

漫长的历史隧道在瞬间穿透了现代时空，沉积了千年百岁的历史沧桑与鲜活的现实，在这歌声里交汇。若不是“昨夜星辰”，我们真的以为自己走进了一个“只知有汉，不知魏晋”的桃花源。是“昨夜星辰”，为古老的村落注入了时代的春风，传递着新生活的信息。

当晚再度进村，不料又见到惊奇的一幕：一间不大的屋子里，坐满了不同文化程度的男女老少，一个叫张彦西的“秀才”在讲《古文观止》和“人、手、刀、口、牛、羊”；另一个角落正在进行有关人生的问卷：“世界上有几条路？你要走哪条？”一个女中学生用娟秀的小字回答：“世界上有两条路，一条是好路，一条是坏路。我要走好路。”

在蝇头小楷的手抄本中，我们看到这样的章句：“兴门第不如兴学第，振书声而后振家声”，“仁可发身，财可仁身。然仁可发财者易，财而后仁身者难，唯有财而仁身者为贵。”我们还听说大屋有许多规矩，诸如“姑娘出嫁后在婆家有纠纷，娘家人不准出面兴师问罪。张家是大族，不能以大欺弱，更要‘礼让三分’”……

我们被大屋内的习习儒风和重教尚德的文风深深地感动了，而感动之余却产生莫名的迷惘。

俞源村古桥

◎寻访大地上灿若星河的古村落

好奇驱动我们三番五次地去“大屋”探个究竟。

我们的民族与国家，在近五六百年的时间里，历尽外侮内乱，多少兴衰、多少离散，是什么，使“大屋”虽起伏跌宕，仍绵延数百年而至今不衰？是什么，使这个家族至今依然聚族而居？

如果把大屋比喻成“昨夜星辰”，那它会不会陨落？它将坠落何方？

中国大地上还有多少个“张谷英大屋”？

在改革开放后的今天和未来，他们将走向何方？

这些命题缠绕在我们的心中无法排遣。

从张谷英大屋开始，我们走上了探寻中国古村落的旅程。前后十多年的时间里，只要有点时间有点钱，我们就会去寻找“大屋”，我们由此走进了一片富有魅力的领域。同时，我们发现社会对古村落的了解、认知、开发、保护、评估，远远不足。

浙江兰溪有一个知名的古村落——诸葛村。到了诸葛村，听说了毗邻的长乐村；从兰溪的古村落我们听说了永嘉县古村落，在永嘉走进了一个以“文房四宝”为主题规划布局的苍坡村；从苍坡村又闻知芙蓉村；在途经芙蓉村的路上，又走进了西岸村，西岸村村口的古树、古井、山羊和土地庙让我们再次看到一个经典的选址和规划。仅一个永嘉，我们就发现了岩龙、埭头、廊下、花坦、屿北、枫林、溪口、林坑等十几个古村落。在古徽州地区，我们走进了皖南的西递、宏村、南屏、许村、江村、上坑（龙川）、黄田等村以及如诗如画的江西婺源古村落。像滚雪球、珠串链一般的古村落在我们视野中一一呈现。

在湘、桂、黔三省交界的侗民族聚居地区，从广西三江县的程阳八寨引出了马胖、马田……去贵州省的肇兴大寨顺路进了榕江的车江，在湖南通道的黄土、芋头，我们领略了五十里侗文化长廊……在榕江留宿一夜，我们不仅听说诸葛亮七擒孟获就发生在榕江的月亮湾苗寨，我们还听说榕江的苗家先民从楚越之地向云桂黔的大迁徙终点就在榕江。后来有一支最大的族系又迁到了雷山。于是我们又去了雷山的苗寨西江。西江是全国最大的苗寨。当我们站在进村的山头向下俯瞰这千户苗寨的时候，回想沿途走过的山重水复，我们很难想象苗族先民们是如何在天高皇帝远的大山深处建设自己的家园并创造了灿烂的苗文化。从西江出来，我们又去了另一个苗家，郎德上寨……这些珍珠般洒落在群山翠谷之间的村寨聚落，都是古村落的“精品屋”。

我们来到了人们熟知的丽江古城。从丽江古城的介绍中我们了解到古城大研镇是从白沙迁过来的。我们就想去看看古城的摇篮。于是，在白沙乡我们找到了滇藏古驿道上的束河村。

束河历史上因皮革制品和马帮通商而十分发达。村里的四方街、小广场依然保留了当年商贾云集、店铺比邻的遗风神韵。户户门前的河道，让人联想到丽江古城的水系正是从束河继承发展而来。我们在安徽宏村的时候听说宏村的水系是独一无二的，在束河我们发现她和宏村有异曲同工之妙……

从1989年至今，我们已到过江、浙、皖、湘、桂、黔、云、晋、赣、陕、吉等省三十多个县的五十多个村寨走马观花或周详踏勘。我们惊异地发现，分布在中国大地上的古村落不只是几颗“星辰”，古村落足可以称之为一道灿烂的“星河”。

◎每个村落都来历不凡

在这些村落一片片沉沉的屋瓦下，演绎过数不清的悲欢离合，潺潺流淌的村溪之声，仿佛在诉说久远的故事。古村落中有着文学作品中描写过的故事，但更多的是文学作品中从来没有表现过的人和事。

传说，张谷英明初从江西到渭洞落脚后，垦荒中掘得黄巢起义军的藏宝，兴建了第一栋大屋当大门。他在渭洞的兴盛惊动了朝廷，朝廷派人要提他的首级进京，为保全一族性命，张谷英挺身自刎。后来，他的第六代到第十六代孙在数百年间又按当大门的布局陆续建造了十一栋大屋。

浙江浦江县的郑宅，如今还住着八千多郑绮的后裔。相传郑绮是南宋一介布衣，因孝义名垂千古。他临终前留下一句话，意为：吾子孙若不共财聚食者，天将责之！于是，同族共居，同炊共食，屋舍连脊，大锅饭一直吃到三千多人上下达十五世同堂。在《郑氏规范》、《郑氏家仪》两部罕见的古代家族法典中，提倡行善政，对贪赃枉法的子孙，生则族谱除名，死后不许入祠堂。宋、元、明三朝皇帝手谕亲赐“孝义门”、“江南第一家”。今天这里已成了廉政教育和德育基地。

始建于唐朝末年的芙蓉村，宋代曾有十八人同朝为官，称为“十八金腰带”。南宋末年，族人陈虞之率众抗元，坚持三年直至弹尽粮绝，最后集体跳崖为国捐躯，村庄被毁，至元末明初才逐渐修复。今天，村里人还能从山崖上找出当年的兵器和瓦罐、泥坛。

古村落的故事像大山深处的宝藏一样，需要开采；又像泉水一样，一旦喷涌就会源源不断。诸葛村的诸葛亮、屿北村的汪应辰、郑宅的宋濂、长乐村的金履祥、郎德上寨的杨大六、苍坡村的望兄亭、程阳寨的风雨桥世家……哪个村寨都有令自己家族骄傲的人物，哪个村寨都有向后人实施教化的史实。

◎奥妙的选址布局

优美的生态环境和富有哲理的规划布局，是古村落遗存经久不衰的生命之核。

当年选址的要义不外乎“柴方水便易于生存，山重水复利于防御”。同时，古人讲究天人合一，讲究顺应自然，讲究耕读写意，讲究寄情山水，满足精神生活的需求，这才使古村落能成为今天文化旅游的宝贵资源。湖南的张谷英村、安徽泾县的黄田、绩溪的坑口、江西婺源的李村、湖南通道的黄土等，都属于山清水秀类型的，苏州西山的明月湾和安徽绩溪的上塘村都别称“棋盘村”，顾名思义，在村落规划布局上可谓“英雄所见略同”。

湖南省黄土村坐落在山地中央的平坝上。一条碧清的河水绕山体行走，成为村寨的自然护村河。横跨河水的普修桥集亭、台、楼、阁于一体，桥顶上的

明月湾村口

龙凤呈祥，桥头堡的威镇雄狮，建筑的寓意和实用功能与自然环境相得益彰。远方来客，村里人要在河对岸的桥头敬“拦路酒”；如有外来者入侵，则可以在桥的两头防御。走过普修桥来到村寨，村寨是一旷开阔的平坝，据说四个村寨的始祖是当年的四个结义兄弟，在黄土环山各占一方，形成头寨、新寨、盘寨、尾寨等四个自然村寨。

永嘉的西岸村入口，有六人合抱粗的古樟六棵，古樟的中央有深三米的古井。古井呈瓜瓢形，卵石垒筑的井壁有五六米宽的开口，“瓢把”是一条卵石铺设的石级路，村中小路连接着“瓢把”直向井下伸探。村口有围墙，也是卵石垒筑，围墙内侧有一座古庙。古樟古井外侧有河绕村行走，河水的对岸是一片开阔起伏的小丘，小丘的身后黛色烟霭林木掩映，宛如一幅静谧的风景画。西岸村里的古民居已经所剩无几了，但村口依然保存着古风古韵，足见村口选址与规划才是古村落的魂魄。

◎一砖一木一石都刻着历史和憧憬

这些古村落的历史大都可以追溯到明朝甚至宋朝以前，但遗存的建筑大多是明清以来的。含而不露，奇而不怪，美而不艳，浓淡相间，回味无穷，是古村落建筑美学的主要特征。走进那一片黑瓦之下和高墙之内的大屋，高堂深巷，一重接着一重，花棱拱壁，令人目不暇接。回回曲曲，似曾相识又别开生面，进进出出，难辨东西如入八卦之阵。左顾右盼之间，步步有景，引人入胜。

引我们不停走去的是那些移动的景观，令我们止足观瞻的是那些姿彩纷呈的雕梁画栋，视觉每一秒都有一个落点。粉墙、立柱、大梁、井壁、门楣、柱础、牛腿、窗棂、檐角、门枕石……精美的雕、镂、镌、刻无处不在，承载着历史上著名的诗、词、曲、艺。龙凤戏珠、麒麟游宫、五谷丰登、八仙过海、红楼西厢、柳毅传书，这些寄托着古人价值观念与人生憧憬的生动故事，被镌刻在建筑的每一个角落，不免使我们想起西方教堂里的壁画。这些雕梁画栋和大屋的总体风格达到了完美的和谐：淡雅、质朴、宁静、祥和，融融陶陶，乐在其中。

中国古民居最富有特征的是它的每一砖一瓦、每一梁一柱、每一窗一棂，都有文化内涵。张谷英村的书塔、听泉阁，黄田的思慎堂、敦睦堂，孙权故里的义门、山乐堂，诸葛村的武侯祠、大公堂，西递的青云轩，东阳的卢宅，婺源延村的余庆堂……这些建筑个个显得雍容大方、气宇轩昂。砖雕木刻或疏朗淡雅或精雕细琢，立柱、梁架、厅堂上的楹联、牌匾、横额，满目劝善、劝读、劝进取的格言警句，烙刻着历史年代的印记，散发出传统文化的墨香，透视出前人对世事人情真谛的颖悟，让世人产生共鸣。古建筑不仅是石木史书，还是古代文明的一种视觉媒体。由这些建筑承载着的文化艺术和精神元素，影响了一代又一代的后人，绵延不绝，代代相传。

村落的沿革、地理环境、建筑形态、生活方式、经济基础、民风乡俗，显然有地域、民族、历史、文化的差异。但是，在差异中我们还是强烈地感受到属于炎黄子孙、华夏民族一脉相承的血统和精神。黄土村侗族风雨桥上有这样一副楹联："读圣贤遗书唯爱春秋一部，存汉家一统岂容吴魏三分"。墨迹因风雨日久已经淡去，但斑驳的楹联所蕴含的内涵却使我们的心为之一震，炎黄子孙一脉相承的血液在血管里奔腾。

◎一个古村落就是一个小社会

芝堰村、月亮湾、许村等许多村落，成百上千户人家，虽不像张谷英大屋那样有统一的建筑和巷道相连，但有不少过街楼相互衔接连通。过街楼也好，巷道也罢，都是连接这些建筑群的筋络和骨节，使无数个单体空间成为一个有机的整体，从而维系着这个大家庭里各自为政的一个个小家庭的血缘关系。显然，古村落对外部世界来说是封闭的、内向的，而对于大家庭的生活方式而言则是开放的、外向的，折射出对外防御，对内聚合向心的

◎ 苗寨村落小景

◎ 宏村月沼

◎ 布依族石头寨石板屋

◎ 侗寨村姑纺纱

◎ 张谷英大屋里的村姑

传统心态。

村寨内的路、桥、公建设施、社交场所、文化娱乐、仲裁司法场所，都井井有条。在汉族，最为特殊的要数祠堂。在侗族、苗族等少数民族，也都有自己独特的建筑承担着这些社会功能。

侗族村寨必有的鼓楼和风雨桥，就是一个集多功能于一身的公共建筑。鼓楼以及鼓楼前的太阳坪广场是侗家集会、迎宾、歌舞、议事的场所。在程阳寨的鼓楼圆柱上我们发现有一些钉子眼。访问后得知每一个眼，都是曾经处罚过一个犯了众怒或违反了村规民约的人的见证。就是说，只要有人犯了众怒或村规民约，全村的人就会在鼓楼下集合，与他进行理论和评判。如果他不服，就宣布从那天起，他将受到集体的惩罚。惩罚的方式非打非骂，只是宣布从即日起全村老少任何人不得和他说话——可以供饭吃、可以给水喝，就是不能和他说话。宣布的当时由村里长者在圆柱上钉上一个铁钉，什么时候他认错了，什么时候才把铁钉拔去。这一手很有用，人可以离群索居，但却无法在群体中被公开地遗弃。直到受处罚的人无法忍受的那一天，他将准备好酒好菜好饭，到鼓楼招呼全村所有的人，要求给个机会当众认错谢罪。

侗族还有石头法，是记载在石头石碑上的村规民约，包含有严禁偷盗拐骗、贪赃枉法，不得砍林伐木等，其严肃性不亚于今天的法律条文。

古村落有两个物证，一是参天古树，二是村落族谱。古树是村落历史的见证。浙江苍坡村禁止在树上拴牛，至今苍松翠柏有900多年的历史。而族谱，是古村落重要的文化遗产之一，是家族的文档，除了记载子系谱图以外，还有当年的地形图和先祖、名士、族中达官等的画像。族规族训，族中文献，还有大量的诗文曲词记载了家族创基立业、盛衰兴替的历史、对自然山水和家园的赞美、对历代英才的歌颂、渴望立志报国的心情。郑宅保存至今的一套原始家谱，成了研究郑义门家族文化的重要史书。

◎古村落保护开发不要空留躯壳

探古访幽、寻根问祖、采风撷美，正日益成为旅游时尚新潮。保护与开发古村落也渐渐成为其中的一个热点。

每当有人问及我们，如何保护古村落的时候；每当我们看到大兴土木、拨撒巨资，实施保护性修复的时候；每当我们听到村民们为新建一个因倒塌了的墙而触犯了保护法的时候， 我们在为文化复兴而拍手叫好的同时不免产生一丝忧虑。

首先，我们认为今天的“保护”是一次在经济利益驱动之下提供给传统文化复兴的历史机遇，值得欣慰，值得拍手叫好！

有一则发生在日本的故事。一个古村里的年轻人都走了。老人们想如何让年轻人都回家来？于是他们想了一个办法，把“床”安到了山上的树林里。果然，年轻人都回来了，城里的人们也都来了。很快，古村成了一个旅游旺点。但是，三年以后，古村不古，年轻人和旅游者又渐渐稀去。 这个故事非常耐人寻味。我们经常想到，一窝蜂地开发古村（镇）旅游，一窝蜂地巨额投资修复古村落，结果会如愿以偿吗？

1989年，我们进张谷英村的时候和我们1995年再进的时候，前者宛如一瓶陈年老酒刚刚开坛，酒香袭人，而后者，已“气散味尽”！中国的生命哲学讲究“聚气藏能”，一旦气散不聚，能量流失，其生命就走到了尽头！

毋庸置疑的是，建筑文物必须保护。文物与建筑的保护与修复是首要的。文物是文化的载体。但是我们在这里所强调的建筑与文物以外的保护，即对“古村落”这一特定的乡村社会中的历史人文价值进行整体的研究，并挖掘、发现、保护其独特的文化内涵，是当今被忽略，或者说还没来得及面对，或者说因为其内在，而不容易把握、更不容易操作而被遗忘和遗弃了的一个重要方面。最近温家宝总理在美国哈佛演讲的时候讲到，中华民族有许多珍贵品质，人民性和民主性的好东西。比如强调仁爱、群体，强调和而不同、天下为公；比如天下兴亡、匹夫有责；比如吃苦耐劳、勤俭持家、尊师重教等传统美德，对家庭和国家社会起到了巨大的维系作用。温家宝总理所提及的这些传统，在每一个古村落的历史沿荣中，可随手拾得。

保护古村落文化显然是困难的。 但关键的是我们是否意识到了它的存在，特别是对正在开发中的地方政府或商家而言。我们如何将古村落特有的文化底蕴、文化氛围、文化气息、文化传统保护保留下来？使走进古村落的人们不仅看到古建筑，还能感受、体验、回味、思想，使躁动的心获得片刻的安宁，使哲人的思想在这里泉涌。

郎德上寨鼓坪

还有一个问题是，我们如何保护村民们改善现实生活、寻求城市化现代化生活质量的欲望和积极性，不应该以牺牲民众的合理需求作为保护古村落的代价，而应该在古村落的发展中寻求合理的积极的保护。

开发和利用古村落，重在研究古村落。中国的民居和村落风貌由于地域性、民族性、阶级性等差异，呈现出丰富多姿的个性特征。但是比这些风貌特征更深邃的是村落在漫长的历史发展过程中逐渐形成的村落文化差异性。不能认真扎实地研究“这一个”的内在个性并把握住它的个别性。那么一方一土的开发，同样会流入大俗。从而复蹈城市建设中的千人一面、千篇一律的覆辙，走进同质化竞争的死胡同。**古村落的美是内在的。那简朴醇厚的民风，那绿色有氧的生态，那泥埂小径的秩序，那小桥流水的致远，那摇曳清风的自在，像陈年老酒一样地迷人和醉心，如不精心呵护，如不在意它的存在，那么古村落的躯壳尚存，古村落的魂魄则散矣。**

文 / 张安蒙　责编/ 浦建平

2003年12月19日《文汇报》

◎ 榕树下：是根还是龙须？

◎ 芙蓉山下：归来

◎ 石头河畔：听涛声

◎ 渭溪河：摄制组像孩子一样玩水

◎ 戏台前：对联充满哲理

◎ 象贤厅：向族谱老人问祖

◎ 虎头寨门前：遥望村口风雨桥

◎ 山坡上：观龙胜梯田景观

◎ 禁令前：我们违章通行

如果不是走进大山，我们永远不会理解古人所云：
“龙者，何也，山之脉也！”的生动刻画；
如果不是仰叹西部沉日，
我们永远无法理解诗人“大漠孤烟直，长河落日圆”的壮阔情怀；
如果不是“坐车日行数百里，翻山越岭悬崖侧”，
我们永远无法理解“版图之辽阔，山河之壮美”！
如果不是深入民族村寨之乡，
我们永远无法感受中华民族生生不息、奋发图强的血脉流长
和绵延不绝的智慧传承；
永远无法了解一个拥有 56 个民族的国家，
在地球村里，为人类创造了何等丰富灿烂的文明与文化！
啊！作为一个中国人、一个现代人，
如果不能俯卧疆域、谛听国土深沉的脉动与变迁；
如果不能迈动双脚去丈量神州大地的广大与雄奇；
如果不能用双臂去拥抱苍郁肃穆的古樟，
用胸怀去亲吻那充满灵动的万年巨石；
又如何感受生命、感受历史、感受现代化和全球化，
这该是怎样的一种遗憾和不足！

◎ 马胖寨村口：榕树根儿像智者的脑颅

Ⅲ 使命&求证

古村落承载着
朝代兴替的盛衰，
烽火硝烟的余烬，
艰苦奋斗的基业，
天地人合一的景观……
中国古村落是中国龙盘踞的胸膛！
中国古村落是中国龙腾飞的沉重的翅膀！

那天清晨，
我从梦中醒来。
忽然发现，
这事儿，没完。
这事儿，不是一件小事。
我仿佛觉得肩头扛着一个“使命”！

我已经不能满足于用电视文学的含蓄，
倾诉我对行将消逝的村落的惋惜。
我需要一个平台，
把我的所见所闻所思所忧
告诉世人，
传播得更高更远。

我找到了时任静安区建设委员会主任的卞百平。
这是一个富有哲学思维与开创精神的领导干部，
并有着和普通人一样的诸多兴趣爱好——文学、摄影、集邮等，
他是上海城市经济学会副会长。
于是，他“搬”来了中国城市经济学会的秘书长杨重光，
杨重光“搬”来了郑孝燮、罗哲文等学界泰斗，
在浙江永嘉楠溪江畔举办了首届中国古村落研讨会。

自“发现”以来，经“寻访”，到“使命”，
是一个由“心理边界”推动下的行动过程，
是一个有“临界点”的不同主题主导下的阶段。
这个“心理边界”的产生源于那个快速变革的时代。
在那个快速发展的时代中，古村落的命运，
使我想起一句诗：沉舟侧畔千帆过！

挽救这些沉陷中的古村落，
首先需要解决的问题是“还有价值吗？”
“不破不立”、“大破大立”已经主宰了几十年社会政治生活，
古村落在这个过程中已经惨败如泥。
宗祠、寺庙、族谱、精湛的雕镂镌刻，首当其冲，
古树、古玩、古迹、大宅门，难逃厄运。

阶级论主宰的年代过去了，
经济发展是硬道理的时代风风光光地来了。
躲过“活动”之后又是“一劫”，
上一个世纪九十年代，许多宗祠、古桥、老宅
在推土机的轰鸣中成为废墟。
好不容易幸存下来的古村落能不能不再作为历史的包袱，
而是作为珍贵的遗产被保护起来，
成为那个时期社会有识之士的“心结”。

发现、寻访、使命，直至复苏，
这是一个彼此难分难舍的，呈多头平行又相互交错的，
常态和动态并存的过程。
在这个过程中，最早期的命题贯穿始终。

不断地发现、不断地寻访、不断地求证；
在大量的素材和第一手资料面前，
我们的感知不断被丰富，思维不断被激活，
不断有新发现，印证着昨天的发现；
不断有个性化差异，激发你去求证，这是不是“唯一”？
不断发现的个性丰富着共性；
不断从共性中得到升华。
在这个积累和丰富素材的过程中，
把握着不同时空下似乎互不相干的人与事与物的关系，
探究这些现象背后的内在规律。
在这样一个阶段和过程中，
大量的时间流连在田野、在村落、在农家。

本书能呈现的只能是其中最集中的一部分——学界群雄研讨会。
来自国内外的专家学者们，
带着他们田野作业的泥土芳香和中国情结，
聚集在秀丽的楠溪江畔、诗画闻名的浦江、最美乡村婺源……

首届中国古村落保护与发展研讨会（1999年6月）

国家文物保护与古建筑学方面的专家郑孝燮、罗哲文、杨鸿勋以及来自建筑、规划、历史、地理、哲学与社会学界方面的著名学者专家阮仪三、朱光亚、刘沛林等三十余人参加了首届研讨会，共同就古村落这样一个历史遗存的价值评估乃至保护与发展，广开言路，各抒己见。没有来到会场的学者就本届主题提交了个人观点和论文提纲。

研讨会上播放了刚刚完成的系列片《中国古村落》同时考察了楠溪江古村落。

一个学术主题，敲响了一个时代的命题。

◎ 中国古村落发展研讨会合影于永嘉楠溪江

首届研讨会图文纪实

◎ 上海城市经济学会秘书长张钊即席发言，其右为古建筑学专家阮仪三

◎ 朱光亚教授向与会代表介绍溪口村史

◎ 国家文物、古建筑学专家罗哲文为首届古村落保护研讨会题词

◎ 古建筑学专家郑孝燮在研讨会为楠溪江古村落题诗

◎ 领略楠溪江好风光

◎ 罗老发现古井

山青水绿天真，

试渡龙舟一心，

江上古村不老，

粉墙黛瓦根深。

郑孝燮
楠溪江畔
首届古村落保护研讨会
一九九九年六月十四日

首届古村落保护与发展研讨会会刊目录

注重保护古村落的文态环境

郑孝燮

非常荣幸有机会参加古村落保护和发展研讨会。这是我第二次来永嘉。我祝贺大会圆满成功。

这会议是关于古村落保护的，很重要。在永嘉楠溪江这么一个诗情画意的地方开这样一个会议，尤其值得庆幸。我在这方面是有点兴趣的，但是看的还不是很多。关于古村落的保护与发展是很复杂的一个问题。这个问题在许多地方都普遍存在。

古村落的保护，有一个保护是生态环境。关于环境保护问题，现在已经深入人心了。这个问题我没有很多研究，不谈它了。我想谈的环境是文态环境。古村落是历史文化遗产。是自然和历史文化相交融的重要遗产。它记录我们的历史，记录我们的文化。不要小看农村。农村经济落后，文化落后。一般是这样的。但是我们也要看到另一点，中国封建社会中的农村，有许多在外做官、经商的，有的在京城官做得很大。他们回老家盖华宅，建祠堂，修桥铺路，光宗耀祖。还有，封建宗法制度下的许多传统观念，如告老还乡，颐养天年，落叶归根等，这种观念导致村落民居中有许多官式建筑的民居。还有许多村落里面有书院、文庙等。这说明农村的文化在很多情况下不见得就低于城镇。我们看到村落里留得一些古建筑，反映和记录了这些建筑形成过程中的历史。村镇文化不能笼统说都是落后的贫穷的。只能说呈现一种畸形的状态。这种现象就值得我们去研究和挖掘。

建筑很重要。建筑是一种环境。一种物质形态。这些物质形态反映了历史，也反映了房屋主人的经济、生活、是历史的载体。它记录了历史。他的布局、风格、形式体现了中国封建社会的传统礼制，等级制度、儒家的传统文化。以礼治国，修身齐家治国平天下的儒家思想一直贯穿着中国历史。农村的建筑充分体现了传统文化的渊源。

现存的这些历史建筑如果没有了，那将是历史的缺憾。现在有的建筑已经改成了复合式，要恢复它原有的历史文化面貌。对于被毁坏的，要修复。修复前要做规划。做规划的时候就要对环境有整体的考虑。楠溪江畔的古村落都是山水画中的民居。保护这样的历史环境，我认为就是从历史、文化的角度，保护它原有的文化品位。我称它为文态环境的保护。

第二，保护，具体实施的时候要分三种情况。一个是保护，绝对的保护；第二个是保留，与现代生活接轨，把有些建筑作为保留建筑。它的外部保持原貌，内部允许现代化。甚至结构也可以调整。这类建筑是没有列为文化保护单位的。第三个是整治，整顿治理。主要是侧重于小环境方面。比如说，污染，也有的部分容易引起火灾的。环境整治要有针对性地拆掉一些、改变一些。比如打通防火巷道，都是允许何必要的。增加绿地，都是属于整治方面的。

我就谈这些，为感谢大会和永嘉县政府对本次会议的支持合作，我写了一首小诗表示 感谢。并代贺古村落学术会议的召开。

（郑孝燮　中国建筑史学会高级建筑规划师）

（根据录音整理）

沉重的使命

张安蒙

我们不是某一学术领域内的学者、专家。我们是媒体电视人。对建筑与文物等专门领域里的知识，我们知之甚少。

完全是一个偶然的机会，使我们涉足了一片富于魅力并充满生机的领域——建筑与文化、民居与群落、家族与社会、历史、经济、地理、生态等。

走进这片领域，我们发现了许多许多，其中，最重要的是，在任何一个领域里，我们都没有理由厚今薄古，我们都没有理由崇洋媚外！

“古村落”，我是在十年前才接触到的。那个时候学术界把它称为“古建筑群”。

十年的时间，“古村落”成为我生命与生活中至关重要的一个组成。

古村落，一个鲜活的中国历史与现实生活的社会博物馆。透视一个古村落，可以透视中国的昨天、今天和明天；透视一批古村落，可以透视整个中国农村乃至整个中国！

今天，我们仅仅作为一个电视人，在古村落跋涉了十年以后有了一点自己的体会，来向各位前辈、各位专家与学者叙述我们的一点感想，并期待得到各位前辈、各位专家、各位学者更多的指导与支持。

一、起 因——偶然走进古村落

话题还得从十年前说起。

1989年，我们接受建设部的委托，拍摄大型电视片《蓬勃发展的中国村镇建设》。当我们在湖南省岳阳县拍摄农房新镇的时候，从当地农房公司经理任岳乾的口中听说了“张谷英大屋”。在任岳乾的热情陪同下，我们走进了大屋，走进了张谷英村。古村落情结，就是从那个时候开始的。

1989年元月三日，我们在改革开放的最前沿、广东省台山县举行电视纪实片《蓬勃发展的中国村镇建设》开机仪式。接下来的几个月，我们在粤、闽、浙、桂和苏南等沿海地区，走了十数个新兴小城镇。那是一片富有生机、充满活力的热土——诚如福建省石狮市街口那尊从目光到毛发都咄咄逼人的醒狮般沸腾、灼热、躁动的热土。

但是我们在兴奋和感慨之余，有许多的遗憾。因为一切都处在草创之中，没有秩序、没有卫生、没有规划、没有形象，新的和旧的、竣工的和正在建设之中的，当镜头对准一个或一片新建筑的时候，总有太多的败笔在镜头前无法回避。 如果没有这样一个对比，“张谷英”的魅力就会逊色许多。

当我们摄制组一行人一踏上张谷英村的土地，心，就立刻被一旷翠野和黛色环山所摄取。潺潺的清泉、浑圆的鹅卵、洁净的泥埂，还有村民们向陌生人投注的温和、友好、不惊不乍的目光，都和我们在走进张谷英村以前，足迹所到的他村形成强烈的反差。前者是“草创”中的杂乱无章和躁动不安，后者是一派自得其乐和从容恬静。

当我们踏上“百步流水过三桥”，穿过长长的“聚龙湾”，走过溪畔的古道长廊，在“美人靠”的木凳上歇息，听渭溪河水潺潺流淌的时候，我们的心田洋溢着汩汩温情。当我们走向大屋，跨进“当大门”那道高高的门槛，意外地置身于一个巨大的内部空间，仰面见天窗外蓝天白云飘浮徘徊的景观；直视前方，见厅、堂一进再进深不见上堂；高大粗壮挺拔的圆木立柱像巨人般支撑着梁坨和这座大屋。左顾右盼，东西厢房门窗半掩半虚，两侧巷道神秘而幽深。我们的心被一种力量所摄取，惊喜和好奇像幽灵一样牵着我们的魂魄在大屋里漫游。

我们在大屋里走了两三个时辰， 不断被催促着才恋恋不舍地从大屋某一处的北门爬上了大屋依托的后山——龙形山脊。

2010年3月湖湘讲坛邀请张安蒙在大屋当大门前演讲“阅读张谷英”，张谷英村授予她“荣誉村民”称号

哇！足下黑压压一片屋瓦从东向西南鳞次栉比、密密匝匝。镜头横摇，整整一个180度还是无法“一览全胜”。

村里人用手指着我们脚下的一片屋脊说，这半天，我们不过走了大屋下这一小片地方。而我们仿佛已经走过了几个世纪！

若不是身后的村办小学传来时下最流行的歌曲《昨夜星辰》，我真以为走进了一个“只知秦汉，不知魏晋”的桃花源！

大屋像谜、像梦、像哥德巴赫猜想，令我们梦萦神牵。

张谷英何许人也？

张谷英村始于何年？

这一大片房屋又出自何人何代？

数百年沧桑岁月，何以至今聚族而居？

当晚，在“县招”吃完饭后我央求任岳乾再度驱车进村，又见奇观：壮观的大屋群和秀美的山水被黑夜笼罩，漆黑黑的伸手不见五指，我们朝着有弱光的地方走去。在一间不大的小屋里，我们看到坐满了不同性别、不同年龄、不同文化程度的男女老少，一个叫张彦西的“秀才”戴着深度近视眼镜，坐在黑板下面的台子上给身边的人讲《古文观止》和“刀口手，牛马羊”；在另一角落正进行着关于人生的问卷：“世上有几条路，你要走那条？”一个叫张文娟的县初中二年级的女生用娟秀的小字答曰：“世上有两条路，一条是好路，一条是坏路，我要走好路！”

我们被感动了，感动之余平生莫名的迷茫。

我觉得和他们贴得很近，又仿佛隔得很远。

当爱充满心灵的同时，悯惜恻隐之情又油然而生：

在今天这样一个开放了的时代，在今天这样一个多元价值观并存的社会中，张文娟和所有在座的张谷英村的村民们的这样一份安宁和单纯，能保留多久呢？一旦她们走出了山村，将和我们一样，置身于一个沸腾和躁动的社会之中，感受着发家致富的疯狂和金钱的魔力，他们对今天族中前辈所传授的知识和做人的道理会产生怎样的感受和取舍呢？

令我们对张谷英村产生浓厚兴趣的是，在近五六百年的时间里，我们的国家和民族历经磨难，外侮入侵，内乱不断，多少破产，多少离散。是什么力量使这个家族绵延数百上千年不散？虽历经沧桑，也曾辉煌数度，虽兴衰跌宕，却至今风韵犹存？

时隔不到半年，也就是当年的秋天，我们第三次进村，应邀同行的有同济大学《时代建筑》杂志总编、古建筑学专家王绍周。

村里正在六修家谱，采用古老的活字排版方法。显然，春上，由“上海来的人”所表现出来的对大屋的兴趣，唤醒了大屋里有政治文化嗅觉的“秀才们”潜藏在心底深处的家族意识。这种“意识”在“文革”前后几十年的时间里一度被狂轰滥炸，但它没有在人们的心底根绝，不过是冷冻在心灵的深川。

后来，我们把采集的电视素材编了一个集子——《岳阳楼外楼，洞庭天外天》。在岳阳市建委的协助下，于1992年春，在岳阳召开了一个“岳阳古建筑群张谷英大屋考察新闻报告会”。当年，去张谷英村旅游和考察的人次就达万人以上。不久，张谷英村被列为县、省的文保单位；张谷英所在的渭洞镇更名为张谷英镇；1993年，张谷英村被列为省旅游开发重点地区。

1995年，我怀着浓厚的兴趣又去了一次。但是已经寻找不到当年的那种感觉。好比一坛子陈年老酒，顿开茅塞之后缕缕浓郁的醇香在觥筹交错的喝彩声中飘然逝去。我认为张谷英村的旅游开发没有处理好建筑与环境、建筑与历史、建筑与自然山水、建筑与人文生态的保护。

但是张谷英村的开发使地方经济获得了生计与活力，使村民们获得实惠，这使我感到十分欣慰。在我离开张谷英大屋的时候，又一个问号爬上心头：中国大地上还有多少个张谷英村？

在改革开放以后的今天，这些“张谷英大屋”以及“张谷英大屋”里的村民们将走向何方？

二、十年后——寻访中国大地上有多少个“张谷英”

1998年6月，我们自筹资金，踏上了寻觅与探索之路……

一年多的时间，经过在六省十二个县二十一个村落的实地踏勘，我们认为：社会对遗存古村落的历史与现状的认识和评估，是远远不足的。无论是对“古村落”遗存的总量，还是这些古村落所内存的历史与现状的含量，我们的媒体与社会学家们对他们的了解、认识与估计都是远远不足的。

这些“古村落”或者因群山阻隔交通不便而封闭，或者因地方政府力量不够而无暇顾及。

浙江省兰溪市的芝堰村，是一个非常富有特点的古村落。在古代，它是商贾之道上的一个小村。车马驿站的人来人往，使它成为一个经济较为发达的村落。随着古道的衰退，它也失去了交通地域上的优势而衰落下来，但是走进芝堰，依然古风遗韵美不胜收。

和诸葛村同属一个行政镇的长乐村，是一个有着千八百年历史的古村。长乐的先祖是宋代著名理学家金履祥的后代。朱元璋起兵抗元的时候，在长乐屯兵时久。村内的望云楼、滋树堂等建筑是元末明初的建筑。村内的明清一条街是历史上的古驿道。由于长乐地处诸葛村之侧，盛名之下，不禁黯然。但是长乐的建筑从文物考古角度讲，比诸葛村更早，更有价值。诸如此类的个案，还可以举出许多。

当我们在湘、桂、黔、江、浙、皖、赣等省以及云南丽江地区、吉林柳河夹皮沟地区走访了数十个古村落以后，我们对“古村落”的概念与内涵，对“古村落”所具有的共性与个性，对“古村落”至今依然富有生命力的历史经验与文化、经济价值以及对“古村落”在保护与发展中所面临的问题等，有了深刻的认识。在太多的个性中，我们看到了它们之间惊人的相似；在相对的差异中，我们发现了绝对的统一。那就是：统一在中华文化的大背景之下；统一在炎黄子孙的血脉之中。

我们的结论是：

中国古村落是大中国的一个缩影；

中国古村落，是研究中国古民居的重要实证；是沉淀中国传统文化的宝库；是中国古代智慧的活化石；是活着的文物馆。

走进古村落，就是走进中国的历史，就是走进中国的现实社会，就是走进中国人的哲学世界。

三、概念与内涵——被我们称之为古村落的

1. 定义：被我们称之为古村落的，是那些至今已有五六百年以上历史的村寨、部落；他们大多是由一个庞大的家族组成，村寨里有家族创业始祖的记载和传说，有古老的遗训族规。

这些村寨在村落选址方面，运用古代地理风水学的理论，讲究择吉而居；在人居与环境布局方面，融汇古代天人合一的哲学思想，顺应自然，合理布局；在建筑与施工方面，因地制宜，依山就势，节约耕地，巧夺天工。

2. 共性特征：

源远流长，富有传奇色彩；（略）

民风淳朴，富有文化特质；（略）

人居环境，富有科学合理的规划布局；（略）

崇尚儒道文化，认同炎黄子孙、中华民族"一统天下"。（略）

"读圣贤遗书唯爱春秋一部，存汉家一统岂容吴魏三分"——这是在侗族风雨桥长廊里的一副对联。

3. 富有生命力的传统文化和管理经验

严明的法治（村规民约）和英明的人治（家族精英对家族与村落文化的作用）；

尊重传统、重教施教（办私塾、书院等，有家族公资扶助贫寒子弟读书入仕）；

施仁政、讲德行、崇尚公益事业（祖训族规、修桥铺路、赈灾济民）；

不施暴、不排外、以容为大（族规家规训条）；

通过制度和法规造林、护林，严禁伐木砍树（立碑禁令、石头法）。

四、美学价值

别林斯基说过这样一句话："艺术的目的在于唤醒本来睡着的情绪、愿望和情欲，使他们再活跃起来，把心填满。"古村落不是别林斯基这里所说的艺术门类，但是走进古村落，足以令你"把心填满"：

优美的自然景观和富于哲理的人居环境达到和谐、完美、天衣无缝的境界；

富于智慧的设计布局和尊重自然、顺应自然的建筑造型；

车载斗量的家族文化和丰富多彩的民风乡俗；

充满亲情的乡里睦邻和从容不迫的待人接物……富有净化心灵、陶冶性情的动人的魅力。

丰厚的族谱文化；

家族始祖和家族历史人物传记；

对山水风光和田庄家园的赞美；

抒发心系朝廷、报国无门的情怀。如“清涧水溪流，曲径小潭中。不向江河去，何年能化龙？”

——摘自《张谷英族谱》

五、学术研究价值

是中国古村落是各学科学术研究的基地，是研究家庭起源、人居环境建设、传统经济发展、宗法制度演变、村寨聚落的形成以及人才和教育与家族基因等学术课题的实验与考证基地。

加强对中国古村落的研究有利于对古村落的保护与开发。特别是从环境保护与人文生态意义上的保护，在今天显得尤为重要。（略）

六、当前对古村落研究的不同学术观点

1. 出于对历史文化遗产的钟情，追求纯粹的原生态，对旅游开发造成的建设性破坏深恶痛绝。持这样观点的学者认为历史古迹的价值在于他永远无法再生与复制，因此，主张让历史的原貌在这里定格。

2. 认为古人与今人站在同一条历史河床之中，对古村落的保护重在建设，重在融入现代人的智慧与科技成果，在保护中创造未来的古迹。

3. 认为任何事物的生长、发展与消亡，都有其自身的规律和生命的轨迹，主张听其自然、任其消长。

我们的观点是：我们没有权利漠视先人们创造的财富；

急功近利的旅游开发，将造成对古迹与文物的严重摧残；

但是保护不能以维持百姓低质量的生活现状为代价；

古村落的保护与发展需要科学的研究、合理的规范、理论的指导，需要有村民自觉参与保护与开发。

七、古村落面临的问题

1. 封闭的自然经济格局打破以后，急功近利的开发造成对生态资源与环境卫生的极大的破坏；

2. 富裕起来的农民迫切需要改善居住条件的合理愿望与文物古迹保护之间构成的尖锐冲突；

3. 解除思想禁锢以后，宗族观念的复苏与大规模的宗族文化，如何处理好文化的传承、宗教的信仰和非文化的迷信活动；

4. 脱贫致富的工作，任重而道远。

结束语

中国古村落的研究应该是综合的、多元的、交叉型学科进行的立体研究。需要社会学、建筑学、历史学、地理学、国土经济学、环保生态学等多学科、多领域的共同努力，协同研究。

中国古村落是中国龙盘踞的胸膛!

中国古村落是中国龙腾飞的沉重的翅膀!

（1999年首届中国古村落保护与发展研讨会发言稿）

◎ 边陲明珠丽江

◎ 马胖寨村口

◎ 浓荫翠野隐山寨

◎ 乡趣

◎ 家门前的滚水坝

◎ 酷似官帽的溪口书院

◎ 仁孝则天

◎ 肇兴大寨鼓楼广场上人们自娱自乐

首届研讨会论文选

古村落的保护问题与前景

朱光亚

改革开放以后，蓬勃的经济发展为建筑遗产的保护，提供了新的条件，也带来了新的严重问题。人们在关注城乡面貌日新月异的同时，惊呼正在失去我们古老的城市，古老的乡村。

古建筑，被梁思成称为“民族的记忆”。我们正在丧失自己的记忆！我们的古村落，被文化人类学者称之为社会的细胞、中国的缩影，被文学家称为我们的家园、我们的根。那么我们正在失去原有的细胞、失去熟悉的家园、失去文化的根。保护古村落已经成为一种运动，并与旅游发展相结合，深入大江南北。

我自1994年开始，作了几个古村落的保护性规划，因而也被带进这一运动中。接触了那新与旧、爱与恨、建设与破坏的种种麻烦以至痛苦，身感保护的艰难，保护的重要，保护的光荣，现就古村落保护中的问题与前景，谈谈自己的认识。

一、保护古村落的观念误区

一年一个样、三年大变样，是各级领导经常纳入管理目标的一句话。变样的结果自然有许多自豪和欢欣，但是并不是所有的东西，一变就是好事，就是业绩；并非所有旧的环境，变成新环境都值得歌颂。现在我们需要对旧事物和新事物的态度，调整得更准确一些。

1950年代，毛泽东在完成了新民主主义革命的任务之后说，我们不但善于破坏一个旧世界而且也将善于建设一个新世界。这是一代伟人在面对艰难危局时的自信。这里的旧世界和新世界应属于总体概念、体系概念。但在很多年中却被局限在物质世界，尤其是建筑遗产上。

其实，早在1960年代，我们就已经制定了文物保护的法规。现在经过了半个世纪的努力，尤其是改革开放以后的努力，我们的经济实力大大增强以后，我们应该看到，再从物质层面上看待旧与新，并将之作为考核干部业绩的圭臬，实在是问题重重，而后代对这一代市长们的批评可能是，“他们不但善于破坏一个旧世界（而这个旧世界是美丽的）而且也不善于建设一个新世界，因为现实中问题总是明显的。”现在上海等城市已经意识到这种问题了，那么其他城市、其他村镇，哪一天能认识到这一点呢？

第二种认识是认为历史文化名城、名镇、名村，是可以创造出来的。他们认为努力一下就可以如同创建卫生城市一样，创建历史文化名城、名镇、名村，我们从自然与文化遗产名录的评估工作中看到，这种类似的荣誉，虽然包含着后天的努力，然而没有先天的条件，没有老祖宗留下的、足够的文化遗产，任凭后天怎样努力，也是不可能得到的。当代人可以用戏剧、电影电视、新编、历史剧等方式模拟、表现前人的历史，但是不可能创造前人的历史。中国文化中的审美体系，存在着与世界规范性体系的差异，尤应注意这一点。

第三，以为做出了几条规定，下几道命令，包括做几个规划就可以将古村落保护起来。不，古村落的老百姓的生活，决定着古村落的命运。离开村中老百姓的支持与参与，离开了与他们生活相联系的举措，只能是短期奏效，没有生命力的。

二、古村落变化必须面对的若干发展问题

“文化大革命”结束时，中国人发现自己差一点被开除球籍。邓小平同志拨乱反正，将改革开放作为新的路线。他用最明确、最朴素的语言，说出“发展是硬道理”。

唯因这十几年来的发展，中国才没有被开除球籍，没有被淘汰出局，没有沦为三流国家，并逐渐与世界潮流靠拢。十几年来中国的变化特点，海内外学者用“转型期”概括。新的机制取代旧的机制，新的权威取代旧的权威，新的价值标准取代旧的价值标准，新的手段代替旧的手段，一切都不确定。每个个人，每个团体的地位、前途，都在摇摆之中。相对优势比绝对优势更为重要，更为现实。把握个体的存在形式、存在优势与存在价值，成了最基本的需求，而发展则是存在或曰生存的最基本形式。

不仅在理论上，在实践上也是如此。我们在调查历史沿革时看到，呈坎的兴旺是建立在徽商发展的基础上。清末以后贸易路线的改变，以及此后的一系列变故，特别是1950年代以后政策的制约，使得呈坎商业衰败、村落衰败、波及文化。呈坎从出过大量文化名人，举办过安徽第一所小学堂的江南第一村，衰败到近十几年，每年升入高中的学生仅20余人。温州永昌堡，明清两代列进士者16名，著述达70多项式部，为浙南之冠，而目前文盲占总人口20%以上。

发展受制、经济落后，虽常使古村落的物质形态得以保存，但主体群落的生存却往往因此而陷入危机。例如呈坎一带，因贫困居民无钱烧煤，仍以柴为薪，加上错误的林业政策，致使两侧山林全部伐尽，生态恶化，洪水肆虐。相反，杭州郊区的农民因采用煤气，懒得砍柴，几年之后绿满青山。

文物学是人类科学，岂有只关注文而不关注人之理。退一步说，只关心古建筑不受破坏，而不研究造成破坏的起因因素和动态因素——人及其需求，于事无补！因而从发展的角度切入，探讨保护问题是当前可行的工作路线。

最根本的发展问题，是自然、是生产方式以及经营内容问题。呈坎村还处在第一产业，即农业为主的阶段。1993年人均纯收入为150.27元。地处温州的永昌堡，则主要收入来自第二产业，其次是农业，同时第三产业正在急速增长。1997年人均收入达5000元。从呈坎到永昌堡，正是中国江南农村正在发生的不可逆转的城镇化进程。伴随着此过程的经济结构的变化，给古村落带来的影响是深刻的、巨大的。最明显的，当农民转变为亦工亦农、工人及大小老板等等之后，他们对村庄的用地规划、住宅面积指标的要求，都会与原来有所不同。而产业的变化则对环境带来了影响，古村落的保护，只能在顺应这一历史趋势的前提下做工作才会有成效。

具体而言，第一要研究的危机，古建筑安全的消防问题，这绝对不是放几只灭火器就可以解决的。呈坎村每年都因火灾烧掉一两幢房子。汽车路、公路桥修到了村边，但因村内99条巷的最大宽度不足3米，火灾时消防车停在村外，村民们用脸盆端井水灭火；永昌堡多数文保单位周围，无法通行消防车。按消防规范，通消防车的车道应宽4米、转弯半径是12米以上。在多数江南古村落中难以实现。目前村内已经有小型消防车使用，我们在规划中要求负责文保单位灭火的消防支队，购置这种车辆，减小转弯半径至6米以内宽度可降至3.5米，同时在规划中开辟消防通道。如在呈坎村规划初期，我们提出：利用各家菜地辟出车行道，解决消防和运输问题。在永昌堡规划中保留原来水系，置水泵房。

与之相仿，由于街巷狭窄而造成的是运输问题。在中国的大部分地区，即使水系还在，汽车运输也仍然替代了船运。因为公路系统联系的地区，远比水系广、汽车速度及承载能力都较小型船只优越。但是我们接触的这两个案例中，古老的形态却成了实现这种转变的障碍，甚至酿成事端。呈坎村的运输，靠人挑、自行车驮和平板车运，手扶拖拉机进不去。永昌堡因第二产业的发展，机动车需求量急剧增加，但因村内多数街巷狭窄，一千余户的新城村，拥有百余辆的摩托车，却只购进十多辆小型运输卡车。为此先富起来的村民纷纷搬出了村庄，未走的村民策划修筑横贯村内的大马路的工程，并在1995年拆除了大马路对应的十余米宽的一段古城堡。这与他们在1980年代自发修筑古城堡的举动，形成鲜明对比。这件事激起相当范围内的争论，事件涉及众多的干部与群众，涉及省、市领导等等，目前仍未得到解决。

与道路相关的还有桥梁。古代江南的桥梁，下部通船、上部走人或牲畜。汽车时代的到来使一座座拱桥成为障碍，或者事故多发地段。一座座花岗石的梁式桥，不断地断裂，不断地加固、维修。永昌堡的数座明代桥梁就是这种命运。如今北门桥每两三天就出一次交通事故。我们在规划中提出了“近期拓宽、远期搬迁”的方案。文物部门和群众从不同的角度表示不满意，但这可能是现实方案。

新的农村住宅建设，又是牵动古村落千家万户的事情。虽然我们作为专业人员，能够发现和认识古代民居的审美价值。但在呈坎的调查显示，56%的居民对老式民居不满意和不甚满意。不满意的问题集中在，缺少上下水、光线不足、年久失修、位置朝向不好等。

在建新房的样式的选择上，50%的居民还要老样式，26%的人要赶新潮，24%的居民说“别人怎样我就怎样”。在永昌堡，人的想法更实际。要在底层办工场，上层住人，有钱就拆旧翻新，地皮有限时，虽占地只有一间房，却高达四层、五层或更高，叫做顶天立地。

青少年教育的问题与古村落保护有关。呈坎村在村外边建了一座小学，永昌堡则是在村里建小学。考虑的重点不同。呈坎村是在村边找一块宽敞的地方，让学校成为希望工程，将原来的小学校占用的祠堂腾出来，做博物馆。而永昌堡的领导似乎有进一层的考虑。他们看到年轻人纷纷出走，村里老弱病残渐多，为了让村里保持生气和朝气，为了将年轻夫妇留在村里，他们将村内最好的地块建小学。然而由于交通的问题没有解决，愿望尚未实现。

三、建筑遗产是古村落可持续发展的资源

古村落可以作为旅游资源，是今天众多人士都看到并在继续努力发掘的。在像周庄这样的年收入超过一个亿，西递村年收入超过七百万的榜样面前，哪个村不动心？这从一个方面促进了古村落的保护。我们在为北京、苏州这样的历史文化名城，未能早早地建设新城区、保护古城而遗憾的同时，却看到了周庄为保护古村而建设新村的努力。古村落成了巨大的财富。然而对于交通不甚方便，流动人口不够充足的地区，旅游业尚不能成为支柱产业，旅游收入也不能支持全村居民生活水平的提高。在此种情况下不仅不可能像周庄那样大搞旅游，更不可能在每一个古村落旁边再建一个新村落。那么，建筑遗产就因此不再是资源了吗？可持续发展的概念，是当代人的发展不要以牺牲后代人发展的可能性为代价。建筑遗产即使当代人不善于利用，但后代人从不同的领域加以利用的可能性，不仅存在而且会越来越大。

再说，仅以旅游作为文保的动力，其本质毕竟只是单一的物质刺激。旅游造成的破坏在近些年的实践中，也越来越明显地暴露出来。我们如果把视野放得开一些，我们就会看到国际社会、联合国教科文组织等更为关注的，是建筑遗产如何在当地居民的社会生活中获得利用。

（朱光亚 东南大学建筑学院教授　建筑史与中国园林研究专家）

◎ 东北谷仓

◎ 喜谷回家

◎ 晒谷场

首届研讨会论文选

古村落形成、发展的历史经验（提纲）

钱 杭

一、你们所说的“古村落”，主要是指那些在较大程度上保留了原来的村址范围、建筑传统（主要建筑物、建筑样式、建筑材料等）、民风民俗和对本村历史来源的记载（文献和口头传说）以及系统解释的村落。很显然，“古村落”不是指那里还保存着古代的生产、生活方式和社会关系，即使在这些村落中还有相当规模的家庭组织，也都是新的、经过发展变化和转型之后的产物。

二、根据以上标准和我们对现代农村的了解，所谓的“古村落”，如就南方地区而言，大多为南宋中期以后逐步形成并发展而来。由于历代战乱对农村长期而严重的破坏，大部分村落的面貌已发生了多次改变，至1949年新中国成立时，古村落所剩已相当有限；再加上新中国成立后几十年的政治运动和近20年商品经济浪潮的冲击，真正意义上的古村落（即在村址、建筑、民风、历史记载等方面保留了较多的古代遗存的村落）为数已不多。从根本上来说，任何村落都要经历一个形成、发展、兴旺、消亡、转型的过程，有些村落的历史还颇为复杂，呈现出或中断、或循环的形态。因此，现在我们所见到的古村落，也不过是“村落生命史”中的一个阶段而已。

三、现在，由于地方政府和农民对农村建设的选择已有了前所未有的自主权，因此，经历了历次磨难后保存下来的古村落，无论其性质多么有限、规模多么局部、数量多么个别，都值得我们认真研究，其生存环境大致可分为几种类型：

（一）地处农村区域经济的某个中间环节，与集镇相连接，与农民日常生活所涉及的范围相重叠，具有生存发展的自然的经济基础，如威廉斯金纳在四川中部地区所发现的实例；温州平阳的腾蛟镇、水头镇；江苏的周庄、同里镇附近都有这样一些依附着的古村落。

（二）有一些古村落交通便利，或处于大城市外围，或处于游览圣地，适合城市居民和海外游客日益增长的休闲、猎奇、探险、寻根、踏青的需要，具有长期的旅游价值，获得了生存发展所需的资金来源和社会普遍的兴趣，如八卦村之类。

（三）沿海和内地的移民母村。虽不具备上述条件，但有大量的反馈资金，使古村落获得了生存发展的外在的经济保证。

（四）以上条件一概不具备的。其他古村（如果至今还存在的话），势必将面临越来越巨大的生存压力，一般来说，他们是难以依靠自己的力量摆脱困境的。如果没有外在的帮助，只能听其自然，逐步消亡。不仅古村落如此，任何性质、任何形式的人类聚落的命运都将受到时代的考验。敲锅卖铁式的自救不仅无效，反而会加速消亡的过程。同时，中心城市的不断扩张，也会破坏古村落现有的生存环境。

（钱杭　上海社会科学院社会史研究室主任）

首届研讨会论文选

古村落的历史文化内涵

谢维扬

一、村落在古代和近代中国国土结构中的地位是一个非常有意义的课题。中国自新石器以来就有很发达的聚落文化。这种聚落文化是后来中国村落的前身。同西方相比，中国古代农村与城市的关系是有特点的。首先是城市发生在农村上，也就是村落的放大和复杂化。因此在结构和功能上，两者有内在的同质性。另一个突出的特点是城市对农村有领导的关系。这使得农村在大的尺度上成为城市所代表的社会目标的有机组成部分。在西方历史上看到的那种城市与农村的差别在中国古代不存在。尤其是中世纪以后。这对中国古代村落发展影响非常大。其中最重要的一点是村落有必要、也有可能发展出为社会整体所认可的所有基本功能。在这一点上中国古村落的质量规模在世界历史上几乎是独一无二的。而这些古村落所具有的历史文化内涵对于我们探视古代中国社会生活的全貌和细节也就特别有用。在考古上，秦汉以后村落遗址的发现甚少，这是一个缺憾。但是我们今天毕竟可以从本片记录的这些活生生的古村落实物中想象数百年前村落生活的许多情景，实在是太珍贵了。从历史的角度看，这些古村落实物的最重要的意义是证明了古村落在传统中国社会中与城市同质并附属于以城市为代表的社会目标和政治秩序的特性。

二、明清以来的大型村落的形成与中国自宋以后持续发展的宗教的重建是直接有关的。中国宗族是人类学上独特的现象。秦以前宗族是贵族政治的基础。而当时社会的一个属于古代的特征是社会成员的等级化的分裂。因此先秦时期农村人口的相当多数是不包括在宗族制度中的。秦汉以后是中国历史上第一次宗族重建过程。它在一定程度上扩大了宗族制度的社会覆盖面，但宗族间的等级性依然十分突出，实际上使宗族对中国社会的建设性作用受到限制。宋以后的宗族重建是第二次、也是对中国社会更具全面和深刻影响的宗族重建过程，尤其是在南方。由于有稳定发展的环境，至近代以前中国传统宗族的形态已经到达它的极致。其标志有三：一是亲族聚居成为农村人口地域分布的主流和终极模式。亲族聚居既是大型宗族活动发生的条件，同时也是在宗族目标刻意追求下出现的现象。这是大型村落出现和发展的最重要原因。二是宗族活动的教化和改善宗族团体社团、经济状况功能被突出，在满足传统社会运作的要求上体现其完整性和有效性。农村生活日益成为一种有自满足和自消解功能的生活单位。但同时它又不是真正封闭的，它向社会的内在的延展性特性仍然存在。三是宗教作为国家基层的替代的机制在国家政治制度中被稳定地肯定下来。在这个方面上，村落作为地方自治团体的特性得到很大发展并形成塑造中国传统社会基本面貌的一些重要结构性成分（例如中国绅士对传统社会生活的影响的发展）。所有这些，对于传统村落形成今天我们所看到的这些格局和内容，都有决定性的影响。从现代中国发展的要求而言，宗族作为社会生活的有机因素的历史应该已告结束。但在传统宗族制度下获得的某些生活经验，比如有关对村民教化和村民自身事务管理的经验，对现代生活仍有着借鉴意义。而很重要的一点是由于这些经验对于当代中国农民来说是根植于十分深远的文化传统之中的，所以，实际上是不会轻易被人为地抛却的。因此有必要认真发掘由这些古村落实物所体现的珍贵的历史文化遗产。

三、张仲礼先生曾经对19世纪中国社会结构性特征作过非常出色和重要的研究。了解古代所谓绅士的作用，是真切认识中国民间社会和经济生活真谛的一个关键。绅士的存在是传统中国社会的一个具有全局意义的特征。对于农村而言，新的绅士阶层的存在与否，是近代与现代形态的一个重要的分水岭。我们现在看到的古村落的形成与发展无不与古代和近代绅士阶层的活动有关。绅士在村落发展中的积极作用是实现传统社会中农村与全社会同质性的关键性因素。而传统村落也因此使其生活的文化质量具有相当的水准。绅士阶层的消失是近代以来中国农村的发展在文化质量上的退化。对于古村落的考察也促使我们思考如何在新条件下有效提高农村文化建设水准的问题。

走进古村落是一个非常有意义的课题。希望通过这组片子的推出，能在许多问题上引起人们广泛的思考。对当前农村的现代化建设和社会主义精神文明建设起到积极作用。

（谢维扬　华东师范大学中国史学研究所教授）

古村落现代化建设中可资借鉴的历史经验（节选）

卞百平

感谢大会给我有一个发言的机会，关于城市建设如何借鉴古村落保护的经验，我想谈三点想法:第一，作为我来讲，不是专家，我只是上海一个区的众多的城市建设者和管理者中的一员，怎么会对这个古村落的保护和发展感兴趣？我想有这样几点：一是，我在不满十八岁的时候到安徽农村插队，对农村有一份难以割舍的感情；第二呢，屋脊与根工作室的张安蒙老师，用她的实践、也用她的成果，激发起我对古村落的发展和保护、对古村落命运关心的一种社会责任。除了这两个原因外，我感觉到古村落的保护与发展本身对城市的发展建设也有许多可供借鉴的经验。

今天的上海是一个特大型城市。但是150多年以前，上海静安区这个地方还是麦浪滚滚，仅仅是一个村落。150年以后，静安区已经是一个繁华的都市的中心城区。城市它本身是村落发展的一个端极，而村落又是作为城市的一个初始。任何城市反观他的初始阶段肯定会有这样一个过程，所以村落的发展轨迹和城市有着密不可分的联系。因此我想，对古村落的研究可以反观城市发展的初始轨迹。在城市发展现阶段回过头去看古村落，我们可以发现许多时候我们背离了自然，没有尊重环境，没有尊重历史，从中可以透视我们在城市建设过程中的一些成败的经验。研究古村落的保护，也可以使古村落的发展，避免城市化进程的曲折。我们的城市在发展中走了不少弯路，现在来讲古村落的保护与发展，通过对城市发展的曲折历程的反思，也许能够帮助开发的古村落避免重复城市曾经走过的一些弯路。

比如说规范的制度、拆改留的比例的确定等等。因为在城市改造中同样存在拆改留的比例的问题。还有在开发与建设中还有几个关系问题。比如说，经济开发和环保、经济建设与可持续发展之间的关系。共同探讨城市与村落在建设中所遇到的共同问题，可以使古村落保护避免城市发展的一种曲折。另外，由于经济的原动力的问题，古村落一定是要发展的，但往往现在有这样几种情况：一讲发展就走极端。这肯定和我们的领导干部或群众当中的思想观念上的问题有关。改造就是拆了旧的造新的，城市化就是办工业、就是造高楼，把现代化或城市化归结成这样的一种想法是很极端的。另外一种情况呢，尽管有一些管理层或者我们的领导干部，知道保护也是一种财富，但是保护必然需要资金，而资金又来源于开发。在开发当中处理好和保护的关系是很难的。他知道要保护它，也希望保护，但是由于缺钱，想通过开发来积累资金。但一旦开发以后，就不是他能够主导得了的。最后影响了保护。所以我赞成昨天有的专家讲到的，开发必须是有保护的开发，从这个意义上来讲，旅游也是一种开发。但是这里面确实还要有一种指导，有一种规划的导控，古村落的保护与发展，要避免城市发展的曲折，必须走保护性的发展的道路。这里面讲的保护性发展的道路，可能规范开发与保护关系的处理尤为重要。

另一方面呢，城市在发展过程中同样也可以、并有必要借鉴古村落保护的经验。这次研讨会，有些专家提了许多比较好的建议，对我相当有启发。但是我感觉到，最值得借鉴的是可持续发展，就是对自然、对环境、对历史的尊重。

城市的改造当中有时比较封闭，对自然的认识，有的时候不像农村这样比较积极。但是实际上城市的改造、发展，同样应该有一个对自然、对环境、对历史的尊重的问题。往往有的时候，城市在初始阶段的发展，我们得到了一定的经济效益和社会效益，但是环境破坏了，直至到造成了一种污染，然后回过头来对环境进行治理，到那个时候，我们对污染所付出的经济代价，往往是当时曾经得到的价值的一个倍数。这有许多许多的例子。在这方面，人类也常常受到自然规律、包括生活规律的惩罚。所以我感到，古村落的研究对城市建设和管理者来说，至少可以从两个方面获得教益。一是帮助古村落在开发建设中，注意汲取城市建设的经验教训，注意历史与文化遗产的保护，避免城市化道路进程中的曲折；二是现代化城市的建设与发展，也可以借鉴古村落所以能够保存至今的历史经验。

古村落保护是艰巨的。因为建筑的本质不是文物，它不能放在博物馆里面与世隔绝。它本身有一个自然寿命的问题，一般为七十年到一百年。所以要保护，代价是巨大的。有的时候修缮比造新的成本还要高。我们上次到新加坡就了解到，住房成套改造的资金似乎是新造的四倍。这里面有一个经济代价的问题。

其次，建筑是人住的。而人的生活理念必然随着经济的发展和社会的进步而改变。人的欲望必然是向着居住更完善、更能满足各种的生活需求而提高。所以他们对居住的条件会提出更高的要求，就会对怎么保护提出更高的要求。

再次，保护还有一个观念上的压力。前面我也讲到现在农村比较落后，人们的生活水平要能够不断提高的话，经济就必须发展，而经济要发展，必须改变传统的生活方式，甚至一定程度上牺牲环境。像古村落这样的建筑，在城市化的发展过程当中或迟或早会被破坏，最终可能也会拆了再造。所以从经济意义上来说，保护有点得不偿失。因此，古村落保护如何才能真正落到实处，将会是我们长期研究和探讨的一个课题。

下面我想简单地介绍一下我们静安区在老建筑老城区改造过程中所做的一些尝试。 静安区是上海市的中心城区，面积7.62平方千米，人口38万，在上海是一个比较小的区。但这个区的新式里弄房子，在全市却名列第一。花园住宅有450多幢，全市第二。所以它不同于周边其他一些地区。周边地区把它拆平再造一个新区，完全可以。但作为老区的话，必然会有一个保护和留的问题。因为静安区在新中国成立前曾经是个保护区。公共租界和华界混杂在一起，有各种各样的房屋，有些是历史古迹。如果上海在改造中把它拆为平地建一个新都市的话，那么它就不是上海，它将是一个没有文化、没有历史的上海。

我们的指导思想是“走坚持历史、现实与未来紧密联系”的道路。尽可能做到维护城市历史风貌与改善居民生活的紧密的联动，开发城区的功能与促进经济的增长，优化市容环境与提高城市的文化品位的紧密的结合。

（卞百平　时任上海市静安区人民政府建委主任　现任长宁区委书记）

30多位著名史学家建筑史学家联合呼吁
救救古村落
光宗耀祖的延续
古村落回答：我是谁！
沉重的命题
——“中国古村落发展研究讨会”侧记
石库门与古村落
动态
保护古村落 研究古村落
——中国古村落首次研讨会会议纪要

完全是在好奇和兴趣的驱动下开始的，
它是人性中的那份自然美和对自然与社会中的大美
在偶然的瞬间的一次击掌共鸣！
没有宏观发展和微观布局的方略、策略的引领，
没有任何功利色彩和物质目标诱引的追求，
在我们意识深处活跃着的，是对过去和未来的
重新思考、探索与发现的冲动——
首届古村落研讨会拉开了“屋脊与根"事业的序幕！

2002年，我们开始酝酿第二次研讨会。在相当一段时间里，我们能做的就是举办研讨会。它是一个平台，承载三个功能：传播、聚焦、交流。其中，聚焦是核心价值。只要你贴近生活、贴近社会、贴近百姓，聚焦的问题大多具有现实性和时代感。

研讨会能解决多大的问题？专家学者们的声音能传到多高多远？古村落保护与开发的矛盾如何“对立统一”？村民改善生活的合理需求与老房子保护的矛盾重重：政府与开发商与老百姓三者之间的利益冲突如何营造和谐社会？利益驱动下的开发和“跟风大潮”，对古村落保护构成的威胁与危机如何规避？对我们而言，时不我待。古村落面临的机遇和挑战迫在眉睫。

中国城市经济学会秘书长杨重光从古村落事业发展的角度出发，
把我们推荐给由著名经济学家于光远、杜润生创办的中国国土经济学会。
国土经济学会理事长、国土资源部原部长王先进接纳了“古村落”。
于是，“屋脊与根”的使命由此走上了“大国土”经济发展的范畴。

第二届中国古村落保护与发展研讨会（2002年4月）

第二届研讨会由中国国土经济研究会主办，于2002年4月在浙江省浦江县搭山宾馆召开。

原建设部部长叶如棠出席了会议并作重要讲话。叶如裳在会议前，用一周时间考察了浙江省温州、金华等地区古村落。因此，部长在开幕式上的讲话，有事实依据，有理论高度。他提出，必须把古村落保护上升到政府主要领导工作的层面上。这无疑是敲响了警钟！

研讨会在浦江郑宅召开。郑宅不仅是一个大宅门，而且历宋、元、明三朝被皇帝敕封为“义门”，可谓古代精神文明之家。但是，2002年浦江会议的时候，这座历时数百年，十五世同食共炊的家族村落，所遗存的老房子已经不多了。号称占地五千多平方米，大小房屋六十四间的郑氏宗祠也仅存不到三分之一。

古村落保护“不只是老房子”，“保护古村落，就是保护我们的精神家园”，成为第二届研讨会的主题。

第二届研讨会图文纪实

◎ 中国城市经济学会秘书长杨重光致开幕词

◎ 卞百平和孙达人

◎ 与会代表与部长合影

◎ 与会代表在古塔下合影留念

◎ 国土经济学会秘书长柳忠勤致闭幕词

第二届古村落保护与发展研讨会会刊目录

立足保护 合理利用 使古村落保护纳入可持续发展轨道

叶如棠

中国古民居是中华民族宝贵的建筑遗产，包括古村落在内的中国民居，是一座巨大的建筑宝库。但现阶段古村落保护却面临来自各方面的挑战：

（一）农村迫切要求改变传统居住方式；

（二）农村奔小康，民居变洋房；

（三）开发商掀起新的“造城运动”；

（四）有关各方认识不一，步调不一，实践中带有盲目性与片面性；

（五）古村落固有的生态环境已遭较严重破坏。

为此，当前推进古村落保护和利用应着力探讨以下问题：

（一）立足于可持续发展，以发展求保护，以保护促发展，是古村落保护应坚持的原则

有条件的要尽量发展居家旅游，同时强调要有一定数量的村民留在村里，这样民俗民风才能延续，村里生气活力才能保持。如果全都搬到新区去，旅游是具有季节性的，淡季时就会变成死村，这显然不利于其保护。也并不要把古村落所有房子都保留，应保留有价值的房子，坏得厉害的拆掉，疏散密度，增加点小型绿地。重点要针对古村落不同于一般历史街区的特点，在保护与发展的关系上，更好地处理两者关系，使之紧密结合，有机统一，而不能过多地强

原国家建设部部长叶如棠

调绝对保护，绝对保护的责任在政府。在古村落里，第一保护责任人在政府，不能对百姓过分强调。绝对保护范围在古村落里只能适当地确定。

（二）要在重视对象（古村落）的同时，重视保护机制与途径的研究与探讨

保护的对象不一样，保护的途径也不一样。我们沿途考察，浙江已作了许多有益探索。如芙蓉村的开发模式。他们组织一个文化旅游开发企业，由政府所属企业持股52%，另外有村民或其他组织参与48%，使政府成为大股东；兰溪诸葛村集体经济组织持51%股份，村民持49%股份。“江南第一家”的保护已列入国家重点文物保护单位。由于一家不能成气候，浙江省建设厅已明确，在村里划出一块作为历史文化街区开发。对这个街区的保护和开发责成一个企业来承担，然后当地政府让它对开发利用范围有50年的经营权。当然有关保护、规划建设的要求要服从政府的指导、调控，这也是一种不同类型的模式。总体看来，在古村落保护中，政府的直接管理是很难的，也不可能搞到位的，政府管理是在政策的指导，规划的指导，再加上组织专家在技术上、学术上把关，让企业去操作发展这条路。这种企业有两种形式：一个是村民委员会组织集体经济组织和村民组成有限责任公司；一个是实实在在的房产开发商企业或其他企业直接参与主导开发利用，还可能有其他模式出现。对古村落保护不能完全沿用一般历史街区和文物建筑保护方式，在保护的途径上要做多方面的探索。

从构建地域性的有特色旅游网络角度来考虑，开发古村落旅游，组成一个完整的、丰富多彩的旅游配套或网络，再有一个有实力的企业，把全过程地域性的旅游汇集起来，形成综合文化旅游企业也是一种办法。以金华为例，金华地区有多种旅游资源，由政府直接控制管理不合适，让政府管辖下的企业搞是可以的，把各种旅游文化汇集起来，搞成旅游套餐，特色旅游，这也是可探讨的。这方面浙江各地正在做，这是研究古村落保护的途径和开发机制。你们这次研讨会把名字定为“古村落保护与发展”这非常好，发展就不光是保护，发展和保护关系处理好了，可互相促进；如处理不好，就会产生矛盾。从建筑的保护来讲，不是一味地突出讲保护，当然最好是绝对的保护。但绝对的保护是做不到的，少量的绝对保护和多数的在发展中保护相结合，我看这条路子是不错的。

（三）要特别重视专家学者的意见，吸纳更多专家学者参与到古村落保护与利用的实践中来

浙江这方面做得不错，在做保护规划方面，如请了陈志华、楼庆西教授做规划，“江南第一家”是同济大学作的。当然还有别的单位参与到古村落保护发展事业中来，这非常必要。专家和学者是我们建筑遗产或者文化历史遗产保护的先知先觉者。我记得40年前，还在大学读书时，看到《建筑学报》专集封面刊登的浙江民居照片，我说有什么了不起，浙江这东西多了，哪儿没有？ 40年后再来看，浙江民居所留下的，城市是见不到或非常少了，好不容易留下的东西残缺不全了，金华好多东西已经没有了。也就是你可以提出问题，可他的研究成果往往最后就变成了图集、书、文字，到此为止。但保护的问题你解决不了。你得发现问题，提出问题，解决问题。如果没有专家学者参与，你的保护就可能走样，很可能出现随意性、盲目性、片面性，因为你可能把握不住古村落文化内涵、历史内涵的精华所在，而做表面文章。

（四）要重视古村落的环境保护和生态建设

古村落保护要有专家学者参与到古村落的环境保护、生态建设中去。日前考察古村落除了看到楠溪江的林坑、岭上人家、武夷县郭洞等少数几个以外，古村落周围和内部环境都不太理想。但现在重视还都有改善和提高的可能。在对古村落实施保护和利用的同时，要安排生态环境改善这方面的内容。要重视特别是水环境、绿化环境。当然，对旅游者来说，最好是三者结合，又有自然风光，又有文化特色，又有旅游。当然，纯粹的文化考察，文化旅游也有，但这些消费群体毕竟有限。现在多数留下来的古村落现有的生态环境都不理想。我觉得，都搞成像郭洞那样的生态自然村，是不容易做到的。那儿有座山，那里山上的古树有600~700年，很多很多，生态环境非常好，这方面诸葛村也比不上，我跟诸葛书记说：你们要在改善生态环境建设上补补课。虽然先天条件不好，地势四面高，中间低，只有地表水汇集，没有径流的导出口，但可以用引进水的办法，把污水顶出去，改善环境；八卦村现在以梯田为主，没有植被，以前郁郁葱葱，林木繁茂。将现在的梯田再恢复过来，并不难，效果会好得多。

又如“江南第一村”那条白麟溪，在镇上流过500米长，溪很好，曲曲弯弯，原来两岸跟白堤一样，一株杨柳一株桃，非常美。现在都打成水泥地了，基本上没有树，水也没管好，乡镇企业污水往里排。路呢，原来的青石板，两边碎石镶嵌的不见了，现在抓紧规划，那很好。现在搞恢复，不但要恢复建筑，还要恢复生态环境，要适应现代人的观念。拆掉没有价值的房子，增加点树，适应游客旅游的需要。

（五）要在挖掘古村落的历史文化积淀和乡土民俗民风上下功夫，努力形成不同古村落有特色的品牌形象

这村那村不一样，要发掘有特色的重点古村落，如郭洞的自然环境、建筑艺术相当高。郭洞的家训很有意思，上山砍柴，砍一棵小树，砍一根手指，砍一棵大树，砍一条手臂，还要到宗祠去请罪，这些很有文化底蕴，重视生态环境；在家族家规里，还有对女婴保护，对教育的重视。郑宅也有类似的，不许弃婴，生女孩还给钱。这些文化积淀，民俗民风挖掘一下，对重点古村落多加丰富，简化、浅化一般性的农家的风格，这有必要，也是做得到的。我跟市委书记说，你们诸葛八卦村，作为古村落保护是最完整的，我看在全国是少有的完整，是没有可比的。江南古镇六个镇，都是局部，没有一个是全部。因为局部，古镇和新镇的关系难以协调，古镇本身面貌不全，古镇建设上的特点也是残缺不全的，对这些重点地区，向深度挖掘其特色，提高重点古村落的知名度和发展前景，非常有必要。

保护和利用好古村落，亟待各地出台有力措施。前面我说了，发现问题，提出问题。提出呼吁，那是专家的本分，他的长处。解决问题，还是主要靠地方政府，地方政府要将此事纳入议事日程。浙江那么多民居古镇的财富，现在只留下来一小部分。当然，我们不可能全部保留下来。如果政府早点摆上议事日程，可能一些目前还有价值的东西，就可以及早地规划保护下来了。

1. **要组织社会力量，开展调查，摸清古村落真实遗存。**组织社会力量，特别是有关专家参加调查，摸清古村落真实遗存，有多少具有价值的，为下面编制古村落保护规划提供依据。

2. **要组织编制古村落保护和利用规划，分期分批实施**。编制规划，保护古村落。光有规划还不行，规划规划，墙上挂挂，不及早实施，古村落再过几年就没有了。有了规划还要分期分批实施。

3. **要制定古村落保护与利用的有关规定，包括政策规定与必要的投入渠道**。为使古村落保护这量大面广的活动，体现政府政策引导，规划调控,必须制定相关规定，包括政策法规和必要的投入渠道。有一整套规定，包括老百姓所有的房子，你要修，要接受指导，你出钱，政府想办法补助，都有许多具体规定。古村落不能以政府投入为主，但政府政策引导不可少，也必须有经费投入。听说诸葛村的规划经费，还有楠溪江、芙蓉村都是政府给的，这是必要的。你还没开发起来，就叫村民出钱，他不懂这个道理，政府要制定有关规定和必要的投入渠道。

4. **要明确地方政府中相关部门的职责，并有必要的办事人员**。现在古村落保护，不少部门都介入进去，第一个进去的是旅游部门，一个是文物保护部门。我了解了一下，政府建设规划部门，好多地方没介入，**我个人的观点是建设规划部门不仅要介入，还应该是牵头单位**，因为城市建设都归你管，你主要搞规划，不是具体的建设部门，那古村落的保护一定要有规划的，历史街区的保护，是宏观协调工作，文物部门必须参加，因为有历史文物挖掘保护，国土资源部门也要参加，为什么呢？你开展农家旅游后，实际上有些农民要搬出来，不能住在这里。这里有农民宅基地置换相关活动。随着商贸活动多了，工商管理部门也要介入。诸多部门要靠地方政府来明确相互间的职责，不要扯皮，就要有一家有牵头的。先知先觉的专家在几年前，建立了非常多的古民居资料，幻灯片、图片资料成千上万，什么都有。这些资料非常可贵。可是现在，很可惜绝大部分的建筑都不存在了。这些工作，部门之间的协调，社会力量组织，要靠政府来号召，形成一个古村落保护与发展的力量。现在尽管起步晚了点，但毕竟还有很多可保护的东西，这次会议应该从保护和发展的角度出发，去研究，去探讨，要跟实践结合起来。

希望你们这样的会不断地开下去，吸引更多的人参加到古村落的保护发展事业中来。

（叶如棠　前建设部部长全国人大环境资源保护委员会副主任）

（根据录音整理）

第二届研讨会论文选

保护我们的精神家园（节选）

孙达人

我们的中国乡村史研究会是很冷门的。乡村社会史说说重要，做起来次要。但这次我们能参与研讨会很高兴，我代表研究会对这次会议的成功召开表示祝贺。

我对郑宅的注意已经有好多年了。郑宅的价值非同寻常。主要是有这样两点，其一，作为一个家族，能有文献的，在中国只有孔孟之家。但是，郑氏家族却把自己家族的文化完整地保存下来。我这里说的文化是狭义的，是指文物，家谱、还有祯录，就是皇帝们下达的诏书，完整地保存下来等。郑宅还有一个《麟溪集》，是当时在全国有影响的名人，在这里写的、记录的东西收编在一起的集子。中国文化的基因，就是家庭，就是家谱，宗谱。解剖这些东西，是中华文化核心上的东西。 其二，中国的义门每一代都有，但宋以前的义门，郑宅可以说是绝无仅有的。尽管在明朝中期以后，这个家族逐渐衰弱，但他们仍旧能聚居在这儿，所以他们能把物质家园——郑宅，保留下来。

研究郑宅，可以看到中国乡村社会的历史性演变的东西。郑宅的价值远远没有被我们认识，远远没有被我们充分估计，更远远没有得到开发，这个问题

祖孙俩

是大问题，是大文章啊。今天县长书记都来了，很重要。这样的事在县里没有县长书记来下手啊，坦率地讲，摆不到重要位置，你们来了，希望能下大力气抓。

关于保护与开发。其实开发和保护是一回事。假如我们的开发只是破坏，那叫什么开发；假如我们的保护只是让他不动，那也不是保护，是守财奴、败家子，捧着金饭碗没饭吃。

这些年，物质家园的保护是大有长进，有目共睹。但我们确实感觉到了失去了精神家园。这太重要，现在很多人非常浮躁，就是精神家园的问题。拿郑氏义门来说，维持了15世，我算了有360多年，这一家族维持了300多年，这让我们现代人汗颜。这不是说我们都要学郑氏义门，但这精神很可贵。我们现在的人有了钱，一世都保不住，十年都保不住。有权坏了，有钱坏了，吃喝嫖赌都来了，看看郑氏家族，让我们感到汗颜。

还有一个环境问题。我以为郑宅的环境应该是很好的。可是，我第一次来很惊讶，麟溪怎么这样！宋濂从政的结局不好，69岁时因孙子犯罪牵涉进去，被充军到四川的茂州就是现在的羌族自治州，走到三峡的地方，老先生死了，72岁。他临离开这里的时候，写了一首诗《别麟溪》。我把它已经背下来："平生别无念，念念在麟溪，生当长相思，死当复归来。"宋濂在当时是非常有学问的而且文采又好的人，他为什么喜欢麟溪？因为麟溪周围的环境太漂亮了！但是现在的麟溪，我还是要说，这麟溪怎么是这样啊？

我去过郭洞，郭洞很漂亮，它周围的山是风水山，这山上的树是绝对不能砍的，砍树村子就葬在山下，山体滑坡。所以600多年来，山上莽莽苍苍，真像原始森林。那天我去郭洞，下大雨，我简直感到是世外桃源，人得到了净化。谁想要把中国的文化精神搞出来，没有环境不行。为什么？中国的国画是山水画；中国诗中最动人的是山水诗；中国游记最好的，是以柳宗元为代表的这些游记，包括徐霞客的游记最漂亮，《水经注》也是如此嘛！所以文学与诗画假如没有自然与人文环境来配合她，就产生不了中国文学与诗画。保护古村落，保护古建筑，如果没有环境，那就是败笔。

（孙达人　浙江中国乡村社会史研究会会长　历史学家）

（本文根据作者发言录音整理）

第二届中国古村落保护与发展研讨会闭幕词

柳忠勤

各位专家、学者、女士们、先生们：

历时两天的第二届中国古村落保护与发展研讨会现在就要结束了。两天来，来自北京、上海、浙江、湖南、安徽、广西等地区的朋友们齐聚一堂，通过理论研讨、参观考察，从理论与实践的结合上对我国古村落的保护和发展这一时代命题进行了科学分析。我们之所以把这叫做“时代命题”，因为这是如今社会经济高速发展，生态环境受到严峻挑战，而作为蕴含有厚重文化内涵的民族特产——古村落的保护问题也就成为一个时代凸显的话题，需要我们去研究，去解决。

我们十分有幸的是，本次会议请到了几位极具权威人士的大力支持，我国著名经济学家于光远先生接受了我们的专访，并为会议题词，我国古建筑学界，文物界泰斗郑孝燮、罗哲文先生分别发来贺诗和贺信。全国人大环境资源保护委员会副主任委员叶如棠先生专程到会为我们作了专题报告。这些老前辈、老领导的支持无疑提升了我们的会议层次，为我们会议和研讨指明了方向。

两天来的研讨成果表明，首先，古村落的保护与发展符合我们国家和民族的长远利益，也符合我国经济社会可持续发展的需要。一位哲人说过，凡事应运而生。研究古村落，保护古村落，发展古村落是时代赋予我们的任务和事业，因此，这是一项意义重大，前程辉煌的事业，是一项值得我们为此而努力奋斗的事业。

其次，古村落的保护与发展上需要讲科学。要用科学的方法来看待这个问题，解决这个问题，要坚持保护与开发并重的原则。在保护的前提下开发，在开发的过程中讲保护，失之偏颇便会带来永久的遗憾。

第三，古村落的开发与保护要重规划。从目前已知的情况看，由于急功近利，盲目开发、无序开发的现象都很严重，因此，通过地方法规及村规民约的方式推动规划先行，是古村落保护与发展有序、有效进行的必须途径。

第四，要实事求是地看待这项事业。我们所从事的事业是一项功在当代，利在千秋的事业，造福子孙后代，但我们必须清醒地认识到，这项事业所取得的每一项成功都与我们的艰苦努力密不可分。我们需要通过舆论来引起全社会的共鸣，需要通过政府来获取政策的保障，需要通过企业家来获取资金的支持，如此等等，都有大量的工作要去完成。

第五，古村落的保护与发展还要有组织的保障。今天，我们通过了《中国国土经济学研究会古村落保护与发展委员会的章程》和组成人员。我认为，我们有了这种组织形式就可以联络，组织方方面面的力量来开展这项事业，推动这项事业快速向前发展，使之在我国的现代化进程中发挥更大的作用。

我们这次会议得到了浦江县委、县人民政府，郑宅镇党委、政府的大力支持，谨此，我代表主办单位和与会的全体同志向你们表示衷心的感谢！同时我们也希望在今后的工作中加强联系和沟通，尽我们的力量为浦江的进一步振兴和发展尽绵薄之力！

我们这个时代是一个伟大的时代，是一个人才辈出、各显其能的时代，让我们在党和政府的领导下，整合资源，优势互补，共同努力，与时俱进，把古村落保护与发展这项事业有声有色地开展起来，使之成为国民经济建设进程中一个闪光的亮点。

现在我宣布，第二届中国古村落保护与发展研讨会胜利闭幕！

（柳忠勤　中国国土经济学研究会秘书长）

◎ 1998年摄：郑氏宗祠门头

◎ 遗址：孝感泉

◎ 宋濂曾在此讲学

◎ 郑氏宗祠修复后成为廉政教育基地

◎ 2003年摄 郑氏宗祠内景

■文化园林

屋脊与根的思索

第二届中国古村落保护与发展研讨会暨“江南第一家”文化经济研讨会侧记

□童俊伟 徐利民

重的使命》为题谈了自己的感受，也使与会的专家学者清醒地认识到保护和发展古村落已刻不容缓。清华大学建筑学院陈志华教授说，一个物种的灭绝是重大的损失，全世界都已经警觉起来，尽全力保护濒危物种，成立了组织，设立了基金，开展了宣传，也立下法律严厉惩办那些伤害这些物种的人。但是，一种文化的灭绝是更大的损失，似乎世界还缺乏足够的警觉。我们的古村落文化是最大多数人的文化，由整个民族在数千年的时间里塑造、锤炼、丰富、积累而成，有的已经消失，有的正处于濒危状态。古村落文化最大的一宗，并且作为古村落文化存在与发展的物质环境的古村落建筑，正在迅速地走向灭绝。如果不赶紧下大决心抢救，我们将永远失去它们，那损失难道会比死光了大熊猫或者金丝猴小吗？

会议认为，古村落的保护与发展需要各级政府的高度重视和有关部门的切实工作，同时需要制定相应的法律、政策和规定。在中国文物学会会长罗哲文的建议和推动下，在众多专家的呼吁下，本次会议成立了专门的“中国古村落保护与发展委员会”，该组织将大力促进保护与发展古村落学术研究，出版刊物，拍摄电视音像，培养人才，提供咨询服务等。

研讨会最后，专家们大声疾呼：救救古村落！对于已经濒临毁灭和已绝迹的古村落我们已无力回天，但我们

救救古村落

日前，30余位国内著名的史学家、建筑史学家聚会浙江，研讨中国古村落的保护和发展时呼吁——

第二届中国古村落保护与发展研讨会暨『江南第一家』文化经济研讨会开幕

本报讯 12月9日上午，由中国国土经济学研究会、中国城市经济学会、中国文物学会等单位主办、郑宅镇党委政府承办的第二届中国古村落保护与发展研讨会暨“江南第一家”文化经济研讨会在我县隆重开幕。

国家建设部原副部长、全国人大环境资源保护委员会副主任叶如棠，浙江中国乡村社会史研究会会长孙达人，市交通局党委书记卞百平，中国城市经济学会副会长杨重光、中

叶如棠在金考察古村落

本报消息 12月6日至8日，全国人大资源与环境保护委员会副主任委员叶如棠，在省人大农业资源环境保护委员会副主任委员黄家矩、市人大常委会副主任黄大先等的陪同下，先后考察了我市武义俞源、郭洞、兰溪诸葛村、浦江郑宅等古镇、古村落保护情况。

叶如棠对我市的古村落保护给予了充分肯定，并对进一步做好古村落的保护和开发提出了许多建议、意见。他要求进一步加强古村落文化内涵的挖掘，为今人所用，并做好古村落周围自然生态环境建设。

市委书记、市人大常委会主任汤黎路，市人大常委会副主任黄友源看望了叶如棠副主任委员，并就城市规划建设有关问题进行了座谈交流。（钟庆华）

保护古村落 研究古村落

第二届中国古村落保护与发展研讨会昨在浦江举行

本报消息 昨天，第二届中国古村落保护与发展研讨会暨“江南第一家”文化经济研讨会在浦江举行。来自全国各地的有关部门、科研单位、高等院校的60多名史学家、建筑学家、人文地理学家、文物保护专家参加。这次研讨会由中国文物学会和浦江县人民政府联合主办。

全国人大常委会环境保护委员会副主任、原建设部副部长叶如棠出席开幕式并讲话。他说，加强对中国古村落的研究和保护，有利于促进和加快我国农村现代化建设，对于实现十六大根

“美哉，古村落”展会（2003年）

俄国著名的美学理论家别林斯基说：
“艺术的目的在于唤醒
本来沉睡着的情绪、愿望和情欲，
使他们再活跃起来，
把心填满……”

中国古村落不是别林斯基这里所说的艺术门类，
但是，走进古村落，
足以使你“把心填满”！

2003年仲夏，
上海展览馆内第二届春秋国际旅游展会上，
《美哉，古村落》成为一道亮丽的风景线。
筹备中的古村落委员会首次在都市舞台上亮相。

展会盛况

◎ “美哉，古村落”展区

◎ 龚学平在展板前驻足观看

◎ 时任上海市人大常委会主任龚学平为“美哉，古村落”展区题词

◎ 带着清新和生机的古村落展区吸引了众多观众

◎ 诸葛村展台

◎ 会同县高椅村展台

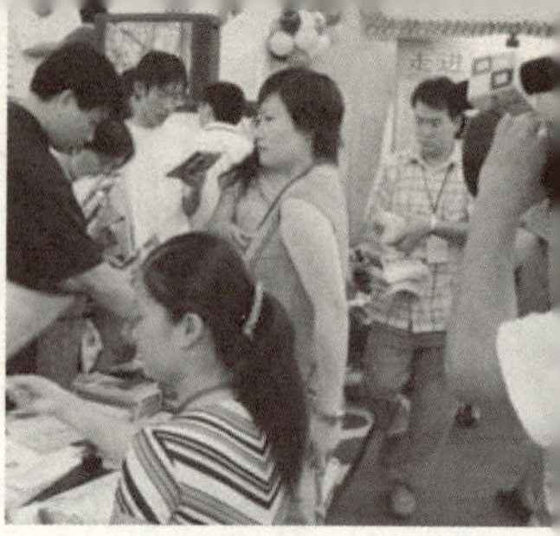

◎ 永嘉县楠溪江古村落展台

◎ 诸葛村少年团展会诵读《诫子书》

◎ 土特产和乡土纪念品受市民追捧

◎ 红辣椒吸引眼球

古村落成旅游新亮点

这些传统村寨独特的历史、文化、经济、旅游价值正越来越为人们所认

■文/本报记者张立行

最近，在上海举办的一次国际风景旅游展览会上，过去乏人问津的中国传统“古村落”却成为备受全场关注的亮点。“古村落”展位前参观者如云，展位送给参观者的材料数量也居各参展展位之首。

面对这一盛况，展览现场的中国古村落保护与发展委员会秘书长张安蒙感慨地说，中国“古村落”独特的历史、文化、经济、旅游价值正越来越为人们所认识。

遵循“天人合一” 讲究“择吉而居”

据张安蒙介绍，从学术上讲，所谓的中国古村落，是指那些已经有五六百年以上历史的村寨。这些村寨大多由一个庞大的家族组成。村寨里有家族创业始祖的传说，有家族兴盛衰败的记载，有祖传的遗训族规。这些村寨在选址方面遵循古代堪舆学的理论，讲究“择吉而居”，建筑布局大多以“天人合一”为基本思路，一般有河山作为自然屏障，便于生存、发展、繁衍，所以风景都比较好。另外，这些古村落建筑风格独特，有较高的文物民俗人文观赏价值和审美价值。

经过中国古村落保护与发展委员会的初步调查，目前符合这些条件的、保存比较完好的中国古村落大约有上百个。这些古村落主要分布在江苏、浙江、安徽、江西、湖南、广西、贵州、云南、吉林、广东等地。除了汉族的古村落，许多少数民族的古村落，如贵州的千户苗寨，贵州布依族的石头寨，湖南侗族的黄土村，广西侗族的程阳八寨，云南纳西族的束河村等同样别具特色，而且由于地处偏远的大山深处，这些村落的面貌，人民的风情更为纯粹。此外，少数民族古村落中的公共建筑和文化设施，如鼓楼、戏台、廊桥、庙宇、祭坛等，既有其本民族的鲜明特色，又糅合了汉文化的元素。

中国的传统古村落在旅游市场是一颗“新星”，潜力无穷。事实上，目前不少中国古村落已经成为旅游的热点，如湖南的张谷英村，浙江永嘉的苍坡村、芙蓉村，浙江兰溪的诸葛村，安徽徽州的宏村、西递村等，都已闻名海内外。

保护严重滞后 开发急功近利

不过，张安蒙也认为，现在有一个十分值得注意的倾向，即对古村落保护的力度远不及旅游开发的力度，两者的关系有些失衡。中国文物学会会长罗哲文也说：“古村落绝不是摇钱树。在旅游大开发的背景下，古村落可以利用开发，但必须贯彻保护第一的原则，合理利用。利用得不好不仅会影响保护，甚至……破坏。”

张安蒙……

……些古村落在开发方面确实急功近利，有的开发甚至是毁灭性的。这里有两种情况。一种是迁旧建新。如某古村落为了推出新景点，打起了搬迁古建筑的主意，将村落中保护完好的乾隆年间的牌楼以及马头墙拆走，并与新建的景点放在一起集中展示。古建筑搬迁是文物保护上不得已才作出的选择，是下下策。把景点集中起来进行开发，是完全违背文物保护的基本原则的。

另外一种是毁旧造新。如浙江某古村落，开发前，村民生活几乎处于贫困状态，而开发以后，一些村民把自家的古代建筑拆除修成了客栈，并取得可观的经济效益。这让另外一些村民看到了致富的希望。于是，村里几乎一半的村民都开始改建自家房屋，搞“餐饮住宿一体化”。崭新的木料一排排地上了房，门前古老的石板地面被铺上了水泥。结果，这些具有文物价值的老建筑几乎遭到毁灭性的破坏，古村落那种原始质朴的感觉损失殆尽。这种做法，实际上也将古村落不可再生的旅游资源给破坏掉了。

张安蒙表示，目前对……的保护，无论是在……体的行政措……

浙江永嘉芙蓉村的一位老……

古村落保护不容乐观

湖南张谷英大屋一景

早报记者 顾维华

由中国古村落保护发展委员会等单位联合组织的“美哉，古村落”展示会将于8月22日在上海举行，浙江永嘉县的宋元古村落群、兰溪县诸葛村、湖南会通高椅村等一批中国古村落首次“联手”亮相。据介绍，这次展示的大多是保护相对较好的古村落，以图片与文字的方式进行展示。

据中国古村落保护发展委员会秘书长张安蒙介绍，被称之为古村落的，是指至今已有五、六百年以上历史，且大多由一个庞大的家族组成，村落里有家族创业始祖传说，有家族兴盛式微记载及祖传族规等；建筑布局上，古村落多讲究“天人合一”，有着浓郁的儒风。

当前，由于现有经济条件的制约，农民自身对现有生活状况改善的需求和古建筑保护之间存在的冲突，使保护与文明的追求也处于一种尴尬的两难局面。乡村工业化以及急功近利的开发对古村落生态资源、传统建筑已构成了严重破坏。据统计，近几年，在浙江、安徽等地的偏远乡村，由于无力投入保护资金，一些古村落里的老宅因自然、人为等原因已被破坏三分之二左右。

一直关注古村落保护的同济大学建筑城规学院教授朱晓明认为，古村落大多有较强的历史沿革，古建筑分布广泛，但规模同城市相比却小得多，主要是民居、祠堂、戏台等乡土建筑，由于村镇一级没有文物保护人员，很容易被随意拆除、破坏性使用；另外，村民大多只愿享受保护带来的益处，而并不愿负起保护的责任。

浙江楠溪江古村落 IC图

Ⅳ重创&复苏

（2004年春—2006年8月）

这是我半辈子人生中最为暗淡的日子。
我目送着朝夕相伴了三十年的亲人
一天天地向死神走去。
我从来不相信有一种力量是不可抗拒的，
我从来不以为有什么失去是不可挽回的。
当这一切突然降临的时候
用了几十年的时间形成的人生观、世界观、价值观
在一个瞬间
被彻底
颠覆。
我仿佛和他一起站在死亡边缘，
我仿佛随时准备跨过这道门槛。
前面所有的积累不过是一堆粪土
后面还有的岁月不过是朝露暮色。
霜打重创的日子里，
朋友问我，
“从哪里走出来？”
我想了想，
“还是走进古村落！”

2005年秋冬时节，

我走进了中国国土经济学会的大院，

推开了柳忠勤秘书长办公室的门，

递上了《关于中国古村落保护与开发利用的研究历程和新一轮工作思路》

我说，我回来了！

关于中国古村落保护与开发利用的研究历程和新一轮工作思路（节选）

一、研究的初步成果

1. “中国古村落”的概念范畴和绝对定义；

2. 掌握了一批有价值的古村落的相关资讯；

3. 初步形成了对古村落保护与开发利用的概念。

二、“古村落”的开发价值和概况

村落是一个小社会。古村落更具有深厚的人文历史积淀。其政治、经济、文化、教育、历史、地理、自然景观、建筑、园林建乃至法律、乡俗等，在国家大的政治制度下与文化背景中，许多村落都有着自己独特的个性和体系。

古村落是中国的一个缩影。是中国几千年历史文化的一个活着的标本。

我们说的古村落不是今天依然古典的概念。古村落在历史上的辉煌正显示了他们一贯的“与时俱进”的能力和文化理念。因此，今天的古村落大多数已经站在地区经济开发的前沿，成为地区旅游经济的支柱。

古村落的开发利用在今天已经是如火如荼。这是因为自周庄、凤凰、王家大院、丽江古城等等地区的成功，给那些同样“古老”又有着一定物质文化遗产的地区，提供了开发利用的样板；也是近几年来，都市旅游热潮日渐从自然山水景区向乡土文化转型。

但是，古村落的开发与保护目前仅限于旅游资源的开发利用。而旅游资源的开发利用又在相当程度上造成对古村落整体资源的消耗、浪费，甚至破坏。

三、古村落旅游开发存在的问题

古村落旅游开发存在的主要问题是东施效颦、千篇一律，大大失去了不同民族、不同地域文化、不同气象与物候条件下形成的古村落的特色和个性；大肆铺张不问青红皂白的硬件开发，造成对生态环境的严重破坏，并严重丧失了古村落“原汁原味”的人文环境与文化内涵。这是由于古村落保护与开发缺乏科学性、合理性，缺乏深层次的思考与认识，是急功近利、盲目开发的结果。

其次，由于农村基础设施条件的限制、文明化程度不高，以及农民意识的局限，也使旅游接待等存在许多问题。许多地方已经开始接待境外游客，但是由于文明化程度和生活设施跟不上，造成了很大的后遗症，实际上严重破坏了古村落旅游的长期效益。

即使这样，我们还是认为古村落人文休闲游依然是未来旅游发展的一个重要组成部分，亟须完善和加强对古村落的旅游开发的指导和管理，当提到各个政府有关部门的议事日程。

古村落是国土资源的重要组成部分，古村落的可持续发展与辉煌再现，将直观地体现中国农村的现代化建设程度和中国农村的新经济面貌。

古村落的保护与开发远远不仅是旅游的开发。古村落在自然生态环境方面具备的天然优势，是我们国土资源不可多得的一份重要遗产。

把古村落纳入国家国土资源和生态环境保护的范畴，是当前从上到下都急需提升认识和积极行动起来的大事情。

自从上一个世纪90年代末开始的对古村落保护与开发的热潮，都把大多数目光聚焦在古村落的建筑遗产，现在全国进行申报与评选的历史文化名村和名镇，基本亦如此。

我们认为，古村落所拥有的自然环境资源是古村落得以生存繁衍，休养生息的重要基础。从古村落的生存与发展的历史经验中可以看到中国古代和近代先民是如何尊重自然、与自然和谐共生。他们在对自然生态环境的保护与利用方面为今人提供了宝贵的经验甚至法律（宗法）保障。在对传统继承的同时如何发扬光大并有效地保护好这样一笔遗产，已成当务之急。

因此，保护古村落在保护物质文化遗产的同时，必须高度重视保护古村落的环境资源。严防在开发利用过程中的大肆开采和伐木毁林等现象。

我古村落保护与发展委员会提议国土经济学研究会把古村落作为国土资源的一个重要的组成部分进行指导性研究、开发、利用和保护。

四、我们的目标

对中国古村落进行一次普查，申报与认定。

拟定精品古村落的标准与条件，对中国古村落进行“精品”优选、授牌和嘉奖。（注：这里的“精品”古村落，即后来的“中国景观村落”）

精品古村落不享受终身制。在历届选评中一旦标准滑落，将撤销其精品称号。

组织中国精品古村落旅游专线，把“精品”推向社会，推向世界。

五、我们的工作步骤

成立中国古村落委员会理事会；

第一届理事会讨论与通过“中国古村落”的概念范畴；

讨论并通过精品古村落的条件和标准；

举办第三届中国古村落保护与发展国际研讨会；

开展对中国古村落的普查与申报、评定工作。

中国古村落保护与发展委员会

屋脊与根工作室

2005年11月20日

我接通了罗哲文先生的家电，
罗老在电话线的那端静默片刻之后，
建议我去拜访联合国教科文组织驻京办事处的
中国项目官员杜晓帆先生
杜晓帆先生接待了我和柳忠勤秘书长，并向我们介绍了
联合联合国教科文组织关于“文化景观保护”的理念。
困扰人们多年的“古村落保护什么”的问题，
在一个焦点上聚光，真可谓纲举目张。
筹办中的第三届研讨会主题由此“水落石出”。

致联合国教科文组织驻京办事处

中国项目官员杜晓帆先生：

关于“古村落”国际论坛我们已经做了一稿，但还有需要斟酌和完善的地方，希望能得到您的指教。

您提出关于“古村落”如何和联合国教科文组织的一些提法统一起来的建议，我确实认真琢磨了这个问题。我们也感到古村落作为一个俗称或许可以存在，但是作为一个学术概念或许会有许多值得斟酌的地方。特别是当被冠之一个“古”以后，提供给人们的想象空间太大，认知古村落的差异也就自然产生。因此，我们经常需要做这样的一点说明：“被我们称之为古村落的，绝不是指它们至今还保留着古老的社会关系和生产力，他们和我们祖国大地上千千万万个村落一样，走进了改革开放的时代……由于他们所拥有的丰厚的历史文化积淀，成为今日中国农村社会中耀眼的明珠和一道亮丽的风景线。”

在您的提示下，我从网上下载了联合国教科文组织在1992年大会上的文献，也从中国大辞海中查阅关于“景观”的释义，可以将古村落称为“景观村落”。这样似乎烦琐了一点，但是概念的严肃性和包容性大了。被称为景观村落的，在主题范围内当涵盖自然景观、人文景观、历史风貌三个方面。

其一，我们“以五、六百年以上”作为古村落研究的一个年代界定，是基

于这样一个理由：即我们对一个古村落的界定不仅仅依据现存的民居建筑的历史年代，我们同时还追溯这个村落的建村与发展史；

其二，我们“以五、六百年以上”为古村落的一个界定还基于这样一个探索：在这五、六百年以上的历史中，我们的民族历经外侮与内乱的磨难，烽火硝烟、聚散离合，各种动乱和政治因素对他们的摧毁，究竟是什么力量使这些村落得以生存并依然具有相当的凝聚力；在他们盛衰式微的过程中，还有哪些富有生命力的历史经验，至今仍值得我们思考、借鉴和传承？

其三，我们还力求探寻的是，在全球化现代化的快速进程中，这些古村落将如何在保持特色的同时寻求新的发展机遇？

举办这样一个国际论坛的宗旨，首先在于吸引“社会关注”的眼球，共同寻找中华文化的根！同时，我们还看到五千年文化的“根”在全球化的过程中正在发生着前所未有的撼动，这固然是社会进步与发展过程中不可回避的变迁！但是，一个民族必须要坚持的是本民族的魂。当我们在创造新的文明和文明世界的同时，我们一定要时刻意识到这个新的文明世界应该是我们民族魂的一个新的载体。这个新的文明世界将承载着并延续着我们中华民族悠悠五千年的文明向前！

通过论坛，我们还期待传播一个“保护和创造友好型的生态环境”的理念，期望我们优秀的民族文化与传统的回归。

至于举办论坛的时间，我们初步定于今年的十月。从现在开始，我们将从“古村落”资讯的搜集整理汇编开始，并拟订景观村落应该具备的条件。至于如何开展这样一项工作，将古村落保护这样一个活动从学术领域和学界走向社会、普及民众，让更多的人来参与，这是我们举办论坛的宗旨。今天，把这些不成熟的想法报告给您，相信您能够从更高的视点、更新的视角、更宽的视野，帮助我们把想做和该做的事情做得更好更有价值。

盼复有感！

中国国土经济学研究会

中国古村落资源与环境保护委员会*

秘书长张安蒙

2006年1月2日

*：2006年曾计划作如是更名

2006年大年初二，
我在同是吉林怀德知青
好友高祖华、范慧夫妇的陪同下，回到了阔别十年的张谷英村。
村里人像迎接亲人一般，让我感受到回家的温暖。
然而，1989年时期的村干部
张战强、张耿生、修谱老人张飞儒等已先后病逝……
他们和我基本同龄，我为他们过早地离世感到十分惋惜。
这些淳朴、善良的人们，对自己的家族村落有着很强的文化自信。
我从他们身上感受到中国农民与生俱来的诚实和质朴。
感受到他们对社会和家族的双重责任。
品味他们在平凡生活中的生存智慧和坚韧。
自1992年以来，
张谷英村的保护与开发，
从各级政府到省内外开发商曾几易其主。
每一次都热情投入，积极创新。
也许，我太熟悉张谷英了，
才觉得曾经的张谷英已经一去不复返了。
我再一次困惑：对改变，究竟该喜还是该忧。

2006年春节回访张谷英村

◎ 1989年时候的当大门

◎ 回访：修复后的当大门

◎ “百步流水过三桥”是一个富有意韵的景段

◎ 回访：“百步流水过三桥”上空拉起横幅：“绿化美化环境 构建和谐岳阳”

◎ 1989年张彦西在村里为子弟们自办夜校

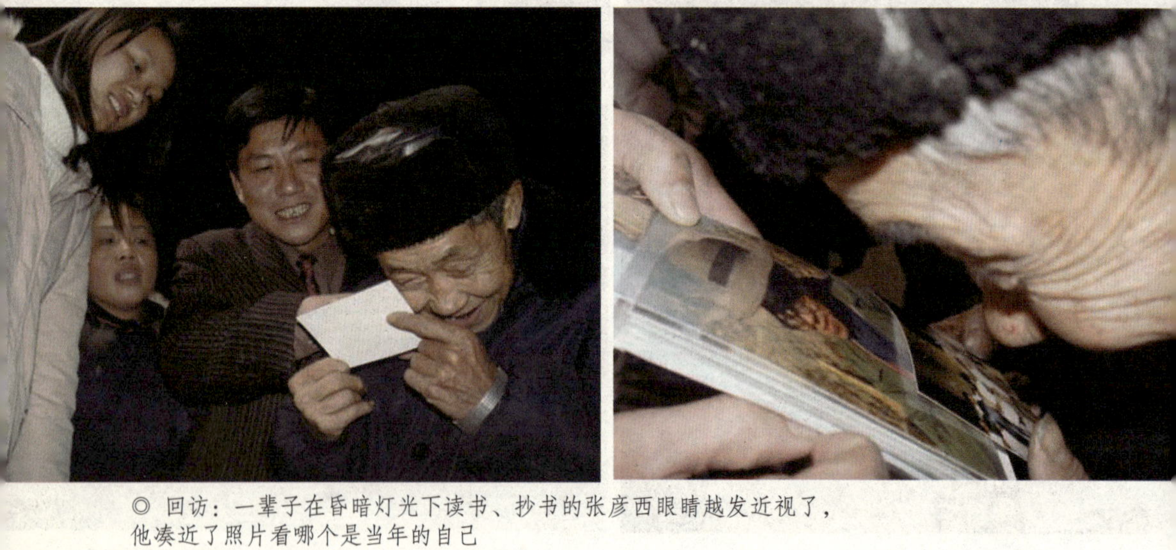

◎ 回访：一辈子在昏暗灯光下读书、抄书的张彦西眼睛越发近视了，
他凑近了照片看哪个是当年的自己

◎ 回访：大屋里没有人，却感觉不到宁静

◎ 回访：大屋里的小商品经济难得火一把

◎ 1989年第一次进村：双嫚山脚下的一片清纯让我们从此梦萦魂绕

◎ 回访：一条干道从村中央直冲双嫚山从盆地中央把村子一分为二

◎ 1989年：逢年过节时，大龙先在大屋里穿巷过堂祭祖拜神，最后上龙形山摆开阵势，闹它个龙腾虎跃，吉祥呈瑞

◎ 回访：祖墓翻新，舞龙的装备换代，但少了参与和围观的人们

◎ 回访：播放电视片的那晚被围得水泄不通的大礼堂，如今是民俗陈列馆

↑ 回访：水缸干了，小门关了，似乎就是昨天，挑柴禾的老伯从这里进来，那檐下坐着包粽子的婆婆和抱孩子的妯娌，堂屋里飘着粽叶淡淡的清香

◎ 聚龙湾议事厅斜门

◎ 回访：从黑龙湾议事厅斜门里向外看溪对岸：新建旅游水景——磨坊，将暗喻“招财进宝”的远山桐木坳景观阻隔

◎ 时任安徽池州地区纪委书记的高祖华夫妇俩陪同我一起来到张谷英

◎ 带我进村的还是当年的任岳乾

◎ 我拿着这张1989年拍摄的老照片，挨家挨户去寻找当年的小姑娘

◎ 依靠门框上开怀欢笑的姑娘是右边第一个穿黄色衣裙的，如今在佳木斯中医学院读书，时逢冬假回村

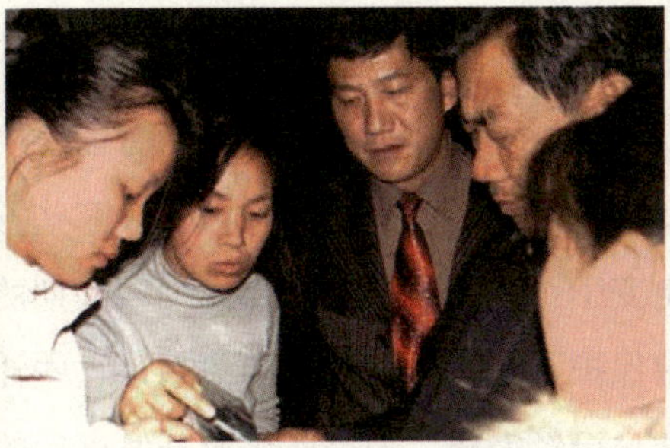

◎ 居中的张振安是当年一刻不离跟着我们摄制组的小男孩，他曾告诉我们村口有一座书字塔，在“文革”中被推倒了。如今他是乡镇干部了

◎ 照片上的另一个姑娘现在家和父亲一起搞起了农家乐餐馆，父亲当年写了“小满春色”对联

采用这样对比的方式，
无意对张谷英村的保护与开发进行批评。
古村落保护对我们所有的人来说都是新的，
即使有个别成功案例，
也因村落第一要素是人，
而难以进行简单复制和拷贝。
也许对比的直观效果，最容易帮助我们思考，
并找到着力保护、谨慎开发的途径！

张谷英历史文化名村调查纪要

编者按：

1989年春，本刊记者张安蒙在湖南的一次采访中偶然发现了张谷英村，经多次考察和专家鉴定，这是一个有保护价值的历史文化古村，并认定为国家级重点文物保护单位。

2006年春节，记者张安蒙利用春假再度来到了张谷英村。此行走访的目的是想了解开放开发以后的张谷英村在政治、经济与文化等方面发生了哪些变化？

变，是绝对的，不变是相对的。问题是哪些该变、哪些不该变？该变的是否变了，不该变的是否也变了？该变的是否按照规划和预期的目标在变？不该变的该采取何等措施保留保护下来？由于时间的关系，这些计划中的课题对记者调查所得而言，还不能说已经完成。但是，旅游开发以后的古村落现状令人担忧。为此，本刊呼吁有关部门在各种评选命名之后必须重视和加强对文物保护单位和历史文化名村的管理，对昨天达标今天倒退的单位应该采取必要的措施和手段，以保护荣誉称号，敦促真正意义上的文化保护与建设。

时　间：2006年1月31日—2月2日

地　点：湖南省岳阳县张谷英村

调查人：张安蒙　本刊记者　本会中国古村落保护与发展委员会秘书长

　　　　高祖华　特邀人员　原安徽省东至县县委书记　现池州师专党委书记

张谷英村的过去和现在

张谷英村总面积约200公顷；

耕地面积目前约922亩；

山林面积约2000多亩；

生态环境可以概括为青山环绕、绿水相依、民风淳朴、人居与自然环境和谐与共。

张谷英村是一个具有悠久历史的聚族而居的古村落。

据记载，自明万历年间，始祖张谷英同刘氏、李氏三结义兄弟从江西庐江来到渭洞。后来，刘李两姓逐渐淡出，唯有张姓子嗣在这里兴盛繁衍创基立业。自明万历二十一年，张谷英的第八世孙至清嘉庆年间的第十六世孙，上下三百年的时间里，沿袭一个建筑风格，在盆地中央龙形山下创建下了一片面积达5万多平方米的大屋，拥有206个天井，60多条巷道，1732间房屋，至今聚居600多户，人口达2600多人。

大屋由当大门、西头岸、聚龙湾、王家椴、上新屋等十二个门头组成。背依龙形山，南面玉带水，自西向东南绵延铺陈达两华里之遥。

每个门头自南向北有“五进四井”、“四进三井”，在第三进的中堂横向两侧分别又是“四进三井”。一栋大屋的平面布局宛如一个“品”字形，蕴藏着中国“以品及官，以品论格，以品见高”的文化内涵。

大屋在结构中最具特色的是巷道。巷道连接着大屋的各个组成部分，像人体内部的筋络使一个个单体形成一个整体。

大屋的采光、通风、排水、防火等系统构思实用而独具特色。

村内的路、桥、街、巷、溪、井、廊、厦以及大屋内的雕梁画栋，个个富有匠心、处处可见情趣。

这样一座规模宏大的连片大屋和村落环境与自然山水和谐与共，形成一个天衣无缝的整体，在全国古村落群星之中具有其独特的存在和保护价值。

1989年春，本刊记者偶然发现张谷英村后，自筹资金组织专家考察并拍摄了电视专题片《岳阳楼外楼》。于1991年春，在岳阳市建设委员会的协助下召开了“张谷英村古建筑群考察报告新闻发布会”。应邀前往的上海、北京等各大报纸、电台、电视台媒体的报道迅速引起海内外各方面的关注并很快形成媒体炒作热点。

当年，张谷英村就接纳了海内外学术考察和旅游观光人士上万人次。

1992年，被列为县重点文物保护单位。

为光大张谷英的盛名，1995年，在撤区换镇的时候，原渭洞区三个乡合并为镇更名为张谷英镇，并保留张谷英村的行政建制。

1995年，张谷英村被列为省旅游开发重点区。

2001年，县政府着手组建了张谷英民俗文化建设指挥部，着手进行保护、维修、完善、开发。同年，被正式定为全国第五批国家级重点文物保护单位。

2002年10月，张谷英村被评为全国第一批历史文化名村。

张谷英村的旅游开发是在这样一个历史机遇中开始的。

据村干部介绍，从2001年迄今通过政府拨款、银行贷款、社会融资、义务派工与劳务援助等途径，投入资金达两千万元。

遗憾的是，这样一座富有价值的古村落在旅游开发后的这十年间，古村风貌遭受严重破坏。其主要表现在如下几个方面：

1. 违章搭建，比比皆是，古村风貌走样

张谷英村被列为国家文物保护单位以后，政府就冻结了农民建新房的审批。这一冻结就是5年。5年的时间里，家庭人口的增长和代际住房的矛盾日益凸现。再加屡屡有关于村镇建设和旅游开发的种种传说，村里出现了抢占宅基地，甚至未经批准强行造房的现象。据村长透露2005年仅一年的时间里就有新建民宅25幢。而由于村里的保护和用地规划一直没有出台，村民们自行择地建房，道边、巷口、山腰、溪畔，随心所欲。东一幢西一幢，新建房子白色的粉墙、棕红的瓦片，还有那些建到了一半撂在那里的半拉子房架，不仅严重破坏了古村大屋的整体风貌，而且暴露出了古村在规划与管理上的混乱无序，也给日后实施保护与建设规划增加了难度，提高了成本。

2. **盲目建设，破坏了村落景观和人文内涵**

古村落的美在于他的建筑与生态、人居与环境、自然与人文之间整体的和谐统一与深蕴的文化内涵。这些整体的和谐统一和深蕴的文化内涵不只是一片大屋，大屋只是村落景观的主体，而烘托着大屋的是远山近岭、黛色雾霭，是蓝天白云、天地辉映，是田野风光、盎然生气，是小桥流水、泥土飘香，是喜鹊喳喳、蛙声阵阵……还有和蔼的老人、勤劳的村姑、和睦的乡邻、热情的迎客等等元素相融而成的淳朴的民风与回家的感觉。正是这些可视可观的物质群体和看不见但随处可以触摸与感受的情感领域里的美感，构成了古村落有别于其他观光景点的独特的魅力。如果更深层次地发掘，还可以从中读到古人先哲在创造家园过程中的智慧和匠心。比如，张谷英大屋中有许多的门在安装的时候与墙体不在一个水平线上，他们特意把门框侧斜一个30度，为的是正对远方的一个山坳，以寄托“招财进宝”的希冀，也回避了“正对山尖不吉”的祸伏。然而，急功近利的旅游开发忽视了这些入趣入理的文化元素。

村口全部硬化成水泥地面；

当大门前的停车场取代了绿色田园；

白色水泥路像一条长舌，从村口起始把盆地村落划分成南北两块；

到处搭建的房屋和游乐设施阻隔了原本可以远眺的视野，破坏了诸如“招财进宝”之类的建筑文化。

失去了田园衬托的远山显得孤寂落幕，田野不再旷达，大屋内千疮百孔，经典景观“百步三桥”和龙泉井虽然风韵犹存不减当年，但是由于村落的人气重心转移，使它们失去了往日的生气与温馨。龙泉井旁的砖石坍塌没有修整，在冬日的寒气中益发显得凄惶与悲凉。

当大门沿线的家家户户开设了餐馆和小卖铺，招徕游客止足休息用餐。一张门票38元，进来后一杯水1元、磨房推碾2元、水车照相3元，乡村的风味就这样被1元、2元、3元的小钱吞没了。

3. **该抢救修缮得一切如旧，文物保护任重道远**

张谷英村被列入国家文物保护单位以后，由政府拨款在2001年进行了第一次修缮。

第一期工程主要做了这样几件事：修复了当大门和当大门沿线的5幢民居的

外墙；新建了当大门前的停车场；重新开挖了当大门前的渭溪河。从所有修缮的工程看，目的性非常明确，即主要不是对大屋建筑的保护性修复，主要是为了开发旅游。

大屋内部损坏的结构部分未作任何修缮，并至今没有任何迹象表明将有计划有步骤地进行保护性修复。

大屋始建于1523年，前后上下有三百余间，历经三百余年，至明末清初形成如今的规模。年久失修，许多地方或破损、或剥蚀、或倾斜、或坍塌在所难免。而自建国以来，不仅经历数次政治运动的破坏，更由于农民造房一直被政府严格控制。数十年来，农民一无政策允许造新房、二无经济能力造新房，但人口的自然增长带来的居住问题，使村民们唯有不断拆卸大屋内的隔扇、门窗、牌楼、梁柱等结构部分的木料，拿去搭建或扩建住房以解燃眉之急。因此，大屋内部的结构早已严重破坏，厅堂与厅堂之间的隔断几乎荡然无存，大屋某种意义上只是一个庞大的躯壳而已。我们只能凭借着这样一个“庞然大屋”的骨架想象大屋当年的辉煌。

保护好大屋现有的轮廓骨架，恢复大屋原有的面貌，还大屋一个完整雄伟的形象，当是文物保护单位所在地政府和村民们共同面对的当务之急。

当然，大屋的修复可能涉及许多政策性问题，其中大屋产权的问题也是文物保护中经常所见的通例。但是，我们认为这是必须尽快从速研究并寻找出路的问题，否则大屋作为国家文物保护单位将名存实亡。

4. 溪水断流，垃圾成患，历史古村文化失落

村里有小溪名称渭溪河，俗称玉带水。顾名思义，当年流水曾经清澄如玉，蜿蜒曲折如带。但是，渭溪河水位下降已经有十年左右的时间了。据村干部说可能是这样几个原因造成了渭溪河水源的问题：

（1）水源头的山林因滥砍滥伐失去了山体蓄水的生态功能；

（2）地下水是渭溪河水源的重要构成，近年来，村民自发地建水井抽取自来水，造成地下水的分流；

（3）气候的变化，降雨量的减少也是使渭溪河水干枯的原因之一。

渭溪河水断流的问题日益严重，理应着手研究并采取相应措施。虽然由于村民用上了自来水，溪水对生活用水的迫切性似乎不再存在，但是，俗话说

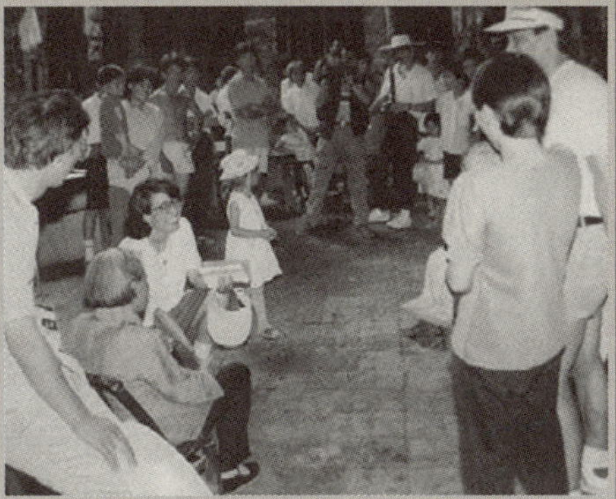

回到张谷英我们像回到了家

“有山则仙，有水则灵”嘛，渭溪河是张谷英村的魂，是张谷英村文化的摇篮，即使从旅游开发的立场上看，渭溪河水断流的问题也不可不引起高度的重视，更何况如果站在资源与环境的高度看，渭溪河水的断流更是一个值得研究、值得重视、值得保护的问题。记者早在上一个世纪去村里考察的时候就听老人们说起，渭溪河水质很好，溪水可以治愈烂疮芥蒂等皮肤病。所以，我们感到这是一个保护资源的大问题。

渭溪河基本干枯，即使在雨季，溪河里的水量也漫不过脚面。遗憾的是门前这样一条宽三米的河床就此成为许多村民的天然垃圾场。正逢春节，除了日常的生活用垃圾以外又添了许多爆竹的残烬落灰。一些角落地段的河道景况真是惨不忍睹。

显然保护水资源和消化农村垃圾的问题不是张谷英村一家的问题，是一个建设新农村的共同的问题。但是，张谷英这样的历史文化名村和国家文物保护单位必须率先作出回答，为农村的其他地方作出榜样。

5. 园林绿化是张谷英村的先天不足，而今天砍伐山林的危机再露端倪

张谷英村是记者所走过的古村落中唯一没有了古树、大树的村落，这是一件非常令人遗憾的事情。记者为此了解过这一现象。

据说村里的古树是在上个世纪的不同历史时期和历次政治运动中被砍伐殆尽的。上个世纪的50年代初曾用木材换粮食；到大跃进年代，砍大树炼钢铁；吃大食堂的时候砍大树当炊火；70年代后期农民造房子砍树；到80年代的中期，村里建大礼堂和小学校又砍树……就这样，大屋后身龙形山上的一片古树林被一次次蚕食，消失得无影无踪。那些童年时候曾经绕树嬉戏的孩子们今天都已经长大成人，在他们的记忆中大树的腰围粗壮，需要几个人携手才能抱得过来。

就古树群的保护而言，张谷英村与其他古村落相比，已经显得逊色了十分。然而，今天记者又看到一个现象，不禁为开发以后正热衷于建设和发财致富的张谷英村捏了一把汗。那就是张谷英村人对山林植被的保护和利用是否有一个长远的目光和为子孙造福的胸怀，是否有一个大生态环保的意识，是否还记得祖先在这块土地上创造了一个天人和谐与共的人居环境，值得我们子子孙孙爱惜她、保护她、建设她，而不是利用她，为一己一家之私利而毁了她。

张谷英村有山林面积2000多亩，植被丰富、四季常青。退耕还林以后得林场1000多亩，林木生产已经成为村里经济收入中的一个重要的结构成分。当记者问到是否都属于经批准后才进行的合法砍林的时候，村干部的回答十分含蓄，还带有一点点得意和狡黠，“这么大的山这么大的林……砍掉一些树是不算什么的。”

记者了解到这些林木大致按每立方300元成交。成交地点就在村口的道边。记者在王家塅门前的广场上看到堆放了大量5年期大小的树木，原先以为是修缮大屋的材料，经了解不是修缮大屋所用，而正是年后准备拉走的货物。

记者没有深入了解这批木材是否是经过县林业局的报批才被砍伐的，因为有一点是肯定的，村里存在着偷偷砍伐山林的现象。对这样的现象如果不以为然，如果觉得不过是“九牛一毛”，那么一旦泛滥，后果不堪设想。我们已经做过不少蠢事和错事，我们不能再等到不可收拾的时候再来面对和收拾！到了那个时候，一切就将不堪收拾了！

6. 规划停留纸上谈兵，开发缺少全局观念，上下游之间失去平衡，睦邻友好蕴含危机

张谷英村保护与开发不能说没有规划。记者曾经看到过一些保护与规划思路。但是，那些曾经在纸面上留下来的文字和蓝图，显然还是停留在纸上谈兵的状态。这些规划思路或许在申报种种“牌牌”的时候都起到过一定作用，对某个部门是一个承诺，而今天“牌牌”是下来了，承诺尚未兑现。

由于张谷英村的范围较大，俗称由东向西达两华里之遥。根据地势称当大门这边为下游，称上新屋那边为上游。由于旅游开发的重点在下游，下游农户自然“近水楼台先得月”，而上游的农户得益较少，于是“上面”和“下面”的农户之间因利益不均已经潜藏着一定的矛盾。这些矛盾在日常不很显现，但是一涉及村规划建设的时候，动一动就可能酝酿冲突和障碍。而由于规划没有出台，一些村民们在观望和等待中抢盖房子抓现钞也是无奈的一个选择。而一旦占有先机的农户得益以后又将刺激新的矛盾的产生。

以上是记者在张谷英村两天时间里所了解到的一些情况。

诚然，开发开放对古村的经济收入有着积极的拉动和推助作用。村民们的现代观念、商品经济意识的提高对社会进步和时代发展是有积极深远意义的。我们认为古村落只是历史意义上的古老，不应该也不可能永远停滞在一个时间点、一个水平线上止步不前。古村落向现代化迈进是时代的必然，古村落的农民群众追求新生活的渴望不仅是合理的，而且是一个公民应该享有的权利。问题在于，我们如何让历史与前人创造的财富和优秀的文化遗产发扬光大并代代相传。我们没有理由也没有权力让宝贵的遗产在历史长河的前进中失传。

但是，究竟保留什么呢？落实到保护与开发中的时候究竟应该把有限的资本投放到哪里？这些非常具体的现实问题在张谷英村还是一个非常朦胧的问题。

记者建议古村落的保护急需从以下几个方面着手：

1. 提高村级干部的政治与文化素质，是古村落历史文化保护与建设社会主义新农村首位重要的大事

农村人口进城、农村人才流失已经是一个社会公认的事实。然而，从国土的意义上来看，中国在世界范围内的经济实力和现代化进程最终还是将取决于中国农村的现代化建设程度。当互联网在城市市民中成为生活中不可或缺的内容的时候，张谷英村由中组部（据村干部说）下拨的7台电脑还是村委会办公室桌上的一个摆设。当记者问询如果有了3000万的投资，你们认为该做哪些事情呢？村干部表示，需要停车场、需要宾馆、需要……村干部的茫然说明了什么？村干部的茫然仅仅是村干部自身的素质问题吗？我们的村民自主权有多大？我们的村民所能受到的教育有多少？政府有关部门对村一级干部的自主权给予了多少尊重？或者说当一旦村民的自主权意识觉醒以后，我们的上级政府是如何积极引导和有效管理的呢？由于村级干部的素质、能力、水平不够，由于政府越俎代庖解决村一级的规划与建设，使村级的能力越发弱化。一旦政府感到顾不上来的时候，村庄的建设就放任自流了。张谷英村同样面临这样的问题。

2. 理顺县政府、村民自治与承包经营之间的关系

2001年，岳阳县委县政府联合组建了张谷英村民俗文化建设指挥部，后

杂乱一角

来，由湖南汇谷公司承包经营该村的旅游开发，指挥部和承包公司并存。2005年，县政府与湖南省金英集团再度合作签订了新的五十年不变的承包经营合同。几年下来，村里的旅游收入增长是一个不争的事实，由于旅游开发给村民带来了一定的实惠也是有目共睹的。

但是，文物保护单位出让承包经营权是否合法？

吸引社会资本进行商业运作，如何保护村民的权益？

“商业开发一切以盈利为目的”、“保护是一个长期的非盈利性的文化事业”，这样两个对立的矛盾如何统一如何协调？

应该规划在先承包在后，还是先承包后规划？

谁来规划？谁来实施规划？谁来监督规划的执行？……

据说县里准备把张谷英村提升为直属单位，再成立一个张谷英旅游管理委员会。种种考虑都显见政府的一片苦心，但是，种种苦心都有不周详之处，看来张谷英村的保护与开发成了一个烫手的山芋。如何是好？记者只有静观后效了。

3. 保护农业农田，建设园林化村落，增加绿色人文景观，坚持农业观光、农村度假、农家休闲的开发思路

据村里人自说，村里开发了旅游以后，农户纷纷开餐馆、商铺、生产旅游产品。再加上劳动力外流，农业生产和农田建设被弃之次要位置。我们且不论农业的重要性等等，记者以为即使从旅游开发的思路上来看，这也是一个非常不明智的“转型”。前面我们已经说过了，古村落的旅游开发之独特的价值就在于，城里人走出了令他们窒息的现代化都市的局促紧迫的环境与氛围，走进了有清新空气和乡土气味的广阔田野乡村。城里人要看什么？要看绿色的稻秧、金黄的麦穗、牛背上的少年、树荫下的鸡鸭成群……看做豆腐、纳鞋底、碾米晒谷、捕鱼捉虾……因此，白色路面、三层小楼、现代广告、模仿城市社

村干部伸出两个手指说："可惜"！

区的喷水池等等新建筑，实在是画蛇添足，对游客而言是大煞风景，不堪入目的败笔。然而，农家想过上城市的生活就不行了吗？这就是一个开发中如何保护老区、建设新区的问题。再说了，当记者在欧洲其他国家看到村镇农田的景观后颇有感触的是，我们的国土建设远远没有达到美丽的程度。古村落的家园建设大有文章可做。

4. 张谷英大屋的规模和内部结构具有十分独特的风格，状若迷宫，完全可以在旅游开发中高人一筹，领先取胜

但是，眼前的张谷英村旅游开发没有从自身的特点和优势中发掘奇宝，仅仅停留在一般化的观光旅游，缺乏创造性的旅游开发思路。 这是张谷英村也是所有古村落旅游开发中值得深思，值得创新的一个课题。记者认为，古村落的旅游必须走出"一走一过吃一餐"的旅游模式，创造参与性项目，让游客在旅游中体验生活，使"旅游经济"上升到"体验、娱乐、休闲经济"的范畴，谁在这里领先一步，谁就走上了新的台阶。反之，古村落的旅游将很快面临退化期，特别像张谷英村，在开发中一味追求门票收入，缺乏积极的保护和建设，成长性跟不上破坏性，且不说记者对此不安，村民中许多有识之士们也对此充满了忧患意识。他们告诉记者说：许多游客来了后伸出两个手指说了两个字："可惜"。

马上着手规划和实施规划，从环境卫生整治，河道清理去污着手，加强植树造林，建设农田园林景观，保护古村原有的儒乡风情，加强对村干部的素质教育和管理能力的培训，是今天张谷英历史文化名村的当务之急，首当其冲的大事要事。

（发表于2006年4月《今日国土》杂志）

2006年4月17日—4月20日走进美丽乡村——婺源

当年4月18，我走进了春夏之交的婺源，
那古老的沧桑和盛春的浓绿，
那斑驳的瓦舍和采茶的村姑，
那青石板的巷子和写生的少年，
让我感受生命的气场和盎然的生机。

◎ 理坑村村口景观

◎ 思溪河畔的水埠头

◎ 彩虹桥

◎ 彩虹桥下的矴步桥

◎ 晓起村口的古树林

◎ 理坑村外的三江源景观

婺源之后的盛夏，我在宁德蕉城区发改委副主任陈寿德的陪同下，走访了即将消逝的古村落苣洲。

一个在深山峡谷之间，享尽大自然的恩赐，也历经风雨沧桑无情的砥砺，开山凿壁，搏击流沙，苦心经营起来的家园，那份殷实和滋润，那份自在和创造……都将在上游水库竣工之前深陷于他们世代赖以为生的“母亲河”。

离开了他们熟悉的生存环境，未来的日子他们将何以为生？惋惜和惆怅撩动着脆弱的心弦……

2006年7月走进即将消逝的古村落

莒洲村小资料

宁德有歌谣："四面环山，无土可耕。一线童溪，彭谢度生"，说的是莒洲村彭、谢两姓氏族人在山壁上建村，凭借一线童溪赖以为生。

据族谱记载，明洪武年间，有谢氏后人谢莺，其先祖在唐宋年间政治避难，由淮入闽，到谢莺已是第十二世孙。因人丁繁衍不堪栖息，和彭氏异性兄弟结伴来到瀛洲开基立业。

瀛洲俗称莒洲，溪山险峻，峰回水转，处处危岩峭壁。前后有两条溪流截锁，无路可通，无土可耕，只有攀藤扶岩才能上上下下，当地百姓靠着给溪流上的过往船只拉纤谋生。湍流、危岩、暗礁、险滩，船覆人亡的惨剧时有发生，民众叫苦连天。

当时的县令尹、屠两人奉命来莒洲视察面训。见村民个个赤身裸体，在水中上上下下行船，生活着实艰困险难。于是捐俸禄令谢如苗、谢马桥为首，率群众凿石开壁，钻道引流。

终于，山路河道得以贯通，河道两端连通古田、屏南、松溪、政和、寿宁、周宁等六县。

到了明正德七年，当年的屠公年村民开辟山路水道有功，遂将情况上报朝廷，朝廷下旨允彭、谢两姓专司盐业。此后，运盐船只频繁往返，莒洲一跃成为商贸集散地而繁荣起来。

随着社会进步和交通改善，商业与经济中心的转移，原有的生存基础不复存在，古村自然衰落了下来。直到上世纪九十年代，随着旅游业的兴起，村里村外的古迹、古建筑、古民居和险奇的山水自然景观遂成为古村丰富的旅游资源。"一线童溪"再次成为莒洲古村的生财之道。

◎ 村口古榕枝繁叶茂，远眺苣州临溪依山而建于峭壁石岩之上

◎ 莒洲村口的土地神位和供奉着曾经有恩于村民的县令的尹公祠

◎ 寂静的巷道里悬挂着“一切为了移民”的大红条幅

◎ 彭、谢两姓村民集资建于道光年间的石桥

◎ 村西头的寨门

2006年8月，我应邀参加张谷英村旅游规划评审会，
再度走进张谷英。
评审会现场的会标再次触动我的思考。
旅游开发和古村保护的矛盾焦点，
也许就在这一字之差：是“景观”还是“景区”？

当古村落成为景区的时候（节选）

我们认为："古村落"首先是"村落"。村落首先是一个人居空间。村落的基础功能是居住与生产生活。村落的第一要素是人不是物。无论是我们称之为"古村落"的还是一般意义上的村落，在这个问题上应该没有区别。但是，在"景区"的概念里，人自然而然地被推到了一个次要的从属的地位。

那么，当古村落在被作为景区规划之前是否已经把村落里作为第一要素的人，在村落作为景区开放以后的日常生活、生产、生存、生育等问题作为头等大事做好了规划设计呢？显然，现在许多已经被作为"景区"的古村落在这些方面的问题并没有认真地完好地得到保护和规划。保护被作为"景区"里的村民们的正常生产生活应该是村落保护的第一概念。我想如果我们真正从百姓的利益角度考虑问题的话，这是可以成立的。开头说到的那个正在做"景区旅游规划"的村落，连续五年，因为开发和保护的理由而没有为村民提供改善生活、改建新房的合理出路，于是，在2005年到2006年不到一年的时间里，村里有20多幢未经批准的违章建筑生横崛起。对此，上至县政府下到村干部都束手无策。古村落旅游赖以支持的历史风貌和村落景观显然受到严重破坏，当图纸上的旅游规划进入实施阶段的时候，这些违章建筑将在无形中增加保护与开发的成本。

其二，当古村落成为“景区”以后：停车、餐饮、客居、小商品市场的建设与开发是不可避免的。于是，古村落的历史风貌和人文景观还能有几多成分？古村落独有的那一份儒雅和幽静、独到的一份清丽和妩媚，还能有几多时日？在安徽一个列为世界文化遗产的古村落，已经严重商业化、景区化。许多古村落在开发中首先不是研究自身特色和经典景观的保护与完善，而是按城镇化模式，建停车场、造喷水池、修水泥路，安置大型灯箱广告等。古村不古，是一个毋庸回避的事实或者趋势。

其三，当古村落成为“景区”以后，村民的意识自然发生了改变。热情好客、淳朴善良的乡风民情受到商品经济和现代文明的洗礼，一把花生一杯茶，都成为有价商品，不再随意礼待或慷慨施与。祖传的文物遗产，乃至自家老屋雕花的窗棂隔扇，都可以在一天之间帮助脱贫致富。家家的门头成为餐馆、宾馆、农家乐。游客可以随意推开任何一幢宅院的门扉，作为私家住宅，在这里已经没有半点隐私可言。村民们所以能接受这样一个现状，是因为他们清楚在每一张门票里面应该有他们的一份儿。商品经济的“一分利”观念已经深入人心。

……

“景区”不再是“家园”。景区管理机构对村落拥有的经营权、管理权、利益所得权，动摇了村民在这块土地上的历史根基，打破了他们原本宁静自在的生活空间，甚至失去了对这份先人留下的祖业如何保护的话语权。我们所以说，古村落保护的主体是村民，前提是承认这个村落的所有权属于村民；村落是村民的家园。这个前提一旦旁落，村民们保护古村落的热情和主动性将赖何维系？”

评审会之后我进村，在老镇委书记陪同下去张战强墓地祭扫……

◎ 墓冢前方是村西的田园和民居，再远处是笔架山……
我站在那里良久之后下山往回走

◎ 墓冢是用黄土和砖垒砌的，酷似虎头，两个安放香火油灯的小龛像一对虎眼，终年不睡，凝视着前方

2006年年初构画的第三届研讨会，
在走进婺源之后开始筹办，
得到了婺源县政府的支持与合作。
然而，启动之后受到了来自很多方面的钳制和制约，
就像启航之后的船只，
遇到浅滩，进退维谷，
说不清是巧合还是机缘，
在8月张谷英村旅游规划评审会上，
遇到了同济大学城市规划设计研究院周俭之后，
出现了“山重水复疑无路，柳暗花明又一村”的气象。
这真是诗意的境界，
这“诗意”就在你的身边！
这是“使命”的“命运”，
是凝重而艰辛的保护古村落事业的最大的魅力！

V 里程碑

第三届中国古村落保护与发展（国际）研讨会（2006年11月）

第三届中国古村落保护与发展（国际）研讨会在美丽乡村婺源召开，联合国1992年关于“自然与人类共同的作品”——村落文化景观保护理念，成为第三届研讨会的核心主题。

由罗哲文先生倡议的“中国景观村落”和“经典村落景观”评选活动拉开帷幕。

来自欧、美、日、韩9个国家，中外学者、专家济济一堂，就乡村文化遗产的保护与发展进行对话与安济。著名美学家李泽厚夫妇也欣然参会。

这已成为中国古村落保护与发展的里程碑！

第三届中国古村落保护与发展（国际）研讨会有两个重大成果：

一、中国古村落保护与发展（专业）委员会理事长核心团队成立了！

二、《中国景观村落保护公约》诞生了！并于次年（2007年）隆重推出中国景观村落和经典村落景观的评选活动。

中国古村落保护与发展委员会第一届理事会正式成立

柳忠勤

杨重光

周 俭

卞百平

赵 叶

周星增

名誉会长：罗哲文

会　　长：柳忠勤　中国国土经济学会副会长兼秘书长

常务副会长：周　俭　上海同济大学城市规划设计研究院院长

副 会 长：杨重光　中国城市经济学会副会长

　　　　　卞百平　现任上海市中共长宁区委书记

　　　　　赵　叶　现任江苏省靖江市市长

　　　　　周星增　上海建桥集团董事长

秘 书 长：张安蒙　上海屋脊与根工作室主任

《公约》是由委员会委托在基层从事古村落保护卓有成效的，云南省云龙县前任宣传部长现任大理白族自治州党史研究室副主任陈云华草拟，上海同济大学城市规划设计研究院院长、委员会常务副会长周俭参考大量国际国内相关文献，在尊重历史、尊重现实的前提下诞生的。

这是中国第一份扎根于乡村社会现实、具有学术理论价值和本土化指导意义的村落文化遗产保护文献。

中国景观村落保护公约

——中国古村落保护与发展专业委员会第一次会议正式通过

中国古村落保护与发展专业委员会于2007年12月23日在北京举行第一次会议。

遵照《中华人民共和国文物保护法》；

参照联合国教科文组织《保护世界文化和自然遗产公约》、《保护非物质文化遗产公约》、《保护和促进文化表现形式多样性公约》；

有鉴于景观村落是中华民族的重要文化遗产，是国家和地区民族特质和自尊的象征，是民族智慧的结晶，是民族自然观的体现，是民族精神的重要载体；

有鉴于国内数量众多、文化多样，能较完整地反映特定历史时期的传统风貌、地方特色、民俗风情，具有较高的历史、文化、艺术和景观审美价值的景观村落在国家快速工业化、城市化的背景下面临快速消亡，不可再生的客观现实；

有鉴于景观村落当地居民对现代物质、文化生活的向往与中华文化的保护、延续和再创造所产生的强烈碰撞；

有鉴于景观村落原有基础设施、居住环境已不能满足当地居民日益增长的现代生活需要，以及环境容量与人口增长所形成的尖锐矛盾；

有鉴于景观村落所在地尚不具备充足的经济、科学和技术力量；

有鉴于多数景观村落处于偏僻贫困的农村地区的现实；

有鉴于景观村落所面临的各类潜在的威胁，整个社会有责任通过提供集体性援助并参与保护具有突出的普遍价值的景观村落，这种援助尽管不能代替国家采取的有关行动，但将成为它的有效补充；

会议认为有必要通过采用公约形式的规定，以便为保护具有普遍价值的“中国景观村落”建立一个科学的、长效的社会化机制，继而缔结并公布此公约。

第一章　总　则

第一条　本公约的宗旨

本公约的宗旨如下：

（一）保护景观村落以及其所包含的物质与非物质文化要素；

（二）尊重有关社区、群体和个人的发展权；

（三）提高社会大众对景观村落及其所反映的历史、文化、自然和审美意义重要性的认识；

（四）开展各层次的合作及提供相互援助。

第二条　定义

在本公约中，“中国景观村落”是指：中国境内具有数百年以上历史、现存物质和非物质文化遗产较为丰富和集中，传统风貌、地方特色、民俗风情基本保存完好，人文景观及地貌、植被和水体等自然生态环境具有较高的视觉审美价值的村落。

第二章　缔约方的保护职责

第三条　地方保护和社会保护

一、本公约的各缔约方均承认，中国景观村落保护的主要责任是所在地地方政府及其相关职能部门。所在地地方政府应该认识到这些村落的历史文化价值和濒临消亡的潜在危机，中国景观村落所在地政府有责任竭尽全力，利用可以利用的资源最大限度地保护这些村落，并利用所能获得的国际、国内援助和合作。

二、各缔约方应积极重视建立多元化保护资金的投入机制，坚持以政府投入为主，同时争取并鼓励社会积极参与保护事业，建立多元化资金投入机制，加大保护性投入。

三、本公约的各缔约方应十分重视在制度上探讨景观村落的保护机制，制定适合地方特点的保护政策和保护法规。

第四条　具体的保护工作

本公约的各缔约方应该：

一、及时申报和争取公布为相应级别的文物保护单位、历史文化名村（镇）和中国景观村落。

二、加快编制景观村落的保护、管理和发展规划。

三、鼓励景观村落保护与发展的学术研究。

四、建立专门机构，配备适当的工作人员和工作经费履行抢救、保护和发展职责。

五、所有土地利用和各项建设活动必须符合经批准的保护规划。

六、本公约的各缔约方在实施保护规划和进行建设和文化活动时，应该做到：

（一）严格保护村落传统建筑群体格局、空间风貌、形体色彩和建筑材料等历史性物质要素，在保护范围内不应修建与景观相冲突的建筑；

（二）对景观村落内的建筑和设施应当进行科学的研究分析并建立档案，对古建（构）筑物提出保护修缮措施，对古建筑的维修、修复、重建必须按原有风貌进行施工，做到保护原有结构、原构件、原工艺和原材料；

（三）保护好重点区域、古建筑群、地貌、植被、水系以及具有文物价值的古文化遗址、地貌遗迹、水系以及文物价值的古文化遗址、地貌遗迹、石刻、古桥、古井、古树名木、园林、奇石等历史遗存并登记入档；

（四）对濒危保护对象，要集中组织专业技术力量和财力、物力，及时组织抢救；

（五）人文景观和历史遗迹的恢复必须有充分依据并组织专家论证，经规划行政主管部门和文物行政主管部门批准后实施；

（六）加强民间文化艺术和谱系文化的收集、整理、研究与利用，保护好具有地方特色的传统戏曲、传统工艺、传统产业、民风民俗等口述或其他非物质文化遗产，鼓励居民进行民间工艺品的生产、交易和收藏、展示活动，发展具有地方特色的传统文化艺术和有益的民俗活动，避免片面追求商业利润，避免引入与景观村落文化背景相冲突的商业娱乐活动；

（七）整治损害景观村落风貌的现有建筑物、构筑物、市政公用设施、广告和门面装修；

（八）保障村落基本的卫生安全条件，改善生活居住环境。

第五条　教育、宣传和能力培养

本公约的各缔约方应竭力采取种种必要的手段，以便：

（一）使景观村落的价值在社会中得到认同和弘扬，主要通过：

1. 向公众，尤其是向青年进行宣传和传播信息的教育计划；

2. 有关社区和群体的培训计划；

3. 各种非正规的知识传播手段。

（二）向公众提示对景观村落造成的各种威胁，并宣传根据本公约所开展的各项活动；

（三）开展保护景观村落自然环境和人文环境，尤其是管理和研究方面的能力培养活动。

第六条　社区、群体和个人的参与

本公约的各缔约方在开展保护景观村落活动时，应努力确保创造、延续和传承这类遗产的社区、群体和个人的最大限度的参与。

第三章　合作与援助

第七条　合作

一、在本公约中，合作主要是指相互交流信息和经验，采取共同的行动，以及建立有利于各缔约方保护景观村落的合作机制。

二、在不违背国家法律规定及其地方习俗的情况下，各缔约方认同保护景观村落符合人类的整体利益，保证为此目的在各缔约方之间开展合作。

三、通过建立国际、国内的专家和技术人员网络，支持各类形式和内容的合作项目和活动。

第八条　援助

委员会向各缔约方可提供如下援助：

（一）通过直接参与和间接推荐的方式，协助各缔约方开展景观村落的保护研究和保护规划编制；

（二）提供专家和专业人员进行专业咨询；

（三）开展各种类型和内容的培训活动；

（四）举行各种类型和内容的学术交流和经验交流活动；

（五）与各缔约方共同探讨景观村落的发展课题；

（六）其他经济和技术援助形式，包括在必要时提供资助。

第四章　中国景观村落的评审

第九条　中国景观村落评审委员会

一、中国景观村落评审委员会是专门负责中国景观村落和经典村落景观资格审定、公布或撤销的权威机构，其由中国古村落保护与发展专业委员会所聘请的国内、外知名遗产保护方面的专家组成，每届任期两年。

二、中国景观村落评审委员会将不定期地对违背本公约保护职责、风貌蜕变加剧的中国景观村落和经典村落景观，在组织专家调研的基础上召开会议，决定公布《濒危中国景观村落（经典村落景观）名单》，并有责任向相关政府部门报告。

三、中国景观村落评审委员会闭会期间的日常工作由中国古村落保护与发展专业委员会秘书处负责。

第十条　中国景观村落的评审

一、中国景观村落及经典村落景观的评审每两年在全国范围内举办一次。

二、中国景观村落的评审只就申报单位的合格与否作出判断，并不就申报单位的具体排名作出任何评价与判断。

三、加入本公约是单位申请参加中国景观村落评审的基本条件。

第五章　最后条款

第十一条　中国景观村落名称的使用

本公约的各缔约方如使用中国景观村落和经典村落景观的名义开展社会性活动，必须事先向中国古村落保护与发展专业委员会秘书处秘书长通报，事后向中国古村落保护与发展专业委员会秘书处备案。

第十二条　加入

所有符合本公约关于中国景观村落定义的村落的所在地方政府均可加入本公约。

第十三条　退出

一、各缔约方在任何时间均可宣布退出本公约。

二、退约应以书面退约书的形式通知中国古村落保护与发展专业委员会秘书处秘书长。

三、退约在接到退约书两个月之后生效。

第十四条　修订

一、中国古村落保护与发展专业委员会秘书处秘书长和本公约的各缔约方均可对本公约提出修订建议。任何缔约方可将修订建议书面通知中国古村落保护与发展专业委员会秘书处秘书长,秘书长应将此通知转发给所有缔约方。如在通知发出之日起六个月之内，至少有一半的缔约方回复赞成此要求，秘书长应通过召开会议的形式将此建议提交讨论，决定是否通过。

二、对本公约的修订须经出席会议并参加表决的缔约方三分之二多数票通过。

三、对本公约的修订一旦通过，应提交缔约方批准、接受、核准或加入，并在一个月之后生效。

第十五条　合作协议

中国古村落保护与发展专业委员会将采取委托具有法人资质的单位的方式，就保护景观村落的具体合作项目与各缔约方分别签订合作协议。

中国古村落保护与发展专业委员会

中国景观村落　经典村落景观单位

2007年12月23日北京

中国古村落保护与发展（婺源）宣言

在中国960万平方千米的国土上，保存着一大批灿若星河的古村落。这些有着丰厚的历史文化积淀和丰富的物质遗产的古村落，是我们5000年农耕文明社会最后的瑰宝，是中国乃至世界的文化遗产。保护古村落，让越来越稀有的古村落与社会发展和谐与共，成为后人回望历史、寄托未来的精神家园，是时代赋予我们的责任，是所有炎黄子孙的义务和使命！

参加在婺源召开的第三届中国古村落（国际）研讨会的近百位来自联合国教科文组织（UNESCO）、中国、法国、德国和日本等国的专家学者通过三天的考察和研讨一致认为，古村落的保护与发展面临着难得的机遇和严峻的挑战，古村落的科学保护迫在眉睫，古村落的持续发展应该引起世人的关注。为此，全体与会者达成如下重要共识：

一、古村落的保护应该包括它所依托的整体环境，这种人与自然共同创造的文化景观是全人类共同的文化遗产。

二、古村落的保护应该以保护村民的利益为核心，满足村民对现代物质文化生活的需求，我们应该依靠村民的自觉能动性来实施和完成对古村落保护与发展的使命，充分发挥古村落村民的主动性、积极性和创造性。

婺源研讨会

三、古村落保护和社会主义新农村建设是和谐统一的不可分割的一个整体。各级政府将应保护古村落纳入到社会主义新农村建设的规划体系和政府的议事日程中去，加快制定有关古村落保护的法律法规使古村落保护纳入法制化轨道，并在政策和资金方面给予支持。

四、建立政府主导下的，调动社会与民间多方力量，充分发挥社会学术团体、科研机构和民间组织在古村落保护中的作用，尽快开展古村落的调研和建档工作，编制古村落的保护管理规划，通过积极慎重、科学有序的组织，对古村落文化景观开展“中国景观村落”的评估、评选和监测工作。

让我们尊重历史，尊重现实，让历史与现实在社会主义现代化建设进程中和谐共存，让我们在创造灿烂的今天的同时创造永不褪色的历史！

第三届中国古村落保护与发展（国际）研讨会

中国古村落保护与发展专业委员会

2006年11月12日　婺源

第三届研讨会图文纪实

◎ 2006年金秋三届研讨会在婺源开幕

◎ 同济大学城市规划设计研究院全力支持了这次大会

◎ 来自欧美、日韩9个国家的专家学者共同交流与探讨乡村文化遗产保护

◎ 北大人类考古学专家孙华教授讲羌藏民族村落特色

◎ 婺源县委县政府组织乡镇、村干部数百人，参加大会堂（国际）研讨会

第三届中国古村落保护与发展(国际)研讨会论文目录

第三届研讨会论文选

村落文化景观的保护与可持续发展（节选）

杜晓帆

众所周知，**文化和自然遗产是全人类的共同财富**，记录着人类文明发展的足迹，在此基础上，人们得以跨国界沟通和对话。任何文化或自然遗产的破坏和丢失，都将对全世界遗产的枯竭和文明的进程产生有害影响。为此，联合国教科文组织于1972年制订了《保护世界文化与自然遗产公约》，通过保存和维护世界遗产以及建议有关国家订立必要的国际公约，来维护、增进和传播知识，同时明确提出整个国际社会有责任通过提供集体性援助，来参与保护具有突出的普遍价值的文化和自然遗产。在属于人类共有的资源面前，代际公平应该是一个国家一个民族在社会发展过程中的重要准则。一个民族一个国家所拥有的自然和文化遗产，并不仅仅属于某一代人。祖先留给我们的遗产，我们有责任和义务传承给下一代。从人权的角度来讲，下一代也有权利共享祖先留给后代的文化遗产。我们应该、还能够为下一代留下什么？我们的后代将如何评价我们的所为？我们是文化遗产的捍卫者，是负责任的一代？还是任意践踏和破坏文化遗产的、不负责任的一代？同时，代际公平又是坚持可持续发展的重

评委杜晓帆在陕西水莲村

要原则。因此，联合国教科文组织在1972年发布的《关于在国家一级保护文化和自然遗产的建议》中明确指出，我们“有责任保护这一部分人类遗产并确保将它传给后代”。《保护世界文化和自然遗产公约》第四条规定，缔约国承认，保证本国领土内的文化和自然遗产的确定、保护、保存、展出和遗传后代，主要是国家的责任。

然而，在过去的三十多年里，为了推进城市改造、工业、农业综合经营以及旅游业的发展，采取了重点投资于基础设施建设和人力资源开发的策略，亚太地区的国家经历了前所未有的繁荣。然而，经济的迅速发展也让我们的国家在遗产资源方面付出了沉重的代价，不仅极度消耗了地区环境资源，而且大大地消耗了珍贵的文化资源，而这些都是我们的祖先历经数个世纪的积累并精心经营的结晶。

……

最近的十几年中，几乎在所有领域、所有学科，都有一股全球化的狂热。全球化作为一种涵盖极广的力量，很难让人们对其轻易加以分析，它代表着文化的输出和输入，其速度和密度近年来都达到了前所未有的水平。一般来说，对全球化的理解更多的是在经济领域。看看当今的世界，我们就会发现正有一股强大的力量推动着经济的集团化和集约化，促进着经济的一体化。但是经济和市场的全球化，必然带来的是文化传播的全球化。各种文化得到空前的交流和融合的同时，全球化的力量也正在同化世界各地的本土文化。**在经济全球一体化的同时，如何防止文化的全球一体化，是我们面临的一个严峻的课题**。全球化有其两面性：积极的一个方面是，它能促进文化的发展，给地域文化以新的内容和新的机遇；另一方面，它也具有极其强大的破坏力。特别是与强势文化相比，处于弱势的地方文化，如果没有自觉的保护和发展意识，就会在文化趋同的洪流中失去文化特色，丧失竞争力。我们可以深切地感受到，全球化不仅单纯成为了一种趋势,而且是一个非常现实的过程。目前，这一过程正在深入发展，并影响着整个世界经济和文化的格局，不同地区、不同民族的传统文化在面临着更多的挑战压力和生存选择。

……

可持续发展是本世纪80年代随着人们对全球环境与发展问题的广泛讨论而提出的一个全新概念，是人们对传统发展模式进行长期深刻反思的结晶。对于文化遗产的认识我们有一个相当长的历史过程，从开始的艺术品、古董，到建筑物、建筑群，以至到现在的城镇村落，逐步由对个体的关注，发展到了今天的对整体、乃至周边环境，以及生活在其中的人的关注。文化遗产不仅已经成为一个专业领域探讨和研究的课题，而且已经走进了普通大众的生活，也受到了社会前所未有的关注。在这种社会背景和氛围下，我们必须要考虑，1987年Barbier等人发表了一系列有关经济、环境可持续发展的文章引起了国际社会的注意。同年，布伦特兰夫人(Ms Gro Harlem Brundtland)在世界环境与发展委员会的《我们共同的未来》中正式提出了可持续发展的概念，标志着可持续发展理论的产生。**研究重点是人类社会在经济增长的同时如何适应并满足生态环境的承载能力，以及人口、环境、生态和资源与经济的协调发展方面**。其后，这一理论不断地充实完善，形成了自己的研究内容和研究途径。1992年在里约热内卢召开的联合国环境和发展大会（UNCED）把可持续发展作为人类迈向21世纪的共同发展战略，在人类历史上第一次将可持续发展战略由概念落实为全球的行动。十余年来，可持续发展理论建立与完善主要沿着经济学、社会学和生态学等三个方向揭示其内涵和实质。与此同时，可持续发展的研究还涉及自然环境的加速变化、自然环境的社会效益、自然环境的人文痕迹等，力图把当代与后代、区域与全球、空间与时间、结构与功能等各方面作为统一体来看待研究。

如何认识村落文化景观的保护，对于人类社会可持续发展所具有的意义呢？

那么，我们所谓的保护村落文化景观，要保护的对象是什么？又是为谁而保护呢？

什么是文化遗产的要素，什么真正决定着文化遗产的生命，怎样才能保持文化遗产在时代变迁中的生命力？

联合国教科文组织在1992年提出了“文化景观”概念。由于不同集团的人具有不同的文化背景，所以其创造的文化景观也各有明显的特征。文化景观比较形象地反映了人类最基本的要求：衣、食、住、行和娱乐。景观中除了一些形象看得见的物体之外，还包括许多看不见的东西。例如景观中往往包含着文化的起源、扩散和发展等方面许多有价值的证据。文化景观既有空间上的变化，也有时间上的变化。空间上的差异反映的是各集团景观塑造上的各自文化特点，时间上的判别则反映过去居住在该地区的文化集团的变迁和发展。文化景观随着历史的进展，也体现着不同的时代特征，但它们彼此之间具有一定的承继性。人创造了文化，一切文化现象的形成都由人及其生活和行为方式所构成。所谓一方水土养一方人就是这个意思。文化的不同和特异性也是由此而形成的，文化景观的独特魅力也正在于此。

现在提出的文化景观的概念，也是把文化遗产作为一个地理区域来看待，它不仅包括文化和自然资源以及其中的生物，还包括了与其相关的历史事件、活动、人物或以其他方式展示出的文化和美学价值。而这种人文景观的独特性，除了其建筑等可视化的部分外，更多的是体现在其当地的风土人情，包括其语言、衣着和生活习惯等诸多方面，比如已是世界遗产的澳门城区、丽江古城、平遥古城以及西递宏村等都应该是属于这一范畴的。但是由于种种原因，这些独具特色的、无形的人文要素在大多情况下越来越少了，或也只是被形式化（如仅具商业目的表演和服务）地保留下来，而脱离了实际生活的意义。

遗产保护是世界性问题，即使许多文化遗产保护做得比较成功的国家也存在这样的问题。日本和法国采用国家与地方立法相结合的方式来实施文化遗产保护。

中国五千年的历史就是一部农业文明史，至今全国人口的70%仍然是农业人口。村落文化景观在中国文化遗产中占有重要的位置，但是在城市化的进程中，它所面临的巨大危机是显而易见的。中国的传统文化受农耕文化影响很大，而村落文化景观的形成很大程度上是由于农耕文化的出现。农耕文化发展了农业，为村落文化发展奠定了经济基础，带动了农村文化的发展，同时，原始村落中人们的风俗,道德,宗教等观念文化也对村落文化景观产生重要影响。表现为认祖宗而不认上帝, 以“仁”为核心,提出了忠孝等一系列道德规范体系。有人说， 地缘是血缘的投影。中国古代村落主要是以血缘关系为纽带，以宗族制为基础而形成的，因此许多村落从起源到布局，均表现出较强的宗族性。宗族的核心表现是宗祠，在人们的日常生活中有着重要作用，许多村镇的建筑均以宗祠为物质中心和心理中心展开布局，形成聚合状的村落组团空间。

村落文化景观包含其建筑形式、相关的民情风俗以及村民的行为生活方式等等，是该地区的社会发展的历史积淀，是其地域文化的外现。在对这类文化景观的保护中，我们首先要考虑生活在其中的主体——古村落居民，因为他们才是该区域发展的根本动力。

在大多数情况下，人们在文化遗产的保护中，更多地注意了那些可视的、具象的部分，而忽视了那些看不到、摸不着的人文因素。可是这看不到的部分往往决定着文化遗产的命运。因为这才是文化遗产的最具活力和生命力的因子，才是最值得我们关注和重视的。在1988年通过的《巴拉宪章》修正案中，就明确反对把保护对象称为古迹遗址，因为宪章认为保护的根本目的是保护历史遗产的“文化意义”，而古迹遗址只是实物遗存。**遗产中的文化意义，是指具有美学、历史、科学或社会价值的某种特殊的形态或印记。那么这种文化意义，在某种程度上说，就是人类在不同历史时期留在遗产上的烙印，它也包括当今人在其中或与之关联的生存状态和关系**。西方国家在这方面有许多较好的例子。比如欧洲就有不少传统的银行、邮局、法院、教堂、加油站、火车站、车间、羊毛仓库和面粉工厂都被重新利用，它们一边为业主带来收益，一边向公众讲述着过去的故事，解读这些遗址本身已经成为一个特殊的专业领域。在当前的许多文化遗产的保护中，我们很多时候忽略了人在遗产中的生存状态，把那些冷冰冰的实体放在了高于人生命价值的位置之上，并由此制定了许多欠缺对人性思考的遗产保护措施。比如，很多的时候，我们只采用简单的搬迁方法，把所在居民迁出建筑区域，只留下了毫无生气的建筑物。 这种文化遗产的保护方法是值得商榷和进一步探讨的。我们往往过多强调了表象的、物质的一面，忽视了对贯穿于其中的历史文脉和人文元素。这两者之间的关系正如肉体和灵魂，它们是一种相辅相成、互不可缺的组合。试想，一个没有灵魂的生命体会是什么？在很多的场合特别是建筑遗产中，我们总是提倡“整旧如旧”，但是如果不去考虑与之相伴的生活群体，不考虑他们的生活方式和态度，不把人作为文化遗产保护中的一部分去整体考虑，这样保护下来的文化遗产又有什么意义？近几年，许多地方在进行旧城区的恢复改造，这一方面反映出人们对于文化遗产保护意识的提高，但是从另一方面也容易产生很多人对文化遗产保护的简单化理解，以为对物质形态的恢复就是对于文化的恢复。然而，真正对文化景观的保护，其应着力于保持一个地域的生活氛围和人文环境。对村落文化景观的保护中也是如此。

“青山遮不住，毕竟东流去”。在历史的发展过程中，有些东西注定是要消失的。它们的生命力、它们的存在与否是不以人的意志和情感来决定的，文化遗产亦是如此。在当前文化遗产保护中，我们要保留什么，保护什么，特别是当面对那些仍旧与普通大众息息相关的文化遗产，那些仍旧生活在文化遗产中的人们，我们更要注意如何合理处理人与遗产之间的关系。所以，在关注文化遗产自身的同时，我们始终应该坚持以人为本的原则，把人作为文化遗产保护中重要部分去考虑。唯有如此，文化遗产的保护才是有意义、有价值的，才会充满着生机和活力，因而也是最具生命力的。

文化遗产保护与经济发展及城市现代化建设如何能平衡发展、互相促进，其中必然存在着许多难题和挑战。令人欣慰的是，由于优秀的传统文化及其保护者的坚忍与力量，多数的传统文化在所谓全球化的进程中得以幸存甚至弘扬，表现出了永恒的价值。

（杜晓帆　联合国教科文组织北京办事处项目官员）

（原文载于2006年10月《文汇报》）

第三届研讨会论文选

古村落 面对机遇，积极保护，冷静发展

周　俭

2003年和2005年，建设部和国家文物局相继公布了两批共计36座“中国历史文化名村”，标志着我们保护历史文化遗产的工作真正从城镇延伸到了乡村。在高兴和期待之余，我们也有担忧。回想一下从20世纪80年代起国家公布的103座“国家历史文化名城”，今天除丽江、平遥等少数几个名城外，历史风貌在经济发展和城市开发的碾压下已经所剩无几。还有那些“千年古镇”，虽然大部分城市开发尚未真正触及，但旅游经济的浪潮正在无情地冲刷着它们的历史痕迹。今天，我们国家的城市化已经波及发达地区的农村，而国家建设社会主义新农村的政策让更广大的乡村看到了发展的新机遇，对那些留存下来的有几百年历史的古村落，在即将到来的建设发展中我们有责任去关注它们未来的命运。在此，提出几点想法供大家讨论。

第一，为每个古村落寻找并扶植一个恰当的发展产业。新农村的建设和城市化的蚕食，将会使古村落面临不进则退、不兴则亡的境地，找到一个发展产业是古村落抓住现在这个发展机遇的首要任务。那些古村落之所以发展并留存

周俭陪同联合国外籍专家在贵州古村落考察，与村民合影

到今日，也是因为传统或地方产业的支撑，而这些产业依托的是农村的生产资源和生产方式。对古村落而言，发展旅游业并不是第一选择，更不是唯一的选择。今天我们需要为古村落寻找一个“村落产业”，这种村落产业应该避免脱离村落生存所依赖的广大农村地区的资源条件，比如花卉、编织、盆景、园艺、农产品、水产品以及延伸出来的餐饮和观光等等。同时，我们还需要为村落产业的产品质量和科技含量提供技术支持，为其产品建立一个通畅的市场流通渠道，使产业的发展具有持续性，从而达到改善村民生活的目的。

第二，依靠村民自建、自管保护古村落。农村的现代化不是单纯的城市化集聚，新农村建设更不应该等同于建设农民新村。我们不能简单地认为在保护古村落方面村民的意识不强，要知道这些古村落就是这些村民祖祖辈辈依靠他们的勤劳和智慧雕琢而成的，而且他们现在还在继续营造，所以古村落的保护不能照搬城镇保护的模式。城镇居民的流动性大，大部分房屋都已经不再是原业主所有或居住了。因此，在城镇中可以采用公共投入、政策导向甚至市场运作的方式在短时间内去塑造出一个“保护作品”或“旅游产品”，暂且不论这种做法对不对，但在村落中是不恰当的。古村落的保护需要我们和村民合作，因此应该首先将村民的利益放在第一位，充分地依靠村民自己的组织去完成古村落的保护和发展使命，否则是行不通的。其中另外一个不可忽视的方面是，古村落的保护不是原封不动，也不是要把它恢复到几百年前的“原状态”，因为它依然承载着村民的生活，因此就必然会发展变化。我们常常对古村落里冒出的新建筑忧心忡忡，引来种种的批评，但是我们应该认识到大量村民自建的房屋与城镇中的房地产开发项目有本质的不同，村民自建的住房会随着村民生活水平的改善、村民认识和评判水平的提高而逐渐自我更替的，现在之所以出现那些“不和谐”的建筑，一方面是因为村民的经济能力相对还比不上古村落历史上的繁荣时期，另一方面我们也必须承认这些“不和谐”的建筑的来源是我们的城市建筑，他们的观念更多的是来自于城市。对古村落的抢救性保护而言，首先需要通过宣传、教育、引导使村民自觉地保护古建筑，不要随意拆除，遇到困难政府有责任进行帮助甚至出资。所有这些问题的协调解决需要外部的推动，但只有古村落的村民才是真正可以延续和再创古村落文化和特色的主角。用城镇保护的思维去看古村落的保护问题，可能会演变为一种变相的城市文化和经济对古村落的侵蚀。

第三，避免使古村落“边缘化”。广大农村正在以村落合并的集聚模式完成农村城市化和农村现代化的进程。不可否认，由于过去一段时期的无序发展，村落合并对节约土地资源和保护环境都是有利的，但不应该在集聚中放弃古村落。我们需要将古村落纳入到村镇规划和发展的体系中，并进行合理的规划，避免仅仅把发展旅游的帽子戴在古村落的头上从而使它处于发展体系的边缘。历史形成的古村落，特别在选址上往往凝聚着中华民族特有的文化观念，集中反映在人与自然和谐共存的建村理念上，从这个角度去看，古村落的保护与持续发展完全符合我们当今新农村建设的宗旨，所以我们不仅要保护古村落，更应该把它放在村镇体系发展中的重要位置上，使它持续地发展。

（周俭　上海同济大学城市规划设计研究院院长）

（原文载于2007年11月《文汇报》）

村落是我们的家园

——节选自《当古村落成为景区的时候》

张安蒙

“景”在我们汉语中的基本词义是“日光”。有古诗“朱光驰北陆，浮景忽西沉。”描绘的是夕阳西下时候的一番景象。“景观”在1979年出版的《大辞海》中是这样定义的：属于地理学名词。一般概念泛指地表自然景色。还有一种说法，“景观”一词来源于德文的landschaft，指风景画、景物、景色等，后来被引入地理学，表达地域综合体。

如何解释“景观”以及“景观”这个概念源于何人何时何地属国，也许对学术界从事研究的学者们来说很重要。但是当我们在感受景观给我们心理和生理带来的许多愉悦感的时候，我们说“景观就是美的体验”。

“采菊东篱下，悠然见南山”，“窗含西岭千秋雪，门泊东吴万里船”……那些朗朗上口的名诗佳句，曾经让我们倾倒折服在诗人的笔下。当我们走进古村落以后才真切体会古诗词赏析中最常见的那句话，“这些描写是诗人真实生活的写照”。如今，我们可以在网上读到无数的古村落游记，也许这些作者在学生时代最害怕的正是作文，而如今是“美”是调动着这些笔者的激情，调动

一分利商店

着他们的文思才情，调动起他们词库内所有的修辞，抒发着自己的胸臆，描述着自己的见闻。

景观是文化的一面镜子 。中国古村落的村口是一个经典景观。从村口景观可以折射出我们古代堪舆学和古代哲学对创造优美的适合居住与生存发展的人居环境所作出的巨大贡献。

浙江省永嘉县有一个西岸村。村里的古民居几乎已经消逝。但是留下了一个景观：村口，让我们感受到她曾经的辉煌。

中国风水理论中把村口又称为水口。水口先得有“水口山”。在村口，隔水有左右对峙的山，或形如狮象，或状若龟蛇。在安徽黄田村我们看到了狮象把门，其势雄浑；在张谷英村口我们看到的了龟蛇静卧，其态呈祥。我们的民俗文化中，水，寓意财富，水口就是财富的咽喉。

村落选址首先选好水口，并在那里设计标志性建筑，以利于家族繁衍兴旺和财富的聚敛。

有水，一定有桥。村口的桥不仅具有连接两岸的作为交通的功能，而且，赋予了截流聚财的含义，常有“锁龙桥”之称。

村口有水有桥一定还有树，俗称风水树，俗话说“栽得梧桐树，引得凤凰来”。这不仅起到了水土保持的作用，而且古木葱茏，呈风景一片。

村口还一定有庙，是敬这一方土地公公的。无论是汉家古村，还是苗家、侗家等少数民族的村寨，我们发现村口几乎都没有土地庙。

西岸村村口有六人合抱的古樟六棵，树龄都在800年以上，个个树身粗壮如牛，树与树的间距匀称，树冠呈蘑菇云状，垂枝颔首荫庇着树下一大片土地。古樟群的中央有一口古井，古井造型似瓜瓢，故俗称“瓜瓢井”，今人又称它

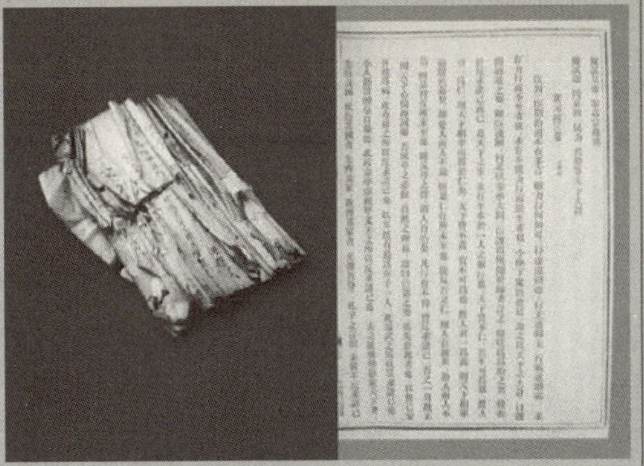

侗族黄土村家谱

“琵琶井”。依我看来，虽然古井的形象和“琵琶”也很相似，但是，琵琶和瓜瓢，哪一个是能盛水的容器呢？

让我们看一看古井的设计：古井的井壁由卵石垒砌而成。井口的直径在三米左右。瓜瓢的“瓢把”是一条卵石铺设的拾级台阶，宽度有六七米。瓢把形的台阶通向进村的小径。从村里出来然后沿“瓢把”拾级而下，就是这口蓄满了清澄碧水的“瓜瓢井”。

呵，西岸村外的这口古井实际就是一个“永远盛着一瓢水的瓜瓢”。它不由得让人想起设计这口瓜瓢井的人，是否还赋予了它“纵有弱水三千，君子取一瓢饮之”的内涵？

用卵石垒起的井台有一米之高。春天来了，井台上青青幼草攀沿，引得小羊羔流连忘返在这里啜口尝鲜。我们正围着小羊羔开心，蓦然回首，村外山坡上有穿红戴绿的姑娘们在踏青。吆，好一派充满诗情画意的风景！

村口、民居、古井、古桥、道路、街坊、宗庙、古树……这些各自具有实用功能的建筑因为融入了人的情感意趣，寄托了人的美好愿望，赋予了他作为建筑与物质以外更多的意义，象征着、体现着生活其间的人们的心理和精神世界，于是，他们不再是单纯的一座桥、一棵树……他们是村落中的“景观”。当你走近它的时候，你能感受到它生命的意义和历史的内涵，你仿佛能听到它在述说、在低吟、在歌唱……当你走近它的时候，你能感觉到内心沉睡着的部分在一个瞬间被唤醒了，于是，一种美好的感觉“把心填满”，这就是美，这就是美作用于人的美感！

在张谷英大屋有一个非常独特的“小景观”，斜门。就是在安装门框的时候故意把它斜过30度。称得上“景观”的不是一个斜门，而是从里往外可看到

◎ 西岸村：村外远景

◎ 西岸村：村口

◎ 西岸村：寨墙内的土地庙

的景观：哦，远山，两座远山余脉构成了一个山坳。如果不“斜门”，“门外景”将正对山峰。堪舆学上把峰尖视为“凶”，把山坳视为“吉”，老百姓则把山坳视为“元宝”。“斜门”则寓意“招财进宝”。张谷英村四面环山，连绵起伏的山峦之间有四个山坳。所以在张谷英大屋，这样“招财进宝”的斜门不下七八座。而在畔溪走廊上的那个“斜门”因为旅游开发，被一座完全可以另有选择地的娱乐性场区破坏了。空间顿显得雍挤逼仄，斜门因此失去了它的意义和情趣。

在江湾村，走进检票楼，我们发现村口是完全新建的。牌楼、凉亭、水池、曲桥等组成一个气宇轩昂的村口。其气势气派着实让你有一种感觉在胸中涌动。但是，还有种种不满足让你找不到所以然。当我在村里走了一圈再从这里返回的时候，我突然发现，在这一大片新建筑景区里看不到一条曲线和一个弧度，刀切直线和拐弯处的锋角，使景观失去了阴柔之美和亲和力。

一个斜门，一条曲线，在一片恢宏的建筑群里，是一个极其微小的细部。然而正是这个细部的处理，融入了居住其中的人对生活的态度、希冀和创造。村落首先是人居住与活动的空间。景观村落特有的美感正是国为我们透过物质的世界看到了生活在物质世界里面的人的精神世界和情志意趣。有一句话，细节决定成败。我想说它同样适用于古村落的保护与开发。

自上一个世纪80年代末和90年代初开始，经政府和国家文物部门的层层努力， 经专家学者们的奔走呼号，一大批古建筑群被列为国家文物保护单位，一大批古村落被评为历史文化名村。这些古建筑群作为物质文化遗产受到了政府有关部门的重视，也一定程度上得到了文物法的保护。被破坏、被拆毁的局面不仅得到了控制，而且在旅游开发中得到保护性修复，这是一个十分可喜的现象。

但是，古村落的保护远远不止是一个古建筑的保护。当古村落作为景区以后，当城市建设不断向外围扩张，全国三级高速公路网的建设和不断提速，社会主义新农村建设的步伐向纵深挺进，古村落亘古不变的山、水、林、木、土，古村落代代相袭的规划布局，古村落有机进化的人居环境……以及这些自然与人类在一个漫长的历史过程中共同创造的互相照应、互相关联、互相映衬、互相媲美的空间体系，诸如前文说的“斜门”和“山坳”，诸如“狮象把门”、“龟蛇出洞”，诸如“瓜瓢井”、远山、小溪、古树群和进村的小径，还有本文无法一一罗列的“百步流水过三桥”，“半个月塘半个村”……这些承载着丰富的历史信息和情感理趣的文化景观是古村落审美价值的核心部分，极容易在经济发展的进程中被忽视、被淡忘、被作为经济发展的代价而牺牲。

当然，变革、创新、发展是硬道理，古村落也不能例外。在“古村落”的老屋里面生活了几辈子的人，同样有权利让自己住上和城里人一样的新房，过上和城里人一样的时尚的现代化生活。

还有，在物质匮乏的时代里，自给自足的自然经济条件下几乎没有垃圾可言，所有的垃圾都可以在农耕畜牧的生态链中自行消化。即便是“建筑材料”，木、石、泥、土坯，都可以成为翻新房屋的材料。所以偌大的农村，有史以来就没有处理垃圾的必要，也就没有处理垃圾的设施和能力。现在的情况就大不同了。消费水平的提高导致垃圾生产的速度大于处理垃圾的能力，人口的流动和新兴产业的崛起对农业的冲击，都使垃圾成为一个严重的问题威胁着环境，威胁着水资源。许多已经成为景区的古村落在环境卫生方面存在的问题同样严峻，不能忽视。

再有，商品经济的价值观固然是社会进步的一个标志，其合理性不容怀疑。但是不分场合、不近人情的“一分利”现象同样是不足取的。在贵州雷山有一个非常优美的山寨，当鼓坪场上的民族歌舞表演刚刚结束，姑娘们便一拥而上，把分发演出费的“头儿”紧紧围住，一个个摊开秀美的五指，拿到属于自己的那一份报酬。我们没有理由指责“按劳取酬”，但是这一个场面和山寨的风情风貌风格是那样的不和谐。“一分利”现象是有据可证的。一个朋友在一个老乡家门口的泉井里舀了一瓢水饮，她要品尝一下水质的“清醇甘甜”，她万万没有想到的是门里的妇女走上前来，伸手向她索取“一毛钱”。就这样，仅仅一毛钱，把古村落可亲可爱的乡情民风给卖了。在这里很显然就存在一对鲜明的矛盾：利益、权益和精神文明、传统民风之间的矛盾。

难道，精神文明只能让位于利益和权益吗？利益权益和精神文明没有办法和谐与共了吗？利益权益就不能继承和发扬传统的美德了吗？利益权益就不能创造和构建现代文明风尚了吗？在这些矛盾和冲突面前，我们的政府、我们的经营公司、我们的公民们就没有作为了吗？

我们到过欧美国家的一些小镇、湿地公园、名人故居，走进那些地方，他

央视摄制组在漫营村

让你好像走进音乐厅、歌剧院，一个典雅的、幽静的、令人景仰、令人心神安宁并得到升华的环境氛围扑面而来，并紧紧地包裹着你，让你的一举一动都变得——不说优雅但一定不敢放肆。门票的昂贵在这个时候被悄悄淡忘了。

我们在1989年走进张谷英村的时候，也颇有这样一种感觉，当“微笑”捧着茶盘端着凳子请你落座的时候，当泥埂像扫过的一样，看小溪像滤过了一般，过三桥像过时空隧道的时候，我们的心里油然而生阵阵惬意。而如今，这一切都已经离你远去了，古村落景区和城市一样地躁动并斤斤计较。那些不止一次去过的古村落让我们有一种一次不如一次的感觉。这不禁让我们十分担忧，古村落旅游的生命周期有多长？

不断被“发现”的古村落被不断地投入旅游开发，不断开发的古村落旅游形成遍地开花的局面，遍地开花的古村落旅游必然形成供大于求的市场态势，供大于求必然导致你追我赶的激烈竞争，激烈竞争中由于天时地利等条件的不同必然导致投入与产出的不平衡……更令人担忧的是开发者们急于求成、急功近利的心态和行为。那些从地产、房产业“转型”来承包古村落保护与开发的投资商中不乏这样一些代表，他们以为古村落旅游开发是一桶金，是一座矿，因期望太高，导致一旦发现在进行中麻烦比获利多的时候，古村落就成为他们手中一张贬值了的股票，恨不得在一个早晨“乘机”抛售。还有的开发商在与政府达成保护与开发协议的时候，古村落的保护和开发是一块“招牌”，招牌后面行的是“土地指标、房产开发”之实。

一些地方政府视古村落为一只烫手的山芋，吃不得，丢不得，拿着还烫手。又像一个会哭会闹的胖娃娃，看着可爱抱着累人。仔细想想，政府的难题也确实很多：资金、政策、法规，都不到位、都不配套。谁能把这个娃娃抱去养一段时间，也挺好，反正到头来还是自家的娃。

对于古村落来说，打开了看，是一个村落，关起来看，是一个“人家”。虽然说土地是国有的，可是这家是我们自己的，这房子、这园子、这林子、这村子说到底是私有的或者说是我们一村子人、一大家族的人集体所有的。你来了，让我富裕了，有钱过上好日子了，当然我欢迎你。你来了，如果这样那样的，你反客为主了，吾心何平？还有，这个“富裕了”，“日子好过了”，也不是一个尺子可以衡量的。上游和下游、村东和村西、此岸和彼岸、桥头和桥尾，总是会因为条件的不同而造成有先有后的致富。当平衡被打破以后，古村落的和谐与宁静就成为过去式和将来进行时。当然我们可以这样说，“这是前进中的问题”，但是，当矛盾错综复杂地纠葛到一起暂时找不到出路的时候，“最后受用”的肯定是古村落。

最近，国家文物与古建筑学泰斗罗哲文致函中国国土经济学会古村落保护与发展委员会，倡议通过各种官方和民间的途径，对中国古村落进行广泛的社会普查，以期通过普查寻找到保护村落景观、建设景观村落的思路、方法，帮助古村落在社会主义新农村的建设中，让历史与现实和谐与共，让古老文明在现代文明中异彩生辉！

（原文载于2007年11月《文汇报》）

风水，中国人的环境观

王其亨

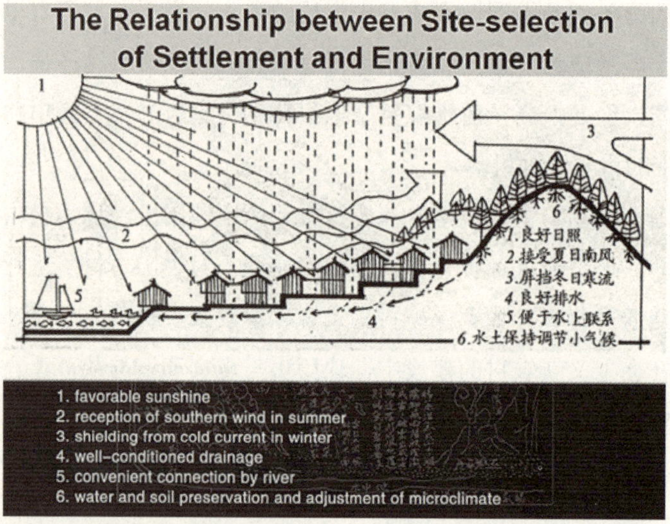

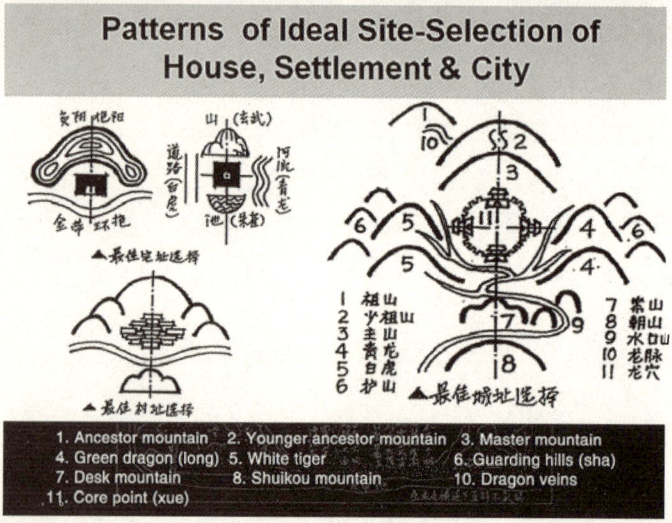

（王其亨　天津大学建筑系教授）

古村落不只是老房子

王振忠

整个庐坑都充满着对一个人——“中国铁路之父”詹天佑的回忆。离村口不远处，是詹天佑的祖居“春辉堂”，现在只剩下一座破败的老屋，一堵高墙已坍塌了小半，墙头上长满野草。透过天井，可以看到房顶上愤怒生长着的植物，虽然屋内住着人，但也是遍地瓦砾，屋里的一切都是黑的，包括那早已朽坏的楼梯……

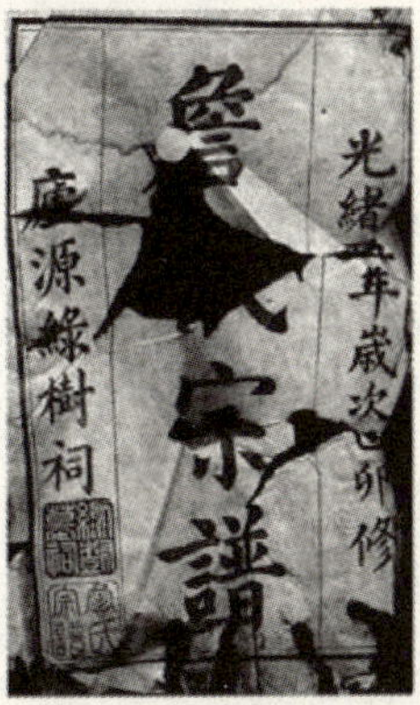

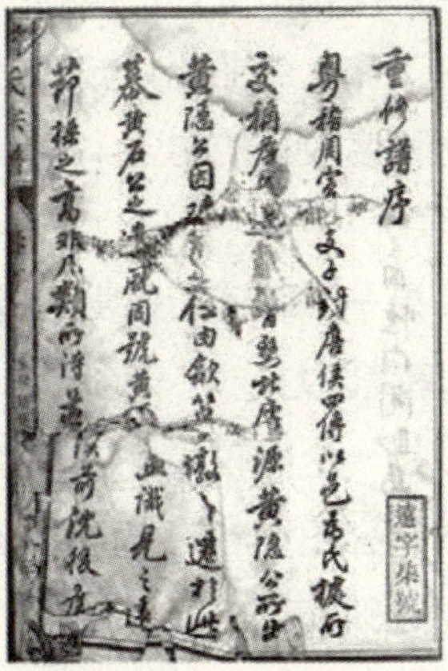

庐源（庐坑）绿树祠会修的《詹氏宗谱》

（王振忠 复旦大学历史地理研究中心教授）

VI 保护村落景观 建设景观村落

首届“中国景观村落”评选活动

（2007年4月29日—12月23日）

“景观村落”的概念源于联合国教科文组织世界遗产委员会第16届会议提出并纳入《世界遗产名录》中“文化景观”一词。“文化景观”代表着《保护世界文化和自然遗产公约》第一条所表述的“自然与人类的共同作品”……

中国古村落中那些依托自然山水环境，运用古代哲学和古代自然科学技术，艺术地创建和历史地传承到今天，仍然被完整地保护下来的，没有人工化、商业化、城市化、景区化或者人工化、商业化、城市化程度较轻的村落，可以提升为“景观村落”……

评选“景观村落”，是一个解读和鉴赏的过程，有助于提高我们民族的审美意识和审美能力……

评选“景观村落”，是一个比较和评估的过程，有助于古村落的保护与开发的学术研究和理念的交流、碰撞与更新，是一次中西方文化理念交流交融的过程……

评选“景观村落”，旨在帮助古村落认识旅游产品的周期性盛衰的必然规律，探讨古村落旅游的生命周期与发展后劲……

中国文物学会

中国国土经济学研究会
古村落保护与发展委员会：

欣闻贵会主办的中国景观村落的评选和国际论坛即将召开，谨致由衷的祝贺。我认为这是一项很有意义的活动，古村落的保护与开发已经走过了十多个年头，有很多经验和体会值得总结。评选有助于总结和提高，也可对面上其他古村落有参考借鉴的作用。

通过网落发动社会各界人民群众的参与是一个创举，这样还可以通过社会的监督把古村落保护和发展得更好。

“网落”应为“网络”——编者注

中國文物学会

最近胡锦涛同志代表党中央提出的"十一五"规划中突出的提出了建设社会主义新农村的问题，十分重要。如何把古村落保护好、发展好是建设社会主义新农村重要的内容。

我个人多年来一直不断在为古村落的保护和发展奔走呼吁，希望通过这些活动能把我国具有悠久历史文化传统的古村落保护好，发展好，为建设有中国特色的社会主义新农村做贡献。祝大会成功。

罗哲文

二〇〇六年七月十六日

2007年4月29日，在北京梅地亚中心召开了中国景观村落评审委员会第一次会议，启动了首届中国景观村落和经典村落景观评选活动。

这是一个创新型的举动。

它的终极目的可能不是“被保护了多少个古村落”，

而仍是“保命”驱动下的，持续、深入、广泛的“传播”。

◎ 2007年4月29日，在北京梅地亚中心，中国景观村落评审委员会正式成立

中国景观村落评审委员会委员名单

高级顾问：罗哲文　郑孝燮　冯骥才　周干峙

名誉主任：罗哲文

主　　任：江泽慧　中国国土经济学会副理事长
全国政协人资环委副主任
中国林业科学院院长

副 主 任：阮仪三　著名古建筑学专家
上海历史文化名城研究中心主任
王景慧　原北京城市规划设计院总工程师
中国历史文化名城评选委员会副主任
柳忠勤　中国国土经济学会秘书长、研究员
周　俭　上海同济大学城市规划设计研究院院长

委　　员：（按姓氏笔画排列）
卫　宏　全国政协人口资源环境委员会办公室副主任
卞百平　上海市长宁区区长
付殿起　建设部城乡规划司村镇处处长
朱光亚　东南大学著名古建筑学专家
孙　华　北京大学考古文博学院副院长
李青松　中国生态报告文学作家
国家林业局退耕还林办公室副主任
李存厚　中华全国新闻工作者联合会书记处书记
杜晓帆　联合国教科文组织北京办事处官员
何嘉平　全国人大环资委正局级巡视员
中华环保世纪行执委会主任
张学俭　水利部水土保持司副司长
张安蒙　上海屋脊与根工作室主任
杨重光　中国城市经济学会副会长
赵　逊　原中国地质科学院院长
赵　叶　江苏省靖江市副市长
姜建军　国土资源部地质环境司司长
谢　冕　北京大学社会学教授
著名现代文学研究学家
楼庆西　清华大学著名古建筑学专家
李长杰　原桂林市规划设计院院长

秘 书 长：张安蒙

中国景观村落评审委员会成员

罗哲文

周干峙

江泽慧

阮仪三

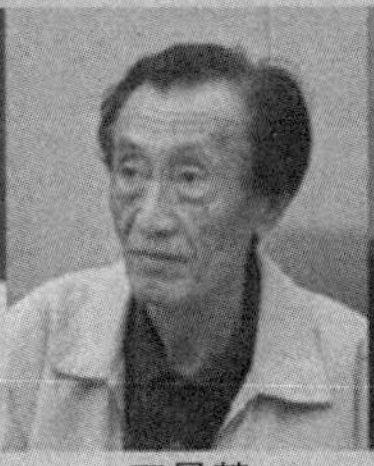
王景慧

柳忠勤

卫　宏

周　俭

卞百平

付殿起

孙　华

朱光亚

李青松

李存厚

杜晓帆

何嘉平

张安蒙

张学俭

杨重光

赵　逊

赵　叶

姜建军

楼庆西

谢　冕

第二届增补委员

邓国平

乔申乾

刘夏蓓

潘明才

“中国景观村落”由罗哲文先生亲笔题写

这块牌匾取材于参天优质红松，象征着罗老一生为中国文化遗产事业努力奋斗的精神；绿色的牌匾和镶金的字体象征着从古老走来，向未来走去的永恒；印章的鲜红象征着广大文物工作者一颗赤诚之心；匾额的设计凝聚着徐州正源古建园林研究所全体设计与制作人员的美好祝愿！

被我们称之为“景观村落”的是那些历经沧桑，依然较好、较完整地保存着原有历史风貌的古村落，它们具有以下特征：

1. 有优美的山水环境，有数百年以上建村历史的自然村落；村落里有一定存量的传统建筑与人文景观，并体现景观的独特性、文化的多样性、审美的艺术性。

2. 村落布局和自然和谐共融，不仅构筑了一个有利于子孙后代和谐生存繁衍的社会空间，而且营造了一个富有诗意和哲思的精神家园。在历史与现实并存的时空里，作用于人的精神世界，具有净化心灵、释放心情、增强历史厚重感等积极的心理暗示和社会教育意义。

3. 在丰富的物质文化遗产中，承载着村落乃至中国农耕社会在不同历史时期的丰富的历史信息，是今天学术研究、历史考证、寻根问祖的文化源头；具有学术研究、艺术审美、远足游历、休闲度假等多重价值。

中国景观村落考察调查表（1）

村落：诺邓村　　　　评委：朱光亚

直观感觉	山体	秀美○	一般⊗	
	植被	丰茂⊗	一般○	
	水量	充沛○	一般○	
	空间序列	丰富⊗	层次感强⊗	
	人·居·环境	和谐⊗	优美○	
	村容村貌	文明⊗	卫生○	
	其他			
情感活动	怦然心动	产生情感活动的时空景物环境	深山藏宝竟未知	
	好奇		深厚的历史文化积淀	
	产生联想		暗藏天机的地理环境	
	感动✓		淳朴的优良文化和善的白族	
	感叹✓		村民	
	其他			
访问有得	1.传说			
	✓2.答疑			
价值评估	具有保护价值　　整体 ⊗　　局部 ○			
	现代小城镇建设中值得借鉴的经验：			
	1. 传统文化构建和谐社会的积极意义			
	2.			
	3.			
	尚存的不合理、不和谐现象：			
	1.			
	2.			
	3.			
	其他			
意见	如何做好保护与合理利用，避免走过度商业化的道路，要立足于文化传承和充分考虑当地的经济诉求，如何做好村的同时再努力。			

二OO七年　　月　　日

首届中国景观村落简介

1. 安徽省泾县查济村

有诗曰：十里查济九里烟，三溪汇流万户间，石桥如虹卧长溪，小桥流水杏花天。门对青山观景台，东家流水西家欢。街口巷道左右左，马头墙墙似云峰……

2. 广西壮族自治区三江侗族自治县程阳八寨

村口有寨门，寨寨村村有鼓楼，三座风雨桥连接着八个自然寨，植被丰茂、水流清冽、荷塘映日、千亩纵横。在远近高低起伏的丘陵山峦衬托之下，与碧水青山相融，一幅美轮美奂的人文景观。

3. 浙江省乐清市黄檀硐村

村庄坐落在巍峨的群山之中，选址和营造极具特色。寨门利用自然地势设置在山体峡谷之间，千吨之重的巨石虎视眈眈地雄踞于岩体之上。一分自然，两分幽静，三分田园，四分淡泊，氤氲着浓郁的乡土气息。

4. 广西壮族自治区龙胜各族自治县金竹壮寨

青石板铺设的主干道，沿着山体蜿蜒曲折，峰回路转，盘旋而上。吊脚楼式的民居依山而筑，因地制宜，分布在主干道的两侧，起承转合的路口总有参天古杉像突然走到你面前的迎宾巨人，令人在惊讶之余陡添满心欢喜。这就是金竹壮寨的魅力！

5. 贵州省雷山县郎德上寨

村寨被群山环抱，群山被溪水环绕。横跨溪水的风雨桥迎送着南来北往的人们，雄视着山下的护寨门楼前是村民们的公共活动空间。寨子中心的鼓坪上是村民们欢歌笑舞的场所。一段惨烈的村史述说着中国改朝换代的艰辛。

6. 山西省临县李家山村

“我家住在黄土高坡，大风从坡上刮过……”窑洞民居是中华民族百折不挠的生存能力与天人合一的生存智慧创造的举世无双的奇迹。山体上的排水沟设计建造得科学合理，有效防止了水土流失和山体滑坡。红枣树、山核桃、白杨树、石碾子，苍茫的黄土高原上祥和殷实的农家小院令人心动神摇！

7. 江西省婺源县理坑村

“又是一年芳草绿，依然十里杏花红。”对联的书者早已作古，对联所描写的景观百年不改。有理学渊源的村落镶嵌在嶂山余脉的群山深处，背靠驼峰山，面朝理源溪，苍松翠竹与粉墙黛瓦互衬，古道石梁与河水潺潺相依。几百年来，这里文风鼎盛，科第蝉联，优美的人文世家是历代才俊的摇篮。

8. 广东省东莞市南社村

以谢氏为主的血缘村至今已有700余年历史，是传统宗族文化的杰出代表。村中央一长方形水塘横贯东西，两岸簇拥着大小祠堂20余座。街巷民居的水塘为圆心呈鱼骨状向外辐射型分布，在鱼鳞般密布层叠的翘檐屋脊下面，传承着谢氏勤俭仁厚、爱国爱家的遗风。

9. 云南省云龙县诺邓村

在山涧弯弯的小路上远远可见那镶嵌在天幕和青山之间的诺邓。这是一个罕见的以盐业为主要产业发展起来的白族聚落。始于唐南诏时期，至今1300多年，为滇西北地区年代最久远的村落之一。一口距今千年的古盐井坐落在村口溪河之中，默默守候着岁月更替和时代变迁。

10. 福建省南靖县塔下村

明宣德元年，张姓在塔下沿河谷建造了方形、圆形、围裙型、曲尺形的土楼；清末又沿溪水两岸向后山发展，建造了单元式土木、砖木结构的吊脚楼，形成丰富多姿的土楼群。村东坡上宗祠前，围半月塘矗立的23柱旗杆和华表，标志着塔下张氏显赫荣耀的家族文化。

11. 福建省南靖县田螺坑村

上世纪70年代，美国里根总统的案头摆着一份来自联邦情报局的报告，称卫星侦察中国福建省境内有一个神秘的导弹基地。一个世界级的误断使田螺坑土楼群在2009年成为世界文化遗产。登高远眺，层峦叠嶂的群峰俯视足下，像导弹基地的土楼群如一朵朵盛开的梅花在谷底仰天绽放。

12. 贵州省雷山县西江寨

已经说不清从什么年月开始，苗族先民们在历经了千辛万苦的六次大迁徙之后，终于在雷公山下、白水河畔安营扎寨，创基立业。说不清又过去了多少个世纪百年，这里成了中国最大的苗族村寨。黑压压、密匝匝、依山而建的吊脚楼群，宛如悬挂在天地之间的三个巨大的感叹号！

13. 湖南省通道侗族自治县芋头寨

始建于明洪武年间的侗族村寨，至今已有六七百年历史了。古井、驿道、戏台、学堂、鼓楼，承载着岁月的沧桑，寄托着芋头人的希望。用古代“勘筑”法式建造的古驿道，曾留下红军长征的足印。顺山形地势而峰回路转，和道路两侧的民居、鼓楼共同营造了独特的人文景观。

14. 浙江省兰溪市诸葛村

曾经引起争议，最终由族谱见证，坐落在浙江兰溪高隆岗地区的诸葛村是诸葛亮的后裔的聚居地。村落从选址到布局，无处不体现诸葛亮的天文、地理、军事乃至伦理哲学思想。村外的八座隆岗为护屏，盆地中的风水穴凿池蓄水称太极，八条街巷对应隆岗环绕钟池呈辐射性布局扩建，走进村落如入八卦之阵。“宁静致远，淡泊明志”的遗训至今仍是诸葛村文化建设之魂。

15. 四川省丹巴县中路乡古寨群

在康巴高原东隅，有一个被称为“千碉之乡美人谷”的地方。烽火年代遗存下来的碉楼，是丹巴独特的文化遗产。生动起伏的地形地势，自然天成的奇石怪树，因地制宜的建筑与寨墙，组成村寨道路与街巷一步一景、步移景异的空间序列。美丽勤劳的丹尼姑娘、绚烂多彩的民居院落、独特的民族风情与宗教文化，构成了独特的风景线！

首届经典村落景观简介

1. 江西省婺源县虹关村察关水口

以古树和石拱桥为核心，包括水上“印石浮纱”、祭酒厅、古驿道等在内的一个古代园林景观。

2. 湖南省岳阳县张谷英大屋

以大屋为主体的，包括龙泉井、畔溪长廊、百步流水过三桥等在内的一组景观。

3. 江西省婺源县虹关村虹关水口

以浙源水系为中心的村口古桥、龙门水坝、千年古樟等一组景观。

4. 湖南省通道侗族自治县皇都村普修桥

以普修桥为主体，包括黄土河、新寨寨门、农田风光在内的一组景观。

5. 安徽省泾县黄田村凤子河水系

以进村的条石长径为主体，包括村口古桥、凤子河与凤子河沿岸民居以及情人潭等一组景观。

6. 江西省婺源县思溪村口沿河景观

以思溪河为主体，包括通济桥、民居、园林河埠头等沿河景观。

7. 广西壮族自治区龙胜各族自治县金坑大寨梯田

以金坑大寨民居群落为核心的四季梯田景观。

8. 贵州省雷山县乌东村水系

由小乌东河、乌九河与乌东略河三水合一构成的乌东水系景观，以及传说中创始祖所居住的石屋景观。

首届中国景观村落评选活动（2007年）

首届中国景观村落考察报告

——首届中国景观村落和经典村落景观授牌颁证大会上的讲话

首届评审活动是我们在古村落领域里长期探索与研究以后，伴随着社会经济快速发展和文化遗产保护意识日趋成熟这样一个现实应运而生的。

中国景观村落的评审是一个探索性的创举！它突破了现行社会中的习惯性思维方式和行为规律，不仅从文物和古建筑学入手，而且早在1998年就从哲学、历史、地理、生态与环境学、家庭的起源和村落的沿革等多学科领域展开研究、采取多角度、全方位审视和研究古村落的历史与现实价值，进而由社会命题的研究，深入对文化遗产、文化瑰宝的审美情趣和情感体验，探索古村落的美学价值在现代社会生活中所具有的经济价值。

中国景观村落的评审标准和考察调查报告的科目设置，就充分体现了我们评选中国景观村落的特色。

被我们称之为“景观村落”的，是那些历经沧桑，依然较好、较完整地保存着原有历史风貌的古村落，它们：

1. 有优美的山水环境，有数百年以上建村历史的自然村落；村落里有一定存量的传统建筑和人文景观，并体现了景观的独特性、文化的多样性、审美的艺术性。

2. 村落的布局与自然和谐共融，不仅构筑了一个有利于子孙后代和谐生存

嘉绒藏族姑娘的美是背出来了的

繁衍的社会空间，而且营造了一个富有诗意和哲思的精神家园。在历史与现实并存的时空里，作用于人的精神世界，具有净化心灵、释放心情、增强历史厚重感等积极的心理暗示和社教意义。

3. 在丰富的物质文化遗产中，承载着村落乃至中国农耕社会在不同历史时期的丰富的历史信息，是今天学术研究、历史考证、寻根问祖的文化源头；具有学术研究、艺术审美、远足游历、休闲度假等多重价值。

在专家评委的推荐和地方政府申报这样两方面积极的推动下，首届中国景观村落评选在全国范围内具有一定的覆盖率和民族性；这些村落的存在，是我们这样一个多民族国家拥有丰富多彩的少数民族文化遗产的佐证，也是华夏民族统一于炎黄文化的实证。

首届评选活动不仅评选出来15个中国景观村落，还评选出8个经典村落景观。“景观村落”和“村落景观”，不是文字游戏，他们分别代表着一个村落的整体和局部。

“村落景观”的来由早在1999年。我们在浙江永嘉考察的途中发现了西岸村村口。村口的小河、河边的古井、古井周边的古树群、连接古井和村口的小径、村外的原野、寨墙内院的土地庙等等，组成一个丰富而多情的空间景观。凭我的经验这一定是古村落。可是当我饶有兴致地走进村以后我发现古村落的面貌基本不复存在，村里的民居基本翻新了。我为刷新了的西岸村还能有一个村口作为悠远历史的标志而庆幸，也由此为保护遗存的村落景观开始呼吁。也许完整地保护所有的古村落是一个不切实际的愿望。但是对诸如西岸村村口这样经典组合的村落景观应该作为历史、地域和村落文化的坐标给予鉴定和保护。

“景观村落”是由若干个“村落景观”组成的。

秘书长张安蒙向大会作“首届考察报告”

“村落景观”是由两个以上互相关联的村落元素组成的一个生活空间，这样一个空间蕴涵着丰富的历史与文化的积淀，置身于这样一个空间，给人的心灵以美好的体验。

我在这里不妨再重复一个比喻。考察中路乡途中，我们路过了二郎山。一车子的人不约而同地唱起了“二呀么二郎山呀，高呀么高万丈……”接下来，大家都戛然而止，后面是什么歌词怎么唱？都记不住了。一个村落好比一首歌，一个好的村落景观，就好比其中最动听最朗朗上口的那一段旋律。这首歌可以忘却许多词和曲，可是这一段，“二郎山……高万丈”却永远在心头回响。

如果我们把“景观村落”比喻成一首大型交响乐，那么，村落景观便是其中最动人的一段旋律。

本届唯一申报“村落景观”的是察关村口。

察关村口是由自然山体、水流、古树林木等自然环境与古桥、驿道、祭酒亭等人文建筑镶嵌组合而成的一个空间。我们想象一下，如果把村口这一系列组合的元素都拿掉，只剩下了一座秀拱桥，作为历史古迹保留下来，察关村口一定没有现在这样浓郁的气场和惬意的美感。

张谷英村的张谷英大屋、芋头村的古驿道、皇都村口普修桥、黄田村凤子河情人潭景观、思溪的河埠头景观等等，我们在证书上不惜笔墨地把组成经典景观的自然与建筑元素一一罗列，正是为了体现我们对这一桂冠的钟爱。经典村落景观是一个村落的特色，是村落里一道亮丽的风景线。

首届评选在2007年的年尾圆满告一个段落。评选上的景观村落包括经典村落景观将如何继续景观的保护与建设，是一个更为重要的问题。由于时间关

左图：评委赵叶在陕西水莲村
右图：评委柳忠勤、李青松等在贵州西江苗寨

系，我谨在这里谈一点未必成熟的想法，供大家参考。

一、营造“静、雅、幽、闲、趣”的氛围与环境，让走进景观村落的人们由衷地感到唯有在这里，才是我可以“把心放下”的地方。

静：营造宁静、幽静、素静、安静的环境

雅：高雅、儒雅、优雅、淡雅

幽：幽径，发思古之幽思

闲：闲适、闲趣、闲散、闲淡

趣：妙趣、意趣、雅趣、兴趣

二、变“游览古村落”为“古村落游览”，把功夫下在“把客人留住”。当然，这只是一个理念，还需在实践中、在市场上见真知。我们希望和在座的景观村落联手打造富有特色与亮色的景观村落。示范村建设将于2008年启动。

古村落保护，对我们来说是一个责任和使命驱动下的良心事业。当我们年迈的专家学者、身居要职的司局长评委们，在没有任何报酬的情况下顶着酷暑炎热、涉水爬山，熬着午夜的疲惫在山麓小道上蜷缩着双腿随车颠簸的时候，我深信是这项事业本身所富有的意义和价值，值得我们所有的人为之牺牲时间、付出辛苦，不计报酬地跋涉攀援在大山深处原野之间。

如果不是因为我们所怀有的真诚和执著，吃苦耐劳与实干精神，如果没有我们团队和谐互助并协同作战，就没有我们事业从小到大的发展。

感谢我们的学会、感谢我们的团队、感谢我们的评委们、感谢在座的媒体朋友给予“中国景观村落”的厚爱，让我们继续共同努力，让我们民族的瑰宝最终成为世界人民喜爱的明珠。

谢谢大家！

2007年12月23日

首届评选活动盛况

◎ 首届终评会议主席台

◎ 原地矿部副部长陈洲其为诸葛村授牌

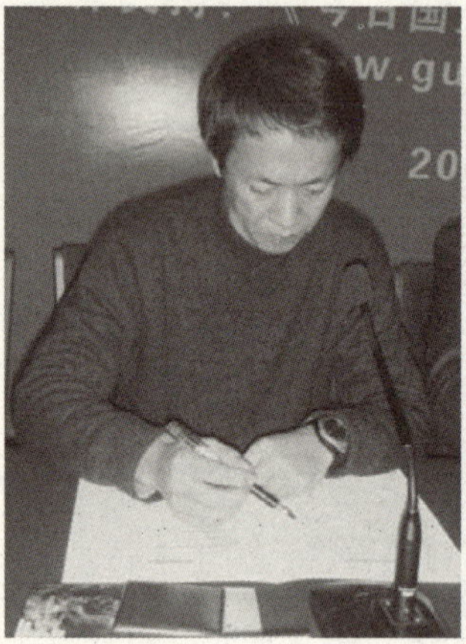

◎ 评审委员会副主任周俭和山西碛口中国景观村落李家山村代表高和平签署《保护公约》

◎ 浙江黄檀硐村参会代表在人民大会堂前留影

◎ 评委们和云龙诺邓村白族姑娘合影

◎ 福建南靖县副县长和世遗办主任受牌后留影

考察纪实

◎ 北京大学现代文学教授、著名诗人谢冕在芋头村通道

◎ 全国人大环资委办公室主任何嘉平在龙胜瑶家

◎ 全国森林防护总站党委书记李青松在侗家

◎ 东南大学著名古建筑学专家、教授朱光亚在丹巴藏绒古寨

◎ 清华大学古建筑学专家、教授楼庆西登上山头看程阳

◎ 桂林市原规划院院长李长杰在芋头村

入选中国景观村落

黄坦洞人欢天喜地迎牌匾

“来了,来了!”一直……鼓乐……衣,戴着帽子,手里拿着一枚彩旗。
齐鸣,全村老少手执……早上5点就起床了。因为他要
相告:“牌匾和证书者……道下山,到高速公路万岙
上午,城北乡黄坦洞……村落牌匾。当他
们犹如过节般欢乐……脸上

首届中国景观……
城北乡黄坦洞村……
落,在全国15个……像
中,温州市入选……”。
23日,中国景观……这次
京人民大会堂……了花
及黄坦洞村……出家
昨天上……会堂里
备车早早地……
处。今年74岁……勇 摄)

景观村落成为文化遗产

“中国景观村落”、“经典村落景观”挂牌

本报讯(记者 权莉)日前,中国景观村落和经典村落景观授牌颁证大会在北京圆满闭幕。经地方政府申报和专家评委推荐,评选出15个中国景观村落和8个经典村落景观,中国国土经济学会和中国古村落保护与发展委员会的领导为“中国景观村落”和“经典村落景观”授牌颁证。

“村落景观”是由两个以上互相关联的村落元素组成的一个生活空间,这样一个空间蕴涵着丰富的历史与文化的积淀;而“景观村落”则是由若干个村落景观组成的。“景观村落”是那些历经沧桑,依然较好、较完整地保存着原有历史风貌的古村落,它们有优美的山水环境和有数百年以上的历史,有一定存量的传统建筑和人文景观;村落的布局自然、和谐,具有适宜人类生存繁衍的社会空间,并且成为富有诗意和哲理的精神家园;承载着村落乃至中国农耕社会在不同历史时期的丰富的历史信息,成为学术研究、历史考证、寻根问祖的文化源头,因而具有艺术审美、远足游历、休闲度假等多重价值。

首届中国景观村落是从分布在中华大地上灿若繁星的古村落群里面选拔出来的,这些村落历经时代与历史的变迁遗存至今的现象,标志着中华民族独有的凝聚力和向心力,浓缩着数千年农耕文明的传统与文化积淀,折射着中国这样一个多民族的国家,有史以来团结友爱、和睦相处、热爱劳动、富于创造的优良传统与民族精神,这些村落所保留下来的人文景观,是中华民族独特的天人合一的世界观、宇宙观、人生观、子孙观的实证。

“景观……文化遗产……时,也成……要载体……从中国……不可多得的……

2007年12月27日 星期四 新闻热线:010-881362……

■编辑:……

■信息资讯

《中国景观村落保护公约》在京签署

首批中国景观村落与经典村落景观授牌颁证

本报讯 (记者 赵志国) 12月23日上午,中国景观村落与经典村落景观授牌颁证大会在北京人民大会堂隆重召开。会议对首次评选出来的15个景观村落和8个经典村落景观进行了授牌颁证,并签署了我国首部以保护、建设与发展古村落为主旨的《中国景观村落保护公约》。

由联合国科教文组织支持,中国国土经济学会主办,国内学术界、政界、新闻界人士共同参与的中国首届景观村落评选活动历时半年时间,相关专家通过实地考察和评审,最终从39个村落中评选出了分布于广西、安徽、贵州、浙江和广东等11个省区的23个景观村落和经典村落景观。

据评审委员会秘书长张安蒙介绍,首批评选出来的景观村落和经典村落景观分别代表一个村落的整体和局部,它们都是有着上百年建村历史的自然村落,有优美的山水环境,与自然和谐的村落布局,村落里保存着传统建筑和人文景观,同时,在丰富的物质文化遗产中,还承载着村落乃至中国农耕社会在不同历史时期的丰富历史信息。如广西程阳八寨的木结构吊脚民居和风雨桥,广东东莞的南社村明清时期96000平方米的古建筑群等等,不仅有古老的建筑,还有优美的自然人文景观。

为避免这些景观村落和经典村落景观遭受工业化和城市化带来的消亡威胁,在对首批中国景观村落和经典村落景观授牌颁证后,中国景观村落评审委员会主任江泽慧和与会的全国人大、全国政协、国务院办公厅、建设部、国土资源部、水利部、国家林业局、国家旅游局等国家党政机关业务部门负责人,联合国教科文组织代表、专家学者以及从全国各地来京参会的中国景观村落代表及其上级行政管理部门负责人签署了《中国景观村落保护公约》。

公约从指导思想、目的意义到组织、缔约方职责、相互合作与援助、中国景观村落的评审等方面进行了严格细致的阐述与规范。公约指出,这些景观村落和经典村落景观大多数都处于偏僻贫困的农村地区,在工业化和城市化的进程中,古村落景观的保护和改善居民居住环境的矛盾日益突出,一些古村落因为盲目发展旅游业而遭受破坏。

各缔约方特别是身处保护一线的具乡村干部表示,作为保护执行者,他们将尊重公约意志,严格按照公约来保护、维护、发展中国的景观村落和村落景观,积极探索适合保护自己村落本身的模式。

评选不是目的，

评上了景观村落更不是终点。

保护与开发永远是一对扯不清的冤家。

开发对保护究竟是利大于弊还是弊大于利?

永远不会有一个定论、一个模式。

它取决于开发者对文化的认同感与使命感!

第四届古村落保护与发展研讨会暨首届公约单位年会（2008年10月18日—10月20日）

评选活动每两年一届。

2008年在上海举办第四届古村落保护与发展研讨会暨首届公约单位年会。

2007年荣获首届中国景观村落的单位成为08研讨会的主体。

会议主题：将时代最前沿的文化创意产业的理念导入中国景观村落的保护与发展

会议看点：都市里来了这样一批人，村官和县官

会议亮点：古村落走进大都市，启动了城乡文化交流的双轨

社会热点：城乡不同环境中的人们对物质与精神需求的迥异和强烈冲突

社会焦点：农耕文明最后的瑰宝——中国景观村落如何在现代文明中独领风骚，即保留其不可再生的遗产资源价值，又在服务于社会与未来的过程中得到自身的发展和经济的腾越！

在同济说古村落

李青松

今天这个会议在同济大学召开，具有特别的意义。大学的影响力固然取决于拥有多少大师，培养了多少人才，产生了怎样的学术思想，但做了哪些大事也是一所大学影响力的重要方面。长期以来，同济大学在用现代理念设计和绘制城市建筑蓝图的同时，也把目光投向偏远的中国古村落，从事了积极的保护和抢救工作，并取得了一系列的成果。作为中国景观村落评选委员会评委，我为此对同济深怀敬意。

同济无疑是一所具有使命感和责任感的大学。

这几年因为工作关系，我去过一些古村落，虽然没有做过深入的考证和研究，但多多少少还是积攒了一点思考的“碎片”。

张安蒙说，见证古村落的，有两样东西：一个是古树，一个是族谱。我同意她的看法。古树或古树群落往往是古村落的标志或者符号。岁月可以使我们忘掉许多事情，但村口的古树却永远生长在我们的记忆中。我们对于古村落的关注不应仅仅是建筑——那些吊脚楼，那些灰砖青瓦的老房子，还要关注它千百年来传承下来的生产方式和生活方式，即它固有的传统和文化。

如果说建筑是古村落外壳的话，那么这些东西就是它内在血肉和精神。前不久我在贵州黎平的大山里的一个古村落，信步走进一个农家，发现一个老奶奶正在用一个木榔头捶刚刚染过的土布，当当当，特别有韵律。她并不理会我的到来，自顾埋头捶打。我问她，好好的土布为何要捶打呢？她说，捶打一则是为了让土布发亮，二则是增加土布的韧性。木榔头是用油茶木做的，沉稳而结实。当当当，老奶奶就那么捶打着，生活的韵味也在里边了。老奶奶不是故意做给我们看的，她的生活状态就是那样的。不论我们在场不在场，她的生活状态就是那样的。

而有很多古村落，为了迎合城里人的好奇，每天的行为已经成为了一种表演了。这就变味了。比如，一些古村落村口的“拦客酒”仪式，还有一些无精打采的舞蹈表演节目，敷衍而又机械，我看后实在难以送上赞美的词汇。

别林斯基说：“艺术的目的在于唤醒本来沉睡着的情绪、愿望和情欲，使其再活跃起来，把心填满……”而面对这些变味了的东西，我的心却无论如何不想填满了。

我们保护古村落并不意味着就在保护落后。古村落是祖先留给我们的文明遗产。它的建筑工艺，它的各种功能的细部考虑，我们敢说今天的水平就超越它了吗？我们要尊重历史，更要尊重古村落里的人。古村落里的人一样有享受现代文明成果的权利。我们不能要求它一定要怎样，一定不能怎样。古村落里的年轻人喜欢穿西装穿皮鞋，唱流行歌曲，这也无可厚非。我只是说，它要按照自己的方式，而不是我们强加给它的方式或者为了迎合我们的方式生产和生活。

在一定意义上，古村落的命运和未来，不取决于专家，甚至不取决于政府，而是取决于村民自己的认识和行动。

（此文系根据作者在2008年10月18日至20日于上海同济大学召开的“中国景观村落保护与发展研讨会”上发言内容整理而成）

第四届研讨会图文纪实
研讨会场内：激情与困惑——热气腾腾

◎ 研讨会在同济联合国文化遗产保护亚太评选中心会议室举行

◎ 研讨会由专题报告和会员研讨与交流两个部分组成

◎ 古建筑专家阮仪三教授与代表亲切对话

◎ 永嘉县副县长胡嘉临建议古村落保护立法

◎ 乐清市副市长李银桥在大会发言中说：黄檀硐景观村落的保护已纳入本届政府工作报告

◎ 签署公约：河北邢台县和山西榆次地区代表在会上激情发言并率先申报第二届中国景观村落

文化创意园区考察——别开生面

◎ 红坊董事长郑培光向与会代表介绍创意园

◎ 红坊绿地中矗立着“美哉，中国景观村落”展牌

◎ 文汇报资深记者浦建平与罗老合影

◎ 代表们饶有兴趣地和上海市民合影

黄檀硐考察——交流与互动

◎ 座落在雁荡余脉峡谷中的黄檀硐

◎ 午间，代表们在黄檀硐村委的盛情要求下挥笔为黄檀硐景观村落作诗泼墨

◎ 西龙谷归来

第二届中国景观村落和经典村落景观评选活动
（2009年4月12日—12月14日）

第二届中国景观村落评选活动的特点

1. 首届村落申报主要依赖专家和评委的推荐。二届多来自地方自觉申报，体现了首届的影响力和媒体、网站的传播效应。其中还包含着社会力量推动下的政府行为。

2. 第二届评选活动在申报村落英谈的所在地邢台县委县政府热情支持与协办下，举行了不同凡响的启动仪式。

3. 二届考察期间，增设了考察组和地方政府与村民的双向交流会。不仅使村落文化景观保护的理念“一竿子插到底”，也有效促进了信息互动与情感交流。同时，点上的经验和问题在评选活动的平台上得到了提升和拓展。一方面使主办方更直接地把握社会层面上的共性问题，另一方面也扩展了“一村一寨”的视野，从而寻求探索适合本土地域文化特色的保护与发展模式，避免村落在开发过程中的同质化倾向 。

4. 楠溪江上、中、下游的古村落群成为二届一个亮点，并为之增设了“中国景观村落——楠溪江古村落群”的项目。第二届评选活动增设了古村落保护贡献奖。

第二届中国景观村落的特点

1. 从村落的规模、体量、经济、历史渊源等方面比较来看，二届具有更生态、更质朴、更平民化的特点。其中，一些规模相对较小的村落究其源头，是大宗族繁衍发展过程中，寻求独立发展的创业型村落。楠溪江的茶园坑溪口古村居住着戴氏一族，至今已有九世孙，是富有历史文化底蕴的溪口为茶园提供了它独立发展的家族背景。瓯海的水碓坑村先祖从业造纸，为拓展生产规模，其中一支由祖籍地福建来到瓯海泽雅，至今不过八、九世孙。然而，当水碓坑村将一大摞宗谱搬到我们面前的时候，这个不过数百人的水碓坑村的历史顿时有了深度和厚度。

2. 楠溪江上、中、下游的古村落群成为二届的一个亮点，并为之增设了“中国景观村落——楠溪江古村落群”的项目。

3. 首届经典村落景观黄田村再次申报参评，经考察复审后晋升为中国景观村落。

4. 一个沉陷中的村落，陕西渭南水莲村的落选成为二届评选之痛。

◎ 楠溪江山水

◎ 楠溪江历史文化村落分布图

楠溪江古村落群

楠溪江流域奇山秀水，人杰地灵，文人学士辈出，是一个不可多得的独具特色的文化圈。200多座以血缘为纽带的村落，个个融于山水，充满着诗情画意。一个村落就是一个宗法共同体。宗族组织管理并经营着村落的繁衍与发展，维护着这个家族的安危与兴衰。耕读文化是这些村落文化的核心价值，故楠溪江古村落文风鼎盛。

楠溪江流域秀美的山水风光，熔铸着耕读文化的审美意趣和人文情怀，至今仍然是仁人智者们的精神家园。

◎ 坐落在山头之上的背牛坑村口

◎ 岩龙村

◎ 廊下村

◎ 溪口村

◎ 鸟瞰小林坑村

第二届中国景观村落简介

1. 福建省南靖县长教溪古村落

包括璞山、宫泽、坎下三村，大多姓简。走进长教，每一步都是历史的脚印，每一景都有古老的回声。优美和古老，自然与人文水乳交融，难舍难分！

纵横十余里的长教溪，宽宽的河床之上风景如画。那滔滔的溪水如云，托着两岸的古榕、古楼、古桥、古宅，风光旖旎。光着脚丫漫步在溪水之畔的古道，竟不知身处何境，心旷神怡！

2. 浙江省永嘉县茶园坑村

茶园坑头起炊烟，密林深处有人家。蛮石筑基垒高墙，山道弯弯伴溪来。

3. 浙江省永嘉县埭头村

有着700多年历史的埭头村保存着大批明清时期的故居和宗法建筑：松风水月、墨沼生香、启秀祠、裕后祠……听听这些飘逸着书卷气和翰墨香的名号，感受到一个耕读世家沉郁的文化积淀。鸟播林、卧龙岗见证先祖们与自然共生共荣的创业史。

4. 浙江省永嘉县芙蓉村

唐末，为避乱世，陈氏夫妇沿楠溪之水至芙蓉三峰脚下，芙蓉村因山得名，这个有着秀丽妩媚名字的村落，在南宋末年元兵南下之时，经历了一场空前绝后的浩劫。直至元末明初，陈氏后人重整旗鼓，再建家园，将分散的田园小村集于一寨，融阳刚与阴柔之美于一体。芙蓉村名副其实地如出水芙蓉一般的美不胜收。

5. 福建省南靖县河坑村

明嘉靖年间，张氏在此开基，三面青山围合，周边田园环抱，13座不同年代不同造型的土楼组群历时400多年。主要的几座圆形红楼分布在山谷溪水之畔，呈北斗星之状。其景壮美，其韵隽永！

6. 山西省晋中市后沟村

村内古碑上刻着“年代替远，不知深浅”，片言只语却折射出它的沧桑历史。后沟仅有75户人家251人，可是却有着观音堂、关帝庙、玉皇殿、真武庙、山神庙、龙王庙、河神庙、五道庙、魁星楼、文昌阁、古戏台、张氏祠堂、龙门茶社等一系列民俗宗教文化建筑。再有农家院落和自给自足的油、酒作坊，给后人留下了一个农耕文明的文博馆。

7. 安徽省泾县黄田村

被评为首届经典村落景观，其后，榔桥镇加大保护修缮力度并严格控制，谨慎开发，在第二届再次申报、晋升。黄田村有一个经典的风水选址，以风子河沿岸民居和以洋船屋为代表的古建筑群，彰显黄田村历史深处的经济与文化程度。青山绿水、田园风光，走进黄田依然能感受到别样的幽雅和沉静。

8. 浙江省永嘉县暨家寨

地地道道一个“山寨之王”的村落。站在迎风飘扬的“暨家寨”彩旗下，环视周边是连绵起伏的一个个山头。山高林密、瀑多谷深，天然的氧吧、自然的生态、淳朴的民风、独特的民居格局和生活方式，都与独特的生存环境和谐相融。好一个暨家寨！

9. 福建省南靖县梅林村

在疏影横斜的梅树下、清清浅浅的梅溪旁，46座夯土版筑的土楼坐落在四面环山的盆地中央。梅林溪边矗立着的一帧节孝旌表坊和一座翠轩楼书院，记载着一段动人的故事和一个历史人物。“文峰冬日”、“仙翁捞月”、“龙井渔歌”、“虎跳孤松”诸景和妈祖文化在这里集萃传承。

10. 福建省南靖县石桥村

在大山中的一个小盆地里。汉代良臣张良嫡孙张字典的后裔于明英宗正统八年（1443年）在此建村。谷地清流如带，绿树如烟，山环水绕，地形地势起伏多变。民居大多沿盆地边缘和溪边坡地建造，有效节约盆地内的有限耕地。“步武安详循序进，云龙变化任高飞”传承着耕读为本、忠孝仁义的族训。

11. 浙江省温州市水碓坑村

群山环抱，绿水依依，茂林修竹，瓦舍青青。潘氏先民自康熙年间迁来泽雅，凭借丰富的竹林资源，开始了古老的造纸生产。这一古老的传统工艺在濒临消亡之际，因非遗保护而得以重生。

12. 河南省内乡县吴垭村

厚重的历史凝聚在石板路、石板桥、石台阶、石楼门、石院墙、石磨房、石井、石桌、石凳、石窑、石墙青瓦之间，一个地地道道的石头村。富有神韵的小巷、爬满青藤的台阶，斑驳的碑文记载着村落始祖创业的艰辛和守成的遗训。中原地区难得保存下来的历史村落，令多少文人墨客在这里感慨万千！

13. 贵州省锦屏县文斗村（苗族）

村落坐落在海拔700米左右的半山腰。2006年因下游三板溪电站高达185米的大坝形成了库区湖，文斗村因此形成“三面环山，一面靠水”的半岛型生态区域。一面湖水荡漾，四季环山苍翠，文斗因此益发美不胜收。一个封闭的地域环境中的文斗村却有着开放的历史文化，婚俗改革、扬善惩恶、契约信用以及从御赐石碑到村规民约、墓志铭、指路牌形成蔚为壮观的组群碑文化，让我们看到了一个苗族村寨的文明！

14. 浙江省永嘉县屿北村

“臣闻治道不在多言，顾力行何尔”，一份令宋高宗拍案叫绝的状元殿试卷出自屿北先祖汪应辰之笔下。三面环山，一面临溪，远处青山叠翠，村外修竹茂林，尚书祠、茂秀堂、屿北营、端明书院等，标志着屿北浓厚的人文底蕴。

15. 河北省邢台县英谈村

一座用太行山石头筑就的村落。其壮、其美、其雄、其峻，无不为太行神韵所育。明永乐年间从山西洪峒迁来一路姓人家，始以刨坡地、种果树为生，后来开始挑担经商，天长日久，年复一年，富甲一方，诞生了一座石头城。抗战年间，国共两党都曾在村里设立过中央军事指挥部。

第二届评选活动盛况

◎ 第二届评选活动启动仪式在河北邢台英谈村隆重揭幕

◎ 来自全国各地的首届景观村落代表走进英谈古村寨门

◎ 赵叶为林坑村题词：神韵

◎ 柳忠勤和刘夏蓓在东龙村考察

◎ 乔申乾在吴垭村考察

◎ 黄田村代表：从江南古村来到太行山寨感觉就是不一样

◎ 上海摄影家协会秘书长曹建国在水碓坑村考察

◎ 古建筑专家孙统义从专业角度谈英谈民居的修建

第二届授牌、颁证（表彰）大会暨09年会

◎ 大会由常务副理事长周俭主持

◎ 评审委员会副主任王景慧宣布入选村落

◎ 签署中国景观村落保护公约

◎ 学术演讲

◎ 为文斗、英谈、后沟、吴垭村授牌

◎ 为永嘉县景观村落授牌

◎ 秘书长向评委主任汇报二届工作

◎ 古村落保护的历史汇编成册了

考察新场·庆祝中国景观村落评选活动三周年联谊会

◎ 北方代表下江南：满心的欢喜

◎ 新场传统文化表演

◎ 联谊：庆贺委员会成立三周年

◎ 二届授牌颁证大会合影

两地书

秘书长致函澄城县张银仓副县长

澄城县人民政府

尊敬的张副县长：您好！

您也许已经获悉，在刚刚落幕的第二届中国景观村落评审会上，一共评选出 15 个村落。我们澄城县的水莲村没有上来。

向您报告这样一个信息，我的心情并不轻松！

终审会上，到过水莲村考察的评委们都深情地向全委介绍了水莲村的历史文化和她今天所面临的困惑；介绍了澄城县政府在申报前后和考察过程中，不断提升的对水莲古村的认知与关注。

我们同时也深深感受着澄城县政府对我们古村落保护与发展委员会所持有的高度的热情、充分的信任和热切的期待；这一切不仅让我们记忆犹新，而且让我们对水莲村怀着一份真切的无法割舍的情感。

然而，我们不得不坦言，当我们走近水莲村的时候，我们开始感受到隐藏在这片土地深处的历史的长痛；当我们在史俊斌热情洋溢的介绍中，遥望那一座座横亘连绵的山梁和黄土，我们仿佛看到一个古老的巨人，从太阳沉落的山坳里朝我们走来……

水莲村老了，老得让他的后人“背不动”了。水莲村的后人们有一千个、一万个理由卸下历史的重荷，追求他们认为更美好的生活。

同时，我们又不得不认为，正因为这样一片古老的土地，承载着千年文明和万载烽火，水莲村的生命与生存才显得格外的重要、格外的亲切、格外具有一种沧桑美！因为它从昨天走来，它的身后留下了一串串足印！刷新一个水莲村只需要一台推土机，可是我们却将“古老和历史”葬送！

我们的结论是，水莲村的保护，迫在眉睫，水莲村的保护，任重道远！

如何保护这样一座沉陷之中的古村？

如何为这座沉陷之中的古村注入新鲜的活力？

当我们离开水莲村的时候，填满我们胸臆的是对历史负疚的一份沉重和对未来茫然的一腔期待！

尽管我们的评选是为了更好地保护古村文化景观；但是，因为“中国景观村落” 的评选是有标准的；中国景观村落的评选是在村落与村落的比较中进行的。这便是让我们感到两难的地方。

我们真诚地希望澄城县不会因为这一次申报的失利而放弃对水莲村的热情和保护；我们真诚地愿意和您一起深入探讨水莲村的保护与发展；对于申报与考察过程中澄城县委县政府给予的热情支持与合作，我们谨致以最真诚的感谢！

对于积极推动水莲村保护与申报的史俊斌记者和其他各方面人士，我们同样恳切希望他们不会因为本届申报失利而受到伤害，产生挫折感。我们请您转达：我们对他们的精神和所做的努力致以最崇高的敬意！

2007年，“福建土楼”向联合国教科文组织申遗成功！ 福建南靖申遗办的王华阳主任告诉我们，土楼申遗前后一共经历了9 个年头。更可贵的是，福建南靖在申遗成功的同时，从首届到二届，每一届都积极申报中国景观村落。我们相信澄城县一定会在景观村落的保护与建设方面做出自己独到的贡献！

我们愿意与您协同努力！

中国古村落保护与发展委员会秘书长

张安蒙

2009年 11月7日

张银仓副县长回函

澄城县人民政府

尊敬的张秘书长:

您好！您的来信已收悉。首先，感谢您对澄城县政府的信任和对澄城水莲村的厚爱。

澄城水莲村在第二届景观村落评审中落选，我们确实感到遗憾，但我们绝不会因此而放弃对水莲古村的保护，请您相信，我们定会锲而不舍，加倍努力，加大保护开发力度，让这片承载着千年文明和万载烽火的古老遗址在我们手中得以延续，争取在下一届中国景观村落评选中申遗成功。

对于为积极推动水莲村保护和申报的史俊斌记者以及其他各方面人士，我也一一与之作了通话，转达了您对他们的关爱和期望，同时也表达了我们对他们的衷心感谢和崇高敬意，他们也纷纷让我转达对您的感谢，表示将一如既往地关心支持水莲村的发展，把这一古代智慧的活化石、活着的文物馆展现给世人。

最后，再次感谢您及几位专家对澄城的关心与支持，同时也恳请您与几位专家今后能一如既往地关心、支持澄城发展，使澄城水莲古村早日申遗成功。

澄城县人民政府：**张银仓**

二〇〇九年十一月十七日

第三届中国景观村落和经典村落景观评选活动
（2011年6月16日—12月25日）

第三届中国景观村落评选活动概况报告

中国景观村落和经典村落景观的评选活动自2007年起始的，至今已有六个年头了。评选每两年一届，今天是第三届授牌颁证。今天在这里隆重举办的第三届授牌颁证大会本应在2011年举行的，由于年底紧邻年初，各方各面的工作都十分繁忙，三月份又是地方两会时期，所以这个大会就推迟到了今天。

第三届评选活动在2011年6月16日启动。申报阶段历时3个月，9月中旬开始进入考察阶段，12月24日进入终评阶段。三届共有申报村落18个。经评委们严格、审慎的讨论和最后的无记名投票，得票在半数以上的9个村落被正式命名为第三届中国景观村落。今年4月，根据评审会的意见，对四川阿坝理县申报的三个村落进行实地考察后，考察组确认：去年评审会上已经入选的桃坪羌寨符合评选标准；当时因没有进行过考察而没有进入评选程序的甘堡藏寨，符合评选标准。这样，三届最新评选出来的景观村落一共是10个。再加上2011年6月，在第三届启动评选活动的新闻发布会上，率先授牌颁证的江西宁都县田埠乡东龙村，第三届一共评出中国景观村落11个。

回顾和总结第三届评选活动，有一个“亮点”。上海复地房地产股份

回顾和总结第三届评选活动，有一个“亮点”。上海复地房地产股份有限公司以高度的热情和真诚合作的姿态，作为古村落保护与发展的共建单位，参

与了第三届评选活动。 特别是6月16日以后，成都复地公司闻风而动，调动起媒体资源为第三届中国景观村落评选活动鼓与呼的同时，组织发动社会志愿者和网民，分成几条线路，为家乡撷美采风。首批推介上来的村（镇）达152个。其中有相当数量具有厚重历史感的村落，也包括一些场镇。这些尽管还很不够完整的资料汇聚起来，却具有窥一斑而见全貌的价值。四川这个天府之国的政治、经济、文化的历史脉络和独特风貌，从这些边边角角地区的村镇聚落向我们走来。 四川省最美村落的评选活动为中国景观村落申报奠定了扎实的基础和可观的展望。中国景观村落和经典村落景观的评选活动自2007年起始的，至今已有六个年头了。每两年一届，今天是第三届授牌颁证。今天在这里隆重举办的第三届授牌颁证大会本应在2011年举行的。由于年底紧邻年初，各方各面的工作都十分繁忙。三月份又是地方两会时期，所以这个大会就推迟到了今天。

第三届评选活动在2011年6月16日启动的。历时3个月为申报阶段，9月中旬开始进入考察阶段，12月24日进入终评大会。三届共有申报村落18个。经评委们严格、审慎的讨论和最后阶段的无记名投票，得票在半数以上的9个村落被正式命名为第三届中国景观村落。今年4月，根据评审会的意见，对四川阿坝理县申报的三个村落进行实地考察后，考察组确认：去年评审会上已经入选的桃坪羌寨符合评选标准；当时因没有进行过考察而没有进入评选程序的甘堡藏寨，符合评选标准。这样，三届最新评选出来的景观村落一共是10个。再加上2011年6月，在第三届启动评选活动的新闻发布会上，率先授牌颁证的江西宁都县田埠乡东龙村，第三届一共评出中国景观村落11个。

迄今为止，我们有了中国景观村落经典村落景观。还有1个浙江省永嘉县“楠溪江古村落群”。

回顾和总结第三届评选活动，有一个“亮点”。上海复地房地产股份有限公司以高度的热情和真诚合作的姿态，作为古村落保护与发展的共建单位，参与了第三届评选活动。6月16日以后，成都复地公司闻风而动，调动四川省媒体资源为第三届中国景观村落评选活动鼓与呼的同时，同时组织发动社会志愿者和网民，分成几条线路，为家乡撷美采风。首批推介上来的村（镇）达152个。其中有相当数量具有厚重历史感的村落，也包括一些场镇。这些尽管还很不够完整的资料汇聚起来，却具有窥一斑而见全貌的价值。四川这个天府之国的政治、经济、文化的历史脉络和独特风貌，从这些边远地区的村镇聚落向我们走来。　四川省最美村落的评选活动为中国景观村落申报奠定了扎实的基础和可观的展望。

三届申报的亮点除了企业的公益行动之外，还有许多个人的积极参与。云南原云龙县宣传部长陈云华、贵州在线的谢志强和他的团队、长治文博馆办公室主任石贵生等都在自己的岗位上，利用岗位和职责的传播优势发布申报信息。特别是石贵生，他抱病在长治地区所辖的几个县进行信息推介。他的病在腿上。10—11月份的山西已经是冰和雪的季节。他靠步行、骑单车，前后走访了平顺县、长治县、长治郊区、沁源县等村落和政府的相关部门。严格按照申报要求，在每一份申报材料上加盖县乡村三级公章。他送来的有公章的申报表有3份，没有盖全公章或没有盖上公章的村落资料有7份。每一份都有较为翔实的介绍。他的精神感动了他的朋友和同事，也受到了长治人大副主任、工会主席张书庆的支持。令人心疼和不安的是当石贵生完成了申报和陪同考察之后，他的腿病大发了。经地方和北京等地几个医院的多方检查后诊断为骨缝里的“达摩”肌瘤、下肢严重血栓等。由此可以想象那段时间石贵生承受着怎样的一种疼痛。

我把复地集团与委员会的共建，把石贵生为长治地区古村落申报所做的事迹视为三届的亮点，是因为我们一贯的理念是：评选不是目的，评上也不是终点。在评选过程中的人和人的精神风貌，永远是最重要的。

第二，谈谈对第三届景观村落的总体感觉，仅限于个人观点。

记得我对第二届中国景观村落是这样概括的：与首届相比，第二届景观村落在规模和体量等方面看，有的相对比较单薄。但是究其原因，这些规模和体量相对较小的、隐藏在大山深处和人迹罕至之处的村落，大多是从一个庞大的母体氏族村落中分离出来的。他们有着母体氏族村落的血脉和文化的传承。也因为他们地处更偏远、更幽闭，有着更与世无争的生活态度，使他们显得更质朴、更生态、更平民化。

第三届就很不同了。第三届的整体风格气质，似乎更厚重、更雄浑、更悲壮、更具有震撼力。

桃坪羌寨的地下水网，贯通各家各户的神秘幽深的巷道管弄，还有耸峙云天的碉楼，无论你走到哪里，都能深深感受到羌寨的魅力和历史的回声；

甘堡藏寨的屯兵文化和代代相传至今不息的锅庄歌舞，在哀伤与悲怆中展现一个勇猛善战、敢于为国捐躯的民族部落内心深处那一份刻骨铭心的爱恨情仇；

在诸暨的斯宅村，关于先祖建村史的传说，浸染着浓郁的书香翰墨和人才辈出的笔峰书院，以及以“千柱屋”为核心价值的斯宅古建筑群，处处折射出斯宅深厚的人文传统与博大精深的教育思想；

还有增冲村最古老的鼓楼和为了村里两姓的和谐而终止另建造一座鼓楼的，那一块数百年来任凭风雨洗礼、仰面问天的鼓楼遗址，每年每月每一天，都在无声地向后人昭示着“以和为贵”的祖训；

还有那个建立在第五代、也是末代土司制度遗址上的城子村，那层层叠叠错落有致的石头房顶上矗立着的一座座敦敦实实的粮囤，在瓦蓝的天幕背景下构成了城子村独一无二的风景；

还有坑头村的三十六座半的桥，从桥洞下远观，宛若鹅峰脚下盘旋而来的长龙。然面，36座半桥不仅具有功能价值可观的审美价值，还蕴涵着坑头村潘氏的历史观、价值观。

各位领导、各位代表、各景观村落的朋友们，今天我们在这里举行盛大的授牌颁证大会，是因为有你们长期以来给与的支持予合作。感谢你们百忙之中、千里迢迢赶来北京参会。我知道云贵地区许多地方正在闹着干旱，不能为你们分忧解难，不能为你们提供更多的服务，我们感到十分惭愧。

评上景观村落之后，许多村落的知名度都有不同程度的提升。在赢得社会关注度的同时，投入的力度也在不断加强。但是，保护与开发永远是一对扯不清的冤家。评选和挂牌究竟是利大于弊还是弊大于利？这个问题常常困扰着我们。我们的核心层也在反思和研究，挂上了牌子之后的村落，是不是加快了古风古貌的蜕变？

张安蒙

2012年5月12日

第三届中国景观村落简介

1. 云南哈尼彝族自治州永宁乡城子村

这是一个具有震撼力的美丽山村。依山而筑的土掌房，层层叠叠，和优美的山水环境和谐相融。城子村曾经是明朝时期彝族自治的土司府所在地。第五代土司昂贵也是彝族土司自治的最后一代，是城子村的先祖。这使得城子村的政治经济文化的发展有着与众不同的特色。

2. 贵州从江县增冲村

该村门保存着较完整的村落格局，具有丰厚的历史底蕴，因岁月沧桑显得颓败老旧，因此，是一个具有保护价值和发掘潜质的村落。村内有鼓楼一座，是至今发现侗族鼓楼中最古老的。

3. 贵州从江县占里村

占里村坐落在深山密林中，是一个植被良好、民族风情浓郁的美丽侗寨，村外苍山叠翠，门前流水淙淙，一幢幢吊脚楼错落有致，鼓楼、风雨桥历历在目。收获季节的占里，更像一艘挂满风帆的战船。那一排排高高的晾禾架，就像一张张迎风招展的风帆。这是一个有着古老而又神秘的"优生优育"文化的村落。

4. 浙江诸暨市斯宅村

这是青山绿水之间的一座江南巨宅。自唐以来，斯宅的家族传统教育培育了一代又一代国家栋梁之才。发祥居、斯盛居、华国公别墅等古建筑，从建筑规模到建筑格局，从建筑形制到建筑细部，皆恢弘而又精美。尤其是其中的斯盛居千柱屋，堪称建筑史上的一个经典。

5. 浙江永嘉县林坑村

三面环山，一水穿村。青山翠竹，涧水石凸。这里没有深宅大院，没有亭台楼阁，没有高官名相，没有人文遗址，然而一座座木石结构的民居像悬挂在山水之间的摇篮，朴素真实，野趣天然，体现着林坑世代百姓独有的民风和山水情怀。

6. 江西婺源中云乡坑头村

该村有1100年的历史。村庄四面群山环绕，山峦叠嶂，呈狭长之势。源自鹅峰山下的九股山泉汇成一水，迤逦而来，穿村而过。民居沿水而筑，逶迤曲折。有桥36座半，沟通两岸。家家有方形、圆形、半月形鱼塘景观。

7. 江西婺源浙源乡虹关村

虹关自古经营徽墨，祖传徽墨良师甚多，是徽墨中一大派别。村中民居多为明、清建筑，系墨业世家所建，房屋设计高雅大方，砖雕装饰比比皆是，木雕艺术极为精湛，集徽州古建筑雕刻艺术之精华，是婺源县民居古建筑较集中的村镇之一。

8. 山西长治市沁源县古寨村

在晋商最活跃的明清时代，形成了民居建筑群，现基本保存完好，多数有村民居住，少数残损或有遗址。古庙、古坛、古堂始建于明清时代，清末民国初年有重建。

9. 四川省阿坝理县桃坪羌寨

桃坪羌寨有目前世界上保存最完整的羌族古建筑群。神秘奇特的地下水网、四通八达的地下暗道、碉楼合一的迷宫式建筑程式，被誉为“羌族建筑艺术的活化石和神秘的东方古堡”。

10. 四川省阿坝理县甘堡藏寨

因其是“山坡上的百户大寨”古称“甘堡甲穹”。整村寨依崖而建，幢幢相连，户户相通，气势恢弘。古老的屯兵文化使这座美丽多情的村寨更具有雄浑壮阔的阳刚之气。锅庄舞传承着先民出师东方、为国征战的英雄气概，豪迈情怀。

11. 江西省宁都县东龙村

地属武夷山脉支脉，地势东高西低，海拔在500米至900米之间。四面群山环绕，山峦叠翠，中间一旷平野，莲池荷花、秧田稻香、水网映天，素有“架上金盆”之美誉。李氏建村上下千年，至今保持传统民俗，逢年过节尤其盛矣。

第三届评选活动盛况

◎ 评审委员会副主任、原地矿部副部长陈洲其为大会题词“生生不息”

◎ 常务副理事长周俭和复地集团高级副总裁为共建纪念石揭幕

◎ 评审委员会成员向复地集团执行董事吴平赠送题词

◎ 题词由来自山西临县的砖雕工匠徐庆前拓印并雕刻

四川省最美乡村评选活动在渝宽窄巷启动

◎ 伸出你的手——《华西都市报》复地集团、省委政策研究室、古村落保护委员会共建古村落保护事业

◎ 祝贺中国景观村落评选活动在四川启动“省内最美乡村”评选

考察纪实

◎ 汲一分甘堡屯兵文化的豪气

◎ 风雪中的古寨别有一番沧桑与厚重

◎ 评委李青松引来了省林业厅专家型领导

◎ 长治地区宣传部长参加了考察交流会

◎ 恢弘的羌寨使青年学者感叹和凝思感叹和凝思

◎ 城子村的村落景观使考察不断地考察组评委们止足忘返

◎ 考察中发现了对斯宅古建筑保护有重要贡献的人物

◎ 哈达的祝福使考察组成员豪情满怀

Ⅶ感恩

2008年，信箱里收到一份关于中国文物基金会举办“薪火相传——文化遗产保护杰出贡献人物评选活动”简章通知。斟酌再三，决定参与申报。

所以“斟酌再三”，是因为20年来我所以“执著”，不是为了某个荣誉。

荣誉的动力很难维系20个春秋寒暑。但，我倾情倾力而为之的古村落，是否收到了社会和政府应有的重视？古村落和与古村落的生存发展同呼吸共命运的人们，所努力的价值，是否得到了社会和政府应有的肯定和评价？

虚怀若谷，固然是一种境界；但是为了事业挺身而出，也不乏是一种精神。倘若因避“风头”之嫌而当挺不挺，岂不也是一种狭隘？

什么是文化遗产？大多数人的认识仅停留在“文物”，如长城、故宫、古遗址等。 我要是参与申报评选，我就把“古村落”带进了“文化遗产”这一神圣的殿堂、人类文化与智慧的宝库，带进了国家文物保护与管理的部门。这样一个举动倘若能成功，难道不足以抵顶、甚至远远大于20年奔走呼号所期待的影响力吗？

我的组织、我的组织的领导们，中国古村落保护与发展委员会的理事长们个个都不等我说完，就朗朗表态：支持！

于是，有了组织领导的推荐，有了罗老的举荐……

于是，2008年8月，我和“中国古村落”一起荣登薪火相传——文化遗产保护杰出贡献人物的领奖台。

实话实说，站在这个舞台上的时候，我觉得太小了；因为我的舞台在山水之间。但是，我由衷地感到，如果没有人把我推上这个舞台，如果没有中国文物基金会为所有付出和有贡献者搭建这样一个舞台，那些撒落在山水之间的“文化珍珠”该是何等的寂寞啊！

我站在台上，站得很直。因为我代表着“中国古村落”！

推荐书一

薪火相传－08中国文化遗产保护杰出人物

张安蒙女士十多年来全力投入在我国古村落的保护事业之中。其中有三项工作对我国古村落的保护与发展作出了重大贡献。第一是自筹资金拍摄了推广和弘扬中国古村落传统文化和遗产价值的电视片，使古村落走进了现代社会的视野；第二，在中国国土经济学会下发起成立了“中国古村落保护与发展专业委员会”，承担了大量义务的筹建和组织工作，这是我国第一个关于古村落研究与保护的社会团体和学术组织，得到了社会各界包括历史、建筑、规划、经济、法律、考古、文化以及政策等学术领域的专家和各政府部门的参与和支持，在短短的5年中已经发展成为一个拥有20多位知名学者和20多位政府部门领导加入的综合性的组织，并且得到了广大村落的共同认可；第三，提出了“景观村落”的概念，首先设立了“中国景观村落”的冠名称号并开展了“中国景观村落”的社会评审活动，获得了广泛的社会认同，关于“景观村落”的研究也正在组织开展之中。这一概念的提出以及评审和研究活动的开展，是对政府保护古村落文化遗产（历史文化名村名镇）的有效补充，是我国自下而上开展文化遗产保护并探讨古村落持续发展的一个有益的尝试，也是对联合国教科文组织关于文化景观和文化多样性保护在我国进行的一项实践。

推荐人：周 俭

中国古村落保护与发展委员会副理事长

上海同济大学城市规划设计研究院院长

推荐书二

中国古村落与张安蒙同志的名字是紧紧连在一起的。

中华五千年的历史积淀和文化遗产让每一个中国人都为之自豪。而张安蒙，这位来自上海的知识女性表现出的却是自豪以后的一份责任、一种使命和勇往直前的忘我行动。从1989年发掘湖南张谷英村开始，她就执著于中国古村落保护和发展的探索实践，在理论研究、文物保护、城镇建设、旅游开发等方面都作出了令人瞩目的贡献。

十八年来，她走过千山万水，寻访了大江南北上百个古村古寨。山山水水之间、屋瓦翘脊之下，她作为“百村村民”融入其中，将散落在中华大地之上的古村古寨，像收藏珍珠玉石一般发掘和汇集起来，于是，灿烂的中华文化遗产中闪现了“古村落”这个夺目的名字。

十八年来， 她用自己微薄的力量和不懈的努力，创建了保护和发展古村落的社会公益事业。2002年，在中国国土经济学会的支持下，由她发起组织的中国古村落保护与发展专业委员会正式成立。

十八年来，她历尽千辛万苦，背离了繁华的都市，放弃了生财的机会，忍受着亲人离别的痛苦，她把古村落的研究和保护发展视为人生的最高尚的追求。家就是她的工作室，所有的收入是她的考察经费，亲朋好友是她的工作助手……她自费建立了“古村落网站”，在全国最早较完整地介绍了中国古村落的现状、分布和历史文化价值。她自费编印书刊和研究资料，吸引更多的有识之士共同参与。

在她的潜心探索下，中国古村落研究有了全新的内涵和价值，从而使中国古村落的研究走向了多学科领域、综合研究的方向。

“德不孤，必有邻。”张安蒙同志对古村落的一往情深和一往无前的精神，感染着她身边的许多人。古村落保护事业因此像滚雪球一样地逐年发展壮大起来。而她则马不停蹄地依然走在行列的前头，为古村落的可持续发展，为中华文化的不朽遗产印证着新的精神与魂魄！

推荐人：赵　叶

中国古村落保护与发展委员会副理事长

现任靖江市市长

荣誉之后的断想（节选）

【心祭】

凝望着祭台前你的微笑，我把荣誉证书和奖杯轻轻地轻轻地放到你的面前。

十八年了，我终于证明了一个价值，并因此获得了一个荣誉！

这个荣誉的背后有你的一份功劳，这个价值的里面有你的十分成绩！虽然你没有和我一起等到今天，但我深信蓝天白云之上，你一定为我高兴！因为我们的心依然紧紧相贴，因为我们共享着一个永恒！

从1989年开始，十六年来，我记不清自己一年的时间里将外出多少天多少月，但是，让我记得住的是无论我走到哪里无论我走有多久，你的目光、你的问候一直跟随着我，你的守候、你的不安一直在等我回家。

从1989年开始，十六年来，我说不清自己为她投入了多少精力和感情，但是，我无法忘怀的是当我回家的时刻，无论机场还是车站，在站台进出口的地方一定有你高大的身影在那里静静地等候。

十六年的时间里，我们在两个领域里各自忙着。你把一个从零开始的企业带到了一个高峰，而我则在大江南北的村村寨寨来回奔波，探古访幽，乐此不疲。

每当我拿着一堆没有报销出路的考察费、宣传费、车马费的时候， 你总是

“一笑”，然后“一挥”，潇洒地说，“小钱，供得起！只要你喜欢！”于是，我还要和你较个真，“别以为我在玩噢，”于是你马上跟进说，“好好，明白你做的正事，行了吧？”我才安心地把一堆票据当现钞一样地放到钱柜里。

我不止一次地问你，什么时候我们可以一起行动？一起去我心爱的地方，那些有山、有水、有桥、有桃木梨花、竹柳掩映下的粉墙黛瓦，那些在晨昏朝夕、雾霭霞辉之下有水牛悠闲吃草的田园村寨，有浣纱女拍打棒槌把水花溅得霏霏扬扬的水乡院落？你答应过我的，当我们从社会舞台上谢幕以后，我们的夕阳人生将在那里释放余晖，我们将在那里构建我们共同的精神家园！

如今，你还是那样微笑着回望着我，只是久久地默默地无言无语。

突然，我的心颤抖了起来，为什么我不能早一点、早一点把这一份快乐让你和我分享？为什么我没有早一点、早一点让你在那里把心放下？也许，也许你正需要这份自然与安宁，也许，也许你已经需要在山水与天地之间获得一份滋润和养分，让都市的躁动与喧嚣在这里平息事宁人，让商场暗战的硝烟在这里飘逸弥散；让每一个细胞在这里充分汲氧，让每一根神经在这里得到松弛，让疲惫的身心在这里迎接第二个春天，让自然与生命的活力回归自我……

你依然是那样微笑着望着我，久久地默默地无言无语。

我好像听到你在说：我们有了一个儿子，一个我们共同为之骄傲的儿子。

你还有一个女儿，古村落！

古村落，她属于你，你是为她而活着的！

十六年来，你就是这样理解并宽容了我的“任性”。

【如果不是昨夜星辰】（节略）

【任重而道远】

2008年的6月12日，我在北京故宫荣获了中国文物基金会授予的文化遗产保护杰出贡献奖！ 我深深感谢中国文物保护基金会，在我生命之秋得到了一份殊荣！在十八年的跋涉与追求之后，获得了一份认可！

但是，比个人荣誉更重要的是古村落终于作为文化遗产的一个重要组成部分被国家文物部门与社会认可；文化遗产的外延与内涵，也因为有了古村落，将从此更加丰富博大；古村落保护与发展事业也将因此获得新的发展契机。

然而，比机遇更紧迫的是危机！在快速发展的经济建设中，古村落面临的生存危机十分严峻。

如果把古村落比喻成一坛珍藏了千年的老酒，今天，它破封而出，芳香喷薄之后，老酒,就不再是老酒了。

20世纪末的那几年，我们正是抓住了“老酒开坛”的瞬间,领略了古老的历史与快速变革的现实在一个瞬间的交汇与碰撞的精彩。

古村落文化遗产保护与发掘的工作才刚刚起步，任重而道远！

如何整合古村落的自然资源、生态资源、土地资源、文化遗产资源？

如何将我们对古村落的价值评估和保护理念应用到实践中去？

如何为古村落的保护与开发找到最佳最优的合作伙伴？

如何促进城乡工农的合作与发展，拓展最广大的乡村市场？

如何在更高的层面上传播我们的思想理念，把古村落的保护与建设放在社会主义新农村建设的大背景中去作为，已经成为我们新形势下的新的使命！

十八年前，这些命题持续猛烈地撞击着我的心。又一个十八年，这个命题依然新鲜、依然富有挑战性和使命感！

原文载自《人与遗产》

央视网网友留言：

流失的是岁月，不变的是追求，俗世洪流奈何不了对文化的钟情！

责任使命也好，精神慰藉也罢，您开创了一份高尚而又令人神往的事业！

——颉立

这是一个很理想主义的人，也是一个很乐观面对生活和事业的人。这么多年来，我们知道她一直在执著地做着她喜欢的事情，其实是很不容易很艰难的。但是隔了一些日子见到她，她总是说，现在人们的保护意识比过去强多了，路也越走越宽了。也许就是这样她才能坚持这么久，永远乐观向上！文化遗产事业在几年前可不是像今天这样受到社会重视的，特别是古村落。但是她说，我不研究古镇，因为古村落是一个被遗忘的角落，那是最基层的地方，更需要有人去。她的考察和研究有很明确的目标定位，这一点也很了不起。

——琼雅

为屋脊添瓦　给文化滋根

走到今天　因为有你一路相伴

鸣谢
联合国教科文组织北京办事处
上海同济城市规划设计研究院
上海长宁区人民政府
江苏省江阴—靖江经济开发区管委会
上海建桥集团
上海莘闵房地产有限公司
上海张江微电子港有限公司
中国建筑学会
中国城市经济学会
上海女企业家协会
上海静安区建设委员会

2009年11月30日

Ⅷ展望

我们渴望有价值的发现能被更多的人认知，
我们希望在一片杂沓的唯利是图的声浪中异军突起，
高歌文化是一个民族精神之魂，
我们希望这个声音能传得更高、更远！
但我们受到了“经济”对“文化”的傲慢和冷漠的钳制。
作为一个民间社团组织，
我们的路究竟能走多远？
直到今天我还是不敢发这个愿
——走到永远！
但是，我们始终在前行，虽然走走停停；
常常好像走到了没有路的峡谷，
可一个转身，或再上一个石级
突然发现，
路又在脚下延伸。

复地“助天下”与“共建”古村落

张安蒙

刚刚过去了的2011年，是我们中国古村落保护与发展委员会的复兴初年；

为什么这样说？

因为我们正处在进退维艰的十字路口。

这是一个十分纯粹的公益组织。是由三五个与古村落结缘的人，在完全没有功利目的驱动下发起成立的一个组织。目的是为了将撒在广袤的中国大地上的古村落，像挖宝一样地将他们找出来，像收藏珍珠一样的将他们保护起来。

这三五个人都有自己重要的社会地位、领导岗位和社会责任。除了我，一介平民。

这个组织什么都没有，有的是激情和我们对古村落价值的高度评价与认知。于是，就又有了责任和使命。这份责任是自找的。没有任何官方色彩和利益驱动。

这个组织从发起之日到今天，依然是一个没有法定地位的组织。但是，他却在全国范围内掀起了一波又一波的热潮，将古村落这个新概念做到联合国，风靡全中国。

这个自身不够健全的社团组织，尽管做的是高尚而又伟大的公益，但在尚不宽松的“社团生存环境”中开展工作，并不是一帆风顺。我们常常会处在“进不易、退不忍”的境地。

复地集团的出现，是偶然的。但是复地的出现，宛如雨后的一道彩虹。使我们看到了古村落委员会的事业，有可能出现一个新的转机！

活力复地、生生不息，这八个字在2011年的半年时间里，我的感受非常强烈。

复地是一个年轻的企业。 我尚不能自信地说我已经很了解复地了。但是让我惊喜的是我发现，年轻的复地所拥有的活力和古老的村落的经久不衰，其生命之源与中华文化是一脉相承的。无论是数百上千年的村落得以基业长青，还是年轻的复地岁岁生机勃发，都是中华文化历史长河中的一朵浪花。生生不息的中华文化因此得到了最生动的诠释和印证。

一个企业的生命活力是需要多元文化滋润涵养的。但核心价值部分是一个企业生命的基因。今天有太多的企业雄心气壮地呐喊着：“做强做大”、“做行业老大”的时候，年轻的复地集团秉承母公司的企业文化价值取向，将“修身、齐家、治国、平天下”这样一条古老的信条，不动声色地做了两处调整：“修身、齐家、立业、助天下”，并将之定位这企业文化的核心价值。

修身，即正身。古人云：正己才能正人。己不正，何以正人？

齐家，即治家。小家都管理不好，如何去管理大家和国家？

立业，立业先得立人，三十而立，在于成就事业；

平天下，积跬步而致千里，人生最后的成就是“平天下”。

我理解“平天下”三个字，有两层涵义：一层含义是平定天下，令天下太平；还有一层延伸义，平天下乃为了“得天下”矣；复地集团一改“平天下”为“助天下”，从字面上看似乎气概不如古人，但我恰恰从这里看到了我们今天这个时代十分难得的境界和抱负。

今天，我们早已不是靠一座万里长城即可安邦治国的时代。全世界不过是一个地球村。个人的力量对于社会与人类而言越发显得渺小和微弱。于是，许多人有了充分的借口来为一己之私利而活着，视民族、国家利益与社会责任为“粪土”，活在“损人利己”的快活之中而不知其耻。

细细品味“平天下——助天下”的一字之改，不由得联想起那句“先天下之忧而忧，后天下之乐”的名言。这是一种境界。人生无论顺逆，能力不论大小，天下兴旺、匹夫有责：尽一己所能，助一臂之力，求天下太平，愿百姓安康，以此为荣，以此为乐！

“修身齐家立业助天下”的信条，似乎更适合男性公民，这是大丈夫气概；“穷则独善其身，达则兼善天下”，似乎中性一点。也适合更宽泛的人群。 1989年，我无意走进了一个古村落，直到今天一直走不出古村落。也许跟这样一句格言有点关系。

如果说，1989年走进古村落是一个偶然；

1998年寻访古村落是一个自觉；

2009年，古村落已经不单纯是我服务和卫护的对象，而是我心灵的鸟巢，是一个精神家园！

我不具备博闻强记的能力。我非常欣赏那些具备博闻强记能力的人。过目成诵，口若悬河。我本能地从生活的感受和感悟中诞生属于我自己的思想和认知。

古村落对我来说，是一本无字的大书。这里没有文字，可是我在那里读出了历史和文学，读出了古人的思想和哲学，读出了我们民族的精神、智慧和永不言败的人生观。

“是什么力量使这些村落经久不衰”的命题其实在1989年，发现张谷英大屋就让我找到了答案，但是我不甘心、不满足一个案例得出的结论。于是，我不断地行走……今天我可以很负责任地说：早在两千多年以前，我们民族的先贤与哲人已经形成了足以支撑一个民族，统一子孙繁荣发展的世界观和宇宙观。这些世界观和宇宙观可以在后来的历史长河中无数次地被质疑、否定、打倒、砸烂，也可以被一朝一代的后人不断演绎、补充、丰富、完善。但是它的核心价值是永恒的，与日月同辉！

因为有了这样的认知和结论，才使我为传统文化在百年之间轰然坍塌的历史遭遇感到痛心。意识到作为这个时代中的人肩负着的使命和责任。

20年过去了。对古村落的认知随着“几度风雨、几度春秋”，也在不断深化、不断升华。它的山水河溪、它的草木园林、它的田园庄稼、它的老宅古建、它的乡俗民情、它的古训族规……它曾经是国家栋梁之才的摇篮，它曾经承载着民族兴衰存亡的历史重任……今天，我们已经不再是一个落后挨打的民族，在国际社会舞台上，中国已经有了自己的话语权。我们的经济发展速度和经济实力，已经令世界刮目相看。如此一个大国，如果不能保护本民族五千年的物质与文化遗产，我们将有愧于这个大国的称号，我们是民族的不肖子孙 。

古村落不仅是一笔丰厚的文化遗产，她还是生活在现代文明社会中人们的精神家园。

何为精神家园？

“古村落”按两分法划分的话，一类属于官宦世家，另一类属于百姓聚落。相对于宫廷建筑，这些村落的民宅和公共建筑都被归于民居范畴。

在官宦世家的古村落，我们可以深刻感受并阅读到，中国五千年传统文化和审美情趣，是如何渗透在村落的选址和布局、运营和管理、繁衍与发展、教育和传承、生活和生产的方方面面；

在百姓聚落，我们同样可以看到传统文化作为社会主流文化的烙印；但是，更强烈刺激我们的感官和震撼我们心灵的是，中华民族百姓群体百折不挠的生存能力和依托自然山水，巧夺天工的生存智慧！

无论是官宦世家还是百姓聚落，其最大的共性是天、地、人的绝佳契合，即众所周知的“天人合一”。因天人合一，故具备了精神家园的诸多要素，诸如优美的山水环境，富有诗情画意的人文景观，幽、雅、静、闲、趣的人居环境，充满生机或果实累累的田园风光……说到底是保护古村落就是保护我们的精神家园！

每天生活在高速运转中的人，可以扪心自问：我左胸膛的这颗心每天都踏实吗？每晚都安心吗？回家都舒心吗？上班都宽心吗？结了婚生了孩子你开心吗？拿出钱去投资，能放心吗？是，或者不是，都在情理中！当所有问题的答案有一半是负面的时候，你的心脏就可能会出现问题了。心脏不出问题的话，肝胆脾肾肺也会有问题的。这是健康常识，是现代文明社会中最值得警惕的问题。

再问，何为精神家园？

它是我们心灵躁动之后寻求的一片栖息地；是风雨兼程的旅途中一个避风的港湾；是我们情感世界中那个蓝色的月夜……它充满着诗情画意，它令人心旷神怡，它激发你神思遐想，它荡涤你心中的沉积，它帮助轻轻放下你那颗悬着的心。

保护古村落，就是保护我们的精神家园！

生活是现实的。保护古村落的事业就不那么的诗情画意。但是，有我们和复地的牵手共建，我相信，我们会努力创造一个诗情画意的前景和未来！

和复地的合作，不是广告商和广告人之间那种简单的商务关系。复地将古村落保护作为企业文化建设的一个组成部分，并因此成为古村落委员会事业的一个伙伴和盟军，是当下企业与社团组织、企业与公益事业合作模式中最佳的模式。我们期待并将共同努力使复地与委员会的共建之树在中国古村落的土地上扎根、落户、开花、结果！

（2012年元月13日　复地集团年会上的发言）

IX 后记

2009年，第二届中国景观村落授牌颁证大会暨09年会在上海召开前夕，我仓促将1989年至2009年这20年间里所积累的文字结集成书，名为“屋脊与根—墨迹”。

2011年11月的一个深夜，一起插队在吉林怀德的知青朋友丰晓霞来电话，这位在内地和香港商界打拼了三十多年后，终于在化工领域里开创了一片蔚蓝的事业天地的老同学，一改惯有的沉稳语态，把调门拉高了八度。她说“读了《屋脊与根》，很受冲击”。还推荐给她93岁高龄的母亲，上海文化艺术界的一个老前辈。老人除了行走有点不便之外，耳不聋、眼不花。拿过书去还用挂历纸将书包得有棱有角，放在枕边案头。月内读完后她对女儿说：“应该出版”，“让更多的人了解”，“对小张（在老人面前我还是小张）是个支持！”。然后，她亲自联系出版社。

由于两年前我与东南大学出版社就古村落题材的出版有过切磋。后因颈椎引起的颈臂肘腕全面害疾而无奈搁浅。同时，也不想让老人有更多的操心。于是，我再度走进了“东大社”。东南大出版社副社长戴丽、副总编施恩、编辑姜来热情接纳了“屋脊与根”。原来他们早已从朱光亚老师那里获悉了这样一个概念和题材。

22年了，22年来“屋脊与根”所以能走这么长的时间，走这么远的路程，就是因为总有这样那样的一次又一次的“偶然”，——这些偶然的相遇和相知如今依然历历在目：

如果没有中国村镇建设开发有限公司总经理董绍统，就没有《蓬勃发展的中国村镇建设》，没有在沿海和中南地区十几个县乡镇地区的拍摄，就没有岳阳县农房公司总经理任岳乾的组织。没有任岳乾就没有“张谷英”；有了“张谷英”才有了张厥荣；有了张厥荣就有了“考察报告会”；有了“考察报告会”，就有了屋脊与根的第一个足印！

当王绍周、张厥荣两位建筑学领域里的专家认可我们在张谷英的发现之后，电视纪录片方面的大家——时任上海电视台纪录片编辑室主任的刘景琦，把张谷英古建筑的发现导入“人类社会学”的范畴，并在播出的时候为《岳阳楼外楼》增加一个副标题“一个大家族社会的遗存”，从而扩展了我对村落关注与研究的视角。

1992年，我在上海图书馆搜索有哪些人哪些书是专门研究“古村落”的。我发现了1991年上海人民出版社出版发行的王沪宁著作《中国村落家族文化——对中国社会现代化的一项探索》。我在图书馆里阅读了两天后去复旦大学寻找王沪宁。复旦国际政治经济系的老师们大眼瞪小眼地看着我，一个个讳莫如深的样子，我不知道发生了什么，便转身离去。有个老师很好，跟着出来轻声告诉我，“王沪宁，去了北京！”

哦……哪用得着这般神秘兮兮？我想，于是我去人民出版社找王沪宁的责任编辑陈军。陈军已经调任社科出版社当副总编。陈副总是一个沉着稳重、外冷内热的人。他有感于我的执著，答应回家找找。因此我从陈军老师那里得到了一本王沪宁的著作。

这本建立在高深的政治经济学理论基础上的村落家族文化调研报告和论著，对中国传统家族文化的背景、结构、功能、嬗变等鞭辟入里的分析归纳，对家族村落文化在中国社会漫长的历史时期中所发生的演变，乃至改革开放之后，传统与现代文明之间可能产生怎样的互动作用的思考和预测，对我这个只有本科中文学历———本科还不过是个函授——的老三届知青，着实开窍开悟不少。充满思辨的论述和大量来自底层民间生活的素材、事实和数据，不仅让我察觉和意识到了社会与人文学科如何用科学的方法进行社会调研，尽管学到的很浮浅，很有限，但还是感到很有帮助并学着实践之。当个人本色中温馨的人文视觉感受，迎面冷峻的对社会组织结构的科学分析，对文化在政治与经济社会中的地位、关系和作用，对村落文化在历史、现实与未来社会中的演变与选择等等方面的深刻论述构成强烈反差的时候，每读一次，都觉得十分新鲜。

二十二年了，这本书伴着我走了二十二年。唯一不变的是，我依然保持着人文情怀和形象思维之本色和感性。我曾经去寻找那些在前言中所提到的人物，以期指导；我也曾计划将书里进行过深入调研的村落都走上一遍。说不清楚为什么至今始终没有涉足。但确实是这本书无意将我引上了探访古村落的人生路。

我本是一个电视人。1987年从长春电视台回到了上海。1988年走进上海县建设局。局长是一个开拓型的人。允我度身定做，开创了一个“八达影视公司”。第一部大型专题片就是受托于国家建设部村镇司，拍摄《蓬勃发展的中国村镇建设》。这样一个偶然机遇，却奠定了我八达公司的目标：“立足村镇，独树一帜，内修自强，追求卓越”。（回想起这十六个字，虽然后来没有了八达，但这十六个字似乎一直没有离开过我）张谷英的发现就是八达时代的产物。

1989年的学潮到邓小平南方讲话之前，八达也受到了来自地方政治集团内部的种种压力。八达这艘“快乐的小舟”因此搁浅。当“红海文化传播”又一次遭遇体制内的打击之后，我再也没有回到体制。我自己开公司，给企业拍广告、专题片，到电视台承揽节目制作。

那个时期我认识了静安区建委主任卞百平。1995年年头至年尾，跟踪拍摄了《最后的棚户区——小莘庄旧城改造》，我再一次感受到拍摄纪录片的魅力。真实纪录社会变迁的足迹，把握社会变迁过程中的百姓世相和社会心理，这比经营一个公司更有意思。前者的目标很清楚，盈利。后者的目标是动态的，甚至是遥不可及的。但是有这样一段话，当时没记下它的出处至今很遗憾：“于大者远者之中求其小者近者；于小者近者之外求其大者远者……”。这段文字极富思辨色彩。它帮助我放开眼界，不再拘泥小处，近处，眼皮底下常人所在乎的那点既得利益。1998年我走上了拍摄大型系列片《中国古村落》的历程。

还是董绍统介绍我拜访了中国建筑学会秘书长张祖刚，然后有了浙江省建筑规划设计院、安徽省黄山建筑规划设计院、贵州省规划建筑设计院、桂林市规划建筑设计院等单位给予的直接支持与帮助。1999年成片前后，张祖刚秘书长邀请刚离任的建设部部长叶如棠为电视片题写片名。同年，在北京召开的23届世界建筑师大会上，张祖刚秘书长特意为“中国古村落”提供免费展台，因此有幸认识了归国回来不久的景观学方面的大家俞孔坚和他的“土人景观设计院”。这对我这个没有命名为“土人”但却是名副其实的“土人”是极大的鼓舞。

1999年，贵州省第九次中国民居会议上，省建设厅厅长江厥中为我们摄制组一行走进贵州民族村寨提供了交通和人脉资源的方便。大会上来自全国各地包括港台地区的专家学者对我们拍摄“中国古村落”大加赞扬。我从这些专家学者那里学到了更多。朱良文、李长杰等不仅为拍摄提供交通等方面的便利，还随同摄制组一起走进古村落，成为名副其实的现场学术顾问。

那个年代电视台虽说改革开放，但“小鞋”穿得很挤脚。 2002年，我在电视台开办了一档谈话节目《管理时代》。帮我资金垫底的是陈小石陈老总，帮我找到广告商的是插兄徐志伟。节目正在走火的当口，被改版“下课”，尽管我们的收视率高于台办同类节目。最后一档节目做完了却没有机会再播出。嘉宾是温州企业家、上海建桥集团董事长周星增。周星增只身闯入上海，办起了民办大学，起名建桥。周星增说童年“桥”的故事，是他今天创办建桥学院的由来。他说他愿为有志者架设通往成功之路的桥。我们节目的“下课”竟然成为我们合作的“桥”。 我的飞畅文化传播公司和周董的建桥集团合作成为建桥飞畅有限公司。

我这一辈子都欠着建桥、欠着周董。因为我实在不是一个称职经理人。更何况“逐利”实在不是我的“嗜好”。我操持着建桥飞畅公司的时候，我人在“屋脊”心在“根”。其实，在与周董合作之前就这样——公司收入就是“屋脊与根”的经费。建桥飞畅公司董事长是周星增。董事长默认了我对古村落的倾心投入。他理解并支持我用心做自己热爱并有意义的事业。他是我身后默默的支持者！

“这世界上本没有路，走的人多了，就成了一条路。”

完成这段历史回顾，是快乐并辛苦的尝试。有太多的欣喜，因一个又一个脚印在前进中；有太多的感动，因不断有新的脚印在壮大着这一行脚印；因许多的曲折和踌躇的徘徊，落下许多的失落和遗憾。因那一个又一个深深浅浅的脚印，与我们所朝向的目标，还有很远很远的距离……但是，无论如何，我们开始了探索与发现，我们走出了一条可供后人继续探索与发现的路。

我特别想鞠躬感谢，联合国教科文组织驻京办事处对古村落——景观村落保护事业的发端与发展给予的支持与指导；

特别想感谢中国建筑学会、中国城市经济学会和上海城市经济学会、上海市静安区政府、上海微电子港工业开发区在上一个世纪八九十年代开始就给予的理解和支持；

特别想致谢中国国土经济学会、上海同济城市规划设计研究院、上海市长宁区政府、江苏省靖江市政府、上海复地集团，将古村落——景观村落保护事业持续向深度高度推进！

22年来与“屋脊与根”一路相伴走来的人们，22年中曾经和“roof & root”有过瞬间火花绽放的人们，22年来一直在我身前引领着，在身后支持着，在身边陪伴着，在一起默默耕耘着的人们……我无法在此一一道来他们的名和姓，但是我对他们中的每一个都怀着深深的敬意和难忘的情怀。他们是22年“屋脊与根”之厦的坚实的基础、挺拔的立柱、承重的大梁、翘首的屋脊……是他们的汗水和心血，永远滋润着中华文化之根！

22年来，是“屋脊与根”，使我找到了人生的寄托；使我发现了自己的价值；使我重温并深化了书本与课堂上曾经学过但没有学懂学好的东西；使我从百姓们的世界里汲取了足以使我内心充实并开始强大起来的真实和真谛！在《屋脊与根》即将正式出版之际，我衷心祝愿我的祖国永远年轻、永远美丽！

在即将完成这段历史纪实的时刻，在《屋脊与根》即将问世的前夕，惊闻国家文物与古建筑学界泰斗，我可亲可敬的恩师，罗哲文罗老于2012年5月4日在北京与世长辞！难以遏制的泪泉潮涌……自1998年以来的十多年间，罗老作为中国古村落保护与发展事业的奠基人、中国景观村落评选活动的创始人，他的身影和足迹，始终是我们的先导和引领。为了民族文化遗产的传承与保护，罗老付出了一生的努力。在罗老生命的最后几年里，我深深感到罗老内心深藏着的梦想和现实的不可为所交织的痛和无奈、更因生命的追赶而使他益发不顾一切地投入事业与工作中。面对年轻人在文化遗产领域里所有的求知与努力，罗老像师长一般，传授赐教、毫无保留；像慈父一般充满温情、鼎力相助。他常常和我们同台同桌交流研讨，言简意赅的短语中，留下无限的空间给我们思考和想象。他常常与我们一起沉浸于山水之间乐此不疲。在神采奕奕的老人家面前，我们的惰性和疲软被一扫而光，个个显得益发的年轻富有活力。所有的人都想和罗老一起合影，罗老温存和蔼地含着笑，任凭“你争我夺”、任凭快门咔咔地闪动。罗老留下的岂止是一个笑容、一个身影，罗老留下的是对祖国、对民族、对未来无有穷尽的爱，和为了这份博大的爱的延续对后人深藏的无有穷尽的寄托！

“承先师遗风厚德化雨露润土滋根，枕长城云脊英魂照后人生生不息！”

罗老，您永远活在我们心中！

走进古村落　足以把心填满

碛口枣事

李青松

柳条簸箕里晒的是红枣。

柳条笸箩里晒的是红枣。

红枣，红枣，红枣。阳光下的红枣，弥漫着淳朴、绵润、甘醇和黄河岸边特有的气息——这是碛口家家户户窑洞门口的一景。碛口的农家一年四季日日晒枣哩。某日，我蹲在窑洞门口，双手从笸箩里捧起一把红枣，然后慢慢丢下去，三个枣，五个枣，两个枣，一个枣。复捧起，复丢下去，四个枣，两个枣，三个枣，一个枣。反复几次，每次都不一样，我禁不住笑了。红枣，已经晒得红红，但是碛口人，还是每天要晒枣，就像饱满而幸福的日子越晒越红呢。

一个面如干枣的人来到碛口，瞪大惊诧的眼睛。这个面如干枣的人叫吴冠中。吴冠中说，他一生有三大发现，其一是……，先生没说；其二是，先生摆摆手，话到嘴边了却还是没有说出口；其三呢？先生说在山西发现了碛口。他说："这样的村庄，这样的房子，就是走遍世界都难找到了。"瞧瞧，碛口，对于这位享誉世界的画家来说，是多么的重要。也许，正是碛口的窑洞和红枣使先生获得了某种重要的灵感和启示，悟出了生命的另一种意义。

吴冠中来碛口的时间是1989年10月。这个季节，该收获的都收获了，树叶也都落尽了，只是枣树上还有零星打剩下的枣子。多年后，吴冠中创作了一幅国画《枣树》。先生画的不是那种枣子挂满枝头，农人喜气洋洋收获的情景，而是两棵虬枝横生的枣树，并排站立在苍茫的穹宇之下，风骨凛然——这幅画显然具有特别的意味哩。

他在那幅画的空白处还写了一行小字："故人风格老枣树"。

吴冠中先生画的枣树是不是碛口的枣树呢？我不得而知。不过，我在碛口倒是见过一张吴冠中在枣树下画写生画的照片。照片中那位瘦削的面如干枣的老头儿就是吴冠中。他穿着米黄色的风衣，背靠麻石垒起的矮墙，不远处是两棵落尽叶子的枣树，矮墙那边是沟壑纵横的黄土高原。先生的神情相当专注。他看着远方的枣树，还有枣树衬托着的窑洞，画笔在写生板上一下一下地勾勒着，起起落落，时跳时跃，或轻或重，或粗或细。

据说，吴冠中特别喜欢吃枣，也喜欢画枣树。为了画千姿百态的枣树，他曾在一个农户家里住了三个月，天天写生，天天画枣。

碛口，因之吴冠中的"发现"而闻名遐迩了。

随后，来碛口写生和创作的画家、摄影家趋之若鹜。碛口，有与城市里不一样的东西。在这个浮躁而喧嚣的时代，似乎什么东西都可以速成或者速配了。而碛口却是不可复制的，一切都是那么安宁而闲适。难怪棕皮肤、黑皮肤、白皮肤和蓝眼睛、黄眼睛、黑眼睛的游客来到这里大呼小叫呢。

不过，头一次来碛口的人十之有九，不知"碛"字何意。碛，乃水中乱石积成的险滩。碛的特点就是弯急，浪大，石多，水浅。虽然碛字与红枣没有任何联系，但碛口的红枣确实个顶个地好。

碛口位于晋陕大峡谷中段，吕梁山西麓，黄河与湫水交汇处，因湫水河每年夏季暴雨带来的砂石，冲积形成一段布满暗礁的河滩，那些暗礁挡住了浩浩的黄河之水，河面也由四百多米阔急剧收窄为八十多米宽，平静的河水顿时变成滔滔巨浪——谓之碛口也。所以，碛口不是黄河自己造就的，而是湫水在黄河上造就的。

早年间，碛口渡口相当喧嚣繁盛，每天有三五百艘船只靠岸，并行排列延绵数里，卸运货物的场面蔚为壮观。

去西柏坡的路上，毛泽东东渡黄河后经过这里，看到那繁华的景象，骑在马上禁不住连连称道："这是个好地方，这是个好地方。"

碛口的民居多建于明清两代，依山就势而建，高下叠置，从沟底到塬顶，层层叠叠。建筑形式多以砖拱顶明柱厦檐四合院为主，窑洞连着窑洞，砖、木、石雕及精美匾额比比皆是。街道高高低低，用条石砌棱，用块石铺面。不经意间，就会看到片麻石垒起的墙上用白灰浆刷的四个大字："出售红枣"。字迹拙朴，透着幽默和机智。

我在碛口古镇的巷子里寻寻觅觅，为了探寻红枣文化，也为了探寻红枣与这片土地的特殊关系。遇到院子里的人，常常会唐突的问，作甚呢？我说，没事，看看。问得简单，答得也简单。甚至，问话的人动也不动，一只手撑着头，一只手捏着红枣，照旧躺在青石板上安安静静地晒着太阳。旁边的簸箕里、笸箩里是红红的枣子，也安安静静地晒着太阳。

黑龙庙算是碛口古镇的高处了。

黑龙庙在卧虎山的山腰，正对着湫水河。山门由三道石拱门洞组成（这与碛口其他建筑气息相同）门上镶嵌着石刻对联："物阜民熙小都会，河声岳色大文章"，靠水生活的古镇，必然要祈求管理水的神，没有这样一座庙，碛口人会魂不守舍的，就像枣树没了根一样。

站在黑龙庙的高处，千沟万壑的黄土高原尽收眼底，一处处沟沟峁峁，一道道山山梁梁上尽是稀稀疏疏的红枣林。粗壮的枣树苍劲雄浑，新栽培的小树，枝繁叶茂。不时，庙门口有枣贩推销红枣，一元钱一小袋，看得眼花，吃得嘴馋。

那日中午，我和梁衡、周明、王宗仁等作家在碛口客栈吃了一餐饭，是那种很可口的农家饭。主食是：蒸枣糕，焖小米饭，煮红薯和烀玉米。菜呢——头一道是荞面碗拖。其实，这算不得菜，应该算是小吃吧。第二道是大烩菜（五花猪肉、豆腐、茄子、粉条放在一起乱炖），第三道炖黄河鲤鱼。没了。就这些，吃得挺饱。没喝酒。

饭后，我在碛口客栈的墙上无意间发现了一张老照片——一个个子矮小，头戴软塌塌帽子的干瘦干瘦的老头儿正在讲话。一看文字说明才知晓，原来这是民主人士李鼎铭先生在边区政府作报告呢。说的是"精兵简政"和"三三制"吧。窑洞门口一个破旧的枣木桌上摆着一个破旧的搪瓷缸子。里面有水没水，不得而知。我所知道的是，那时的毛泽东把他的话很当回事，虚心听取意见，采纳他的提案建议。并充分肯定说，李鼎铭先生的提案“一是切中时弊，指出了我们的毛病；二是找到了对症药，也就是找到了解决问题的方法。”当时我们的问题和毛病是什么呢？——“鱼大水小”——毛泽东说的。

今天，“鱼大水小”的问题解决了吗？还是问问水吧。因为对于这个问题，水比鱼更清楚。

依山面水的碛口客栈，是那种窑洞式建筑，虽然房屋大多斑驳失修，有些残破，却风骨奇峻，幽静且舒适。碛口客栈原名“天聚隆”商号，是当时碛口最大的油行。一条条青石，一排排粗壮的大瓮，一个个大肚子的油篓子，一座座积着厚厚尘土的饮马槽，烙印着昔日商埠兴盛的痕迹。抗战时期，八路军一二〇师在这里开办了“新华商行”，经营来往货物的转运，生意红红火火。也囤积了大量的红枣和粮食，用骆驼和马匹一批一批运往解放区。据说，师长贺龙经常光顾这里。每次来都吃上两个枣子，然后坐在枣木墩子上，手握烟斗，吧唧吧唧吸上几口，静静望着黄河对岸。吧唧吧唧再吸上几口，眼睛就眯成一条线了。据说，斯大林的烟斗是枣木做的，贺龙的烟斗是不是枣木做的呢？我没有考证过。

历史的根，还活着。如果说枪杆子里面出政权的话，那么养育一个政权到底靠什么呢？——在长满枣树的黄河滩边，我陷入久久的沉思。

黄河两岸是贫瘠的，视野之内除了红枣，还是红枣。

红枣是碛口的乡土树种，有两千多年的栽培历史。这里是全国最大的集中连片枣树栽培区，八成以上农村人口的经济收入依靠红枣生产。这在全国也是绝无仅有的。可以说，枣树是碛口和碛口人的财富。

碛口人心里清楚，碛口红枣是随着碛口古镇的闻名而闻名的。碛口人说，碛口能有今天，应该感谢吴冠中。当然，喜欢枣树的不仅仅是画家吴冠中。作家喜欢枣树的更是不乏其人。

面如重枣——罗贯中好用这个词。关羽一出场，罗贯中就这样写道：“丹凤眼，卧蚕眉，面如重枣，手提青龙偃月刀。相貌堂堂，威风凛凛。”不单是关羽，《三国演义》里描写人物面部形象时，“面如重枣”频繁闪现。鲁迅喜欢枣树自然是不用怀疑了。他写道：“在我的后园，可以看见墙外有两株树，一株是枣树，还有一株也是枣树。”他写道，“枣树，它们简直落尽了叶子。先前，还有一两个孩子来打别人打剩下的枣子，现在是一个也不剩了，连叶子也落尽了。”

作家李广田写过一篇叫《枣》的小说，里边有个穿着土蓝布褂子背着粪筐拾粪的傻子，见人就说："俺吃枣"。枣是甜的，他知道。他吃过枣，所以，他固执地认为，枣是世界上最好吃的东西。他愿意吃更多的枣，愿意得到更多的枣，愿意看到树上垂挂着更多的枣。他遇到绿衣邮差说："俺吃枣"。他遇到打柴人说："俺吃枣"。也许，对于他来说，没有比吃枣更快乐更幸福的事情了。

上世纪三十年代，沈从文在北京的居所是个小四合院，院里墙角处有两株树，一株是枣树，另一株不是枣树，是槐树。具体地址应该是西安门达子营胡同吧——沈从文给自己的小院起了个名字，叫"一枣一槐庐"。他说，终日有细碎的阳光透过树枝撒进小院，偶有麻雀栖在枝头。显然，那段时间，沈从文的心情不错，他将一个红木小方桌搁在枣树下，清早就开始写《边城》。看来，最先读到《边城》的，不是张兆和，而是树上那些枣子呢。

枣树凝聚的是人的感情，是活生生的做人的道理。枣树见证了历史和变迁，见证了人世间的喜怒哀乐、悲欢离合。前些年北京人艺上演了一出话剧《枣树》。剧情大致是——在一个普通的大杂院，有一棵枣树，这是老奶奶在当年结婚时和老伴亲手种下的，两个人精心呵护，这是他们爱情的见证。风风雨雨五十年过去了，小两口变成了老两口，这棵枣树也变得粗壮繁茂。前几年，老爷爷去世了，老奶奶独自照顾着这棵枣树，每年秋天打下的枣子分给全院的邻居，每到夜深人静，她独自一个人站在树下喃喃自语，人们知道那是她和老爷爷说话呢。然而，小院要拆迁了，枣树保不住了，老奶奶知道之后失魂落魄，整日怅然若失，望着这棵枣树发呆。

碛口的枣林并不规则。东一棵，西一棵，坡上五六七棵，沟涧里七八九棵。成片成片的枣林也是有的，主要在黄河岸边，呈条带状分布。枣树从不浮躁，耐干旱，耐贫瘠，也能耐得住寂寞，具有可贵的韧性。最有活力的当然是那些壮年的枣树，干若铁臂，枝似虬龙，一派挺拔向上的气势，结的枣子也是又多又大。不过，一般而言，枣树的长相很粗糙，疙疙瘩瘩，树皮灰褐色，条裂，枝条韧而不折，且长满利刺。

枣木是极有性格的。木质坚硬，虫不易蛀，古代刻书多用枣木雕版。我父亲是木匠，他使用的刨子就是用枣木做的刨床子，颜色暗红，天然而细密的纹理，愈用愈是光亮。他躬身弯腰，双手用力向前推刨子的侧影，我是那么熟悉。

嚓——！嚓——！一卷一卷的刨花就从刨眼里流出来了。

碛口老街上有一家木雕店，专门做枣木梳子。我们光顾那里时，一位光膀子的师傅正在专心制梳。只见店里柜台上摆放着各种各样的枣木梳。枣木做的梳子，梳头时不产生静电，不伤头皮，能促进脑部血液循环，能乌发能醒神健脑。《本草纲目》中就有“能通经脉、令发易长”的记载。枣木，那硬而沉的木质，特有的纹理和颜色，正好适合制作枣木梳。枣木做的梳子真是个好东西。

我们就要告别碛口古镇时，在老街的拐角处，遇到一群孩子正在玩对对歌游戏。

出东门，
过大桥，
大桥底下一树枣，
拿着杆子去打枣。
红的多青的少，
四五六七八个枣，
一个枣两个枣三个枣。
一边大一边小，
一个西瓜一个枣。
大的大小的小，
一棵大树一根草。

童趣和天真是多么美好啊！——我也禁不住拍起了巴掌。晚霞映照下，枣树衬托着的碛口别有一种韵味。碛口人拥有属于自己的那份快乐和幸福。

我隐隐感觉到，碛口古镇除了粗糙厚实之外，似乎还有某种力量在暗暗传递。虽然我无法知晓这种力量来自何处，但可以肯定的是，碛口人那殷实的小日子及其属于自己的那份快乐和幸福，一定跟红枣有着某种必然的联系哩。

红枣，红枣，红枣。柳条簸箕里晒的是红枣。

红枣，红枣，红枣。柳条笸箩里晒的是红枣。

（2011年8月23日清晨于沈阳）

◎ 走下讲坛一身轻

◎ 放下矜持来一张

◎ 打破沙锅问到底

◎ 更恩爱

◎ 沉思水莲村

◎ 纵情开怀

◎ 古老与我同在

◎ 更豪迈

◎ 大美无语

◎ 更亲民

◎ 凝神有思

◎ 更神气

◎ 回到少女时代

◎ 汗滴帽檐下

◎ 合拢饭美宴

◎ 恨不得把扁箩当铜锣

◎ 黄田的凤子河有一个美丽的传说

◎ 酣畅淋漓

◎ 乐成个傻小子

◎ 乐呵呵的志愿者

◎ 脚下是一片古老的土地

◎ 老天真啦

◎ 尽情快乐

◎ 借寿古柏

◎ 山头对话

◎ 石头房顶上的斯文

◎ 试一试，真是沼泽地上建的楼啊

◎ 挑担子上山——让我试试

◎ 书生爱莲

◎ 推碾子拉磨

◎ 美是不分国度的

◎ “吔！”——调皮

◎ 有朋远方来　不亦乐乎

◎ 美不胜收

◎ 世界很小 茅屋很大

◎ 维也纳归国登上古戏台

◎ 水有灵气

◎ 山水情怀

◎ 结缘古村落

◎ 留驻美好

◎ 情同父母

◎ 情漫笔端

◎ 融入快乐

◎ 情难自禁

◎ 听老百姓讲故事

◎ 新的体验

◎ 我心荡漾

◎ 与古村同在

◎ 甩了那个一本正经

◎ 享受宁静

◎ 捕捉人所不见

◎ 轻松这一刻

◎ 怎样拍到好镜头

◎ 专家向百姓学习

◎ 佛与神同在

◎ 纵情开怀

◎ 无暇顾及左右

◎ 走在房顶上的乐趣

◎ 童心再现

◎ 我每次从村里回去总要给爱人带一枝山花

◎ 内行给外行讲门道

◎ 碑文让你想起了什么

◎ 走出校园的童真

◎ 与雷公山比高

鸣　谢

本来以为是一件很简单的事情，

做起来才发现远不是那么轻松。

22年弹指一挥间，

真要细细总结反思的话，却充满着矛盾和否定，

无论如何，这是一段路程，虽然深一脚浅一脚的走来，

却总算留下了一串脚印！

当太阳西沉的时候，

无论我走到哪里，都是足迹的延伸。

哪怕攀越屋脊高峰，

也忘不了立足大地之本。

谨以此书献给“屋脊与根”文化事业22个晴雨春秋！

真诚感谢22年来以各种方式帮助与支持过我的人们！

真诚地谢谢你，我的同志，我的朋友，我的师长，我的亲友！

2009年11月30日

关于我们

我们是中国古村落保护与发展（专业）委员会的核心成员

也是这个组织的发起人。

我们肩头的使命感和怀抱的责任感，

是我们最大的资源和财富。

在一个务实、趋利、以经济利益为价值杠杆的社会中，

我们的组织坚守着我们的理想和初衷。

大美无痕，

古村落涵养着我们的智识和性情；

我们为古村落奉献着人性中最美最闪光的部分

——真、善、美！

2013年出版前夕

图书在版编目（CIP）数据

屋脊与根·足迹：中国古村落保护与发展纪实 / 张安蒙编著. --南京：东南大学出版社，2013.4

ISBN 978-7-5641-3384-9

Ⅰ.①屋… Ⅱ.①张… Ⅲ.①村落-保护-研究-中国-古代 Ⅳ.①C912.82

中国版本图书馆CIP数据核字（2012）第039170号

屋脊与根·足迹：中国古村落保护与发展纪实

出版发行：东南大学出版社
社　　址：南京市四牌楼 2号　邮编：210096
出 版 人：江建中
网　　址：http://www.seupress.com
电子邮箱：press@seupress.com
经　　销：全国各地新华书店
排　　版：江苏凤凰制版有限公司
印　　刷：南京玉河印刷厂
开　　本：700mm × 1 000mm　1/16
印　　张：22.25
字　　数：367 千字
版　　次：2013年 4 月第 1 版
印　　次：2013年 4 月第 1 次印刷
书　　号：ISBN 978-7-5641-3384-9
定　　价：89.00 元